Über die Autorin:

Dr. Helene Karmasin studierte Psychologie, Philosophie, Semiotik und Ethnologie in München, Wien und Leicester und leitet seit 1970 das Institut für Motivforschung in Wien. Zu ihren Kunden zählen Unternehmen wie DaimlerChrysler, Knorr, Nestlé, Gruner & Jahr und die Deutsche Bank. Daneben lehrt Helene Karmasin an der Universität Wien sowie an der Wirtschaftsuniversität und an der Hochschule für angewandte Kunst. Zu ihren Veröffentlichungen zählt das Standardwerk *Produkte als Botschafter* sowie *Cultural Theory: Ein neuer Ansatz für Kommunikation, Marketing und Management*.

HELENE KARMASIN

Die geheime Botschaft unserer Speisen

Was Essen über uns aussagt

Bastei Lübbe Taschenbuch
Band 60498

Erste Auflage: Oktober 2001

Vollständige Taschenbuchausgabe

Bastei Lübbe Taschenbücher ist ein Imprint
der Verlagsgruppe Lübbe.

© für die deutschsprachige Ausgabe: Verlag Antje Kunstmann GmbH,
München 1999
Lizenzausgabe: Verlagsgruppe Lübbe GmbH & Co. KG,
Bergisch Gladbach
Einbandgestaltung und Titelillustration:
Gisela Kullowatz unter Verwendung eines Fotos von ZEFA, Düsseldorf
Satz: Textverarbeitung Garbe, Köln
Druck und Verarbeitung: Elsnerdruck, Berlin
Printed in Germany
ISBN 3-404-60498-9

Sie finden uns im Internet unter
http://www.luebbe.de

Der Preis dieses Bandes versteht sich einschließlich
der gesetzlichen Mehrwertsteuer.

INHALT

EINLEITUNG

W ie haben Sie das nur gemacht?‹ Falls Ihr Chef das fragt, müssen Sie nicht verraten, dass Wolfram Siebeck Ihnen beim Kochen geholfen hat. Mit Hühnerflan, Seeforelle und Spinatgratin sind Sie für hohen Besuch bestens gerüstet.«

Mit dieser Überschrift leitete die ZEIT im Juli/August 1998 eine zehnteilige Serie über Kochen für schwierige Gäste ein. Ich zitiere noch eine Passage aus dem Dialog zwischen einem Mann, dessen Chef zum Essen erwartet wird, und seiner Frau.

Originalton Siebeck:

»Die stolze Freude des Mannes, der seinen Chef zum Abendessen eingeladen hat, wird von der Hausfrau selten geteilt.

›Er hat doch Geld genug, warum geht er nicht ins Restaurant?‹

›Begreifst du nicht, dass das für uns eine Chance ist? Deine Kochkünste werden ihn beeindrucken!‹

›Und was habe ich davon? Nur Arbeit und Kosten!‹

›Wer weiß, wozu es gut ist. Was wirst du kochen? Dein Hummerragout?‹

›Damit er denkt, es ginge uns zu gut? Nein, eher Linsensuppe.‹

›Ah, komm! Mach einen Lammrücken, das sieht normal aus und ist hochkulinarisch.‹

›Lamm kriege ich erst zum Wochenende. Aber der Fischhändler kommt morgen ins Dorf.‹«

Die Diskussion über das passende Menü hält an. Siebeck fährt fort: »Hier ist eine Version, die einen Chef beeindrucken kann, ohne ihn misstrauisch zu machen.«

Dieses Minidrama führt uns auf das Thema dieses Buchs: Die Küche als Kommunikationssystem. Vordergründig handelt es sich bei der oben geschilderten Konversation um die simple Frage: Was kochen wir zu einem bestimmten Anlass? Dahinter aber erscheint ein kompliziertes Geflecht von menschlichen Beziehungen und Botschaften: Es geht darum, eine Mahlzeit zu gestalten, und das heißt nicht nur zu kochen, sondern eine Gemeinschaft, eine Tischgemeinschaft zu etablieren. Es geht um Prestige, um Lob, um Beeindrucken, um die Erfüllung weiblicher Pflichten, um die Rollen von Gast und Gastgeber, um die Gestaltung der richtigen Botschaft, die man durch das Essen vermittelt.

Ausschlaggebend für das Essen, das der Gast schließlich erhält, sind nicht der Geschmack der Gastgeber, der Preis oder gesundheitliche Überlegungen, sondern vielmehr eine bestimmte Wirkung: Es beeindruckt, macht aber nicht misstrauisch.

Ist es nicht erstaunlich, dass simple Nahrungsmittel solche Wirkungen erzielen können, sofern man sie nur richtig aussucht und kombiniert? Hummerragout und Linsensuppe stellen falsche Nachrichten dar und führen zu problematischen Wirkungen: Hummerragout beeindruckt, macht aber misstrauisch, Linsensuppe beeindruckt nicht, aber sie macht eigentlich auch misstrauisch: Versteht der Gastgeber denn wirklich so wenig von feinem Essen, oder scheut er die Ausgabe, oder möchte er dem Chef damit sagen: So schlecht werde ich von Ihnen bezahlt? Der Lammrücken ist genau richtig, unter allen Speisen, die man wählen könnte, ist er mit der richtigen Botschaft verknüpft – eine bessere noch als Seeforelle, würde ich meinen, aber darüber lässt sich diskutieren.

Wir treffen hier auf die beiden Themen, die Gegenstand dieses Buches sind: Essen, Ernährung, Küche sind eng in das persönliche und soziale Leben von Menschen einbezogen, und sie haben vielfältige kommunikative und symbolische Aspekte. Wir setzen sie ein, um Beziehungen anzuknüpfen oder zu stabilisieren, um andere zu beeinflussen, um ihnen Respekt und Liebe zu bezeugen, um auszudrücken, wer wir sind und wer wir ganz bestimmt nicht sind, um das Festliche vom Profanen abzusetzen, um Menschen in unsere Gemeinschaft einzubeziehen oder sie auszugrenzen, um uns zu trösten und aufzubauen.

»Nahrung ist Prestige, Status und Reichtum ..., sie ist ein Kommunikationsmittel und ein Mittel, um Beziehungen zu gestalten ..., sie ist ein Ausdruck von Gastfreundschaft, Freundschaft, Zuneigung, guter Nachbarschaft, Wohlbehagen und Trost in Zeiten von Traurigkeit und Gefahr. Sie symbolisiert Stärke, athletische Kraft, Gesundheit und Erfolg. Sie ist ein Mittel, um Lust zu spenden, Selbstverwöhnung, um Stress zu reduzieren. Sie steht für Feste, Zeremonien, Rituale, besondere Tage, nostalgische Sehnsucht nach der Familie, dem Heim, den ›guten alten Tagen‹. Sie ist ein Ausdruck von Individualität und Raffinesse, ein Mittel, um sich selbst zu verwirklichen oder zu protestieren ..., es gibt Sonntagsspeisen und Alltagsspeisen, Speisen mit magischen Eigenschaften, Gesundheits- und Krankheitsspeisen. Zu einem großen Teil ist sie Tradition, Gewohnheit, Sicherheit. Unterschiedliche Nahrungsmittel befriedigen in unterschiedlichen Kulturen diese Bedürfnisse und Überzeugungen von Menschen.«[1]

Wir wählen und kombinieren Nahrungsmittel so, dass sie diese Botschaften und Bedeutungen vermitteln können. Wir setzen die Küche also in der Art einer Sprache ein, als ein Kommunikations- und Zeichensystem, das wir benützen, um Botschaften auszutauschen. Um die Beschreibung dieses Kommunikationssystems geht es hier.

Eine Gesellschaft kennt viele Systeme dieser Art. Das leistungsfähigste System ist die natürliche Sprache in gesprochener oder geschriebener Form, die auf Worten, Lauten und Schriftzeichen basiert. Sie ist aber bei weitem nicht das einzige System. Wir vermitteln Bedeutungen auch anhand von Bildern, Musik, Farben, Düften, Kleidern, Möbeln, Autos, Schmuck, Häusern, den Objekten und Marken unserer Produktkultur.

Der Chef, der in dem eingangs angeführten Beispiel seinen Mitarbeiter zum Abendessen besucht, wird eine Vielzahl von Schlüssen ziehen: Wie ist das Vorzimmer eingerichtet? Welches Service wird verwendet? Welche Bilder hängen an der Wand? Welche Musik wird gespielt? Welche Kleider, welchen Schmuck trägt die Hausfrau? Worüber wird bei Tisch gesprochen? Welche Mineralwassermarke wird ausgeschenkt? Wenn er zu dem Schluss kommt, dass sein Gastgeber ein unangenehmer Protzer oder ein kleinbürgerlicher Spießbürger ist, den er besser nicht im Kundenkontakt einsetzen sollte, so wird er zwar nicht die Regeln angeben können, die ihn zu diesem Schluss geführt haben, aber er wird ganz sicher in seinem Urteil sein. Und ebenso der Gastgeber: Er hat die Bilder an seiner Wand nicht ausgesucht, um den Eindruck zu erzeugen: »Ich bin ein Spießbürger«, sondern weil er sie sehr hübsch und geschmackvoll gefunden hat, und doch hat er vielleicht genau dies ausgedrückt.

Systeme dieser Art sind deshalb faszinierend, weil sie, ob man das beabsichtigt oder nicht, mit großer Sicherheit Bedeutungen transportieren, aus denen sich wiederum soziale Konsequenzen ergeben. Bedeutungsvermittelnde Systeme, Sprachen, Codes – welche Bezeichnung wir auch immer wählen – sind jedoch noch aus einem zweiten Grund aufschlussreich: In ihnen wird unmittelbar deutlich, wie eine Kultur funktioniert.

Die Botschaften, die in diesen Systemen formuliert werden, sagen auch etwas darüber aus, wie wir uns die grundsätzliche Ordnung in unserer Gesellschaft denken, wie sie aufgebaut und strukturiert sein soll, was wir als natürlich, als gerecht, als hochrangig, als wünschenswert erachten.

Das kulinarische System, unsere Küche, wird selten unter diesem Gesichtspunkt betrachtet. Auf der einen Seite scheint sie nicht besonders bemerkenswert zu sein – wir kennen sie, sie ist uns vertraut, wir handhaben sie ganz automatisch –, auf der anderen Seite denken wir, dass sie etwas ganz Subjektives ist: Der eine mag das und der andere jenes – sollte es hier wirklich Regeln geben?

Auch der öffentliche Diskurs über Ernährung wendet sich anderen Themen zu. Mediziner und Gesundheitsgurus fragen: Wie können wir uns gesünder ernähren? Kochbücher und Kochsendungen: Wie können wir noch raffinierter kochen? Der Diätmarkt: Wie können wir abnehmen? Werbung und Produkthersteller: Welche Produkte können wir noch in die opulent gefüllten Regale der Supermärkte stellen? Nur die Werbung für industriell erzeugte Produkte ist gezwungen, sich den symbolischen und kommunikativen Aspekten von Ernährung zuzuwenden; anders könnte sie Menschen nicht dazu verlocken, sich diese Angebote näher anzusehen. Viele unserer Beispiele werden daher aus diesem Bereich stammen. Die anderen Diskurse blenden diese Aspekte dagegen fast völlig aus: Sie appellieren an unsere Vernunft, oder sie sehen den Menschen als ein giergeleitetes Individuum, das man durch Diäten zwingen muss, Buße zu tun – kein Wunder, dass der Erfolg meist zu wünschen übrig lässt.

Ich möchte im Folgenden zunächst darlegen, welche Bedeutungen die einzelnen Nahrungsmittel, Kochmethoden und Bestandteile einer Mahlzeit haben, dann fragen, welche Küchenstile es gibt und was die Unterschiede bedeuten, und schließlich etwas näher beleuchten, wie der Markt mit Ernährung und Küche umgeht und was wir daraus für unsere Gesellschaft schließen können.

Die Beispiele, die ich zitiere, stammen aus der Beobachtung unserer Alltagskultur, aus dem Bereich der Produktwerbung und den Befunden der Ethnologie, die die Bedeutung des Essens in vielen Gesellschaften unterschiedlichsten Entwicklungsstands untersucht hat – es ist immer nützlich, zu sehen, dass das, was wir als »normal« und natürlich betrachten, nur unter den Voraussetzungen unserer Gesellschaft so erscheint.

Die Küche als Kommunikationssystem

Ein kleiner Exkurs:
Sind wir alle Opfer der dummen Werbung?

Wenn ich im Folgenden viele meiner Behauptungen mit Beispielen aus der Werbung und dem Bereich der Konsumgüter belege, begebe ich mich auf vermintes Terrain: Die einen finden unsere derzeitige Form des Konsums unakzeptabel, und zwar sowohl das Ausmaß, in dem wir Konsum in unser Leben einfließen lassen, wie einzelne Produkte und die Botschaften der Werbung; die anderen geben zwar zu, dass wir teilweise Unsinniges oder Geschmackloses produzieren, sie verteidigen unsere Konsumkultur jedoch: Noch nie hatten wir so viele Wahlmöglichkeiten, noch nie konnten wir unsere privaten Lebenswelten so frei gestalten.[2]

Es gibt gute Gründe für die eine wie die andere Haltung – je nachdem, wie man sich das Zusammenleben von Menschen in einer Gesellschaft denkt. In einer lebendigen Gemeinschaft vertreten unterschiedliche soziale Gruppen auch voneinander abweichende Meinungen, etwa über das Verhältnis von materiellen und immateriellen Werten, von Gleichheit und Hierarchie sowie die Frage, in welchem Maß sie Kontrolle und Regeln akzeptieren oder nicht.

Fest steht jedenfalls, dass wir in der westlichen Industriegesellschaft in unserem gesamten Alltagsleben von einer Fülle von Produkten und Waren umgeben sind, dass wir den Bereich des Konsums also in keinem Fall ausblenden können – dies gilt in hohem Maß auch für den Bereich der Ernährung. Konsum ist nun aber ein komplexes Phänomen, Konsum hat nicht nur ökonomische, sondern auch psychologische, soziologische, kulturelle und symbolische Aspekte. Die Interpretation, dass Menschen Produkte nur nach strikt ökonomischen Überlegungen auswählen, greift ebenso zu kurz wie die Ansicht, dass Menschen durch Werbung verführt werden, sich Produkte zu wünschen, die nicht ihren wahren Bedürfnissen entsprechen, oder dass Produkte als Ersatzbefriedigung für Wünsche dienen, die in der Realität nicht zu erfüllen sind.

Konsum im 20. Jahrhundert ist im Kern ein kulturelles Projekt. Konsumgüter sind nützlich, oder sie scheinen uns nützlich, aber sie dienen auch dazu, uns Identität zu geben, unsere soziale und weltanschauliche Position zu unterstreichen, Menschen in unsere Gemeinschaft einzubeziehen und andere auszuschließen, Anerkennung zu finden, Unterschiede zu dokumentieren, kulturelle Ideale sichtbar zu machen: Mutterliebe, Heimat, Familie, den Sieg der Wissenschaft über die Natur, Zukunft etc. Sie stellen also Zeichen und Botschaften dar, die die Werbung verstärkt und dadurch sichtbar macht.

Um zu verstehen, wie wir in unserer Kultur über Ernährung denken, müssen wir uns deshalb ansehen, wie Werbung mit Ernährung umgeht.

Werbung kann sich ja nur auf das stützen, was wir als wünschenswert und attraktiv erachten, sie trifft aber natürlich eine Auswahl, und sie stellt uns diese Konzeptionen des Wünschenswerten immer wieder in den Zeichenwelten vor Augen, die sie mit Produkten verbindet. Ich möchte Konsumgüter und Werbung also nicht bewerten, sondern im Hinblick darauf analysieren, welche Mechanismen unserer Kultur in ihnen deutlich werden und was sie über das Zusammenleben von Menschen in unserer Gesellschaft aussagen. Sie sind eine Fundgrube für die symbolischen, ästhetischen, moralischen Funktionen von Produkten und Nahrungsmitteln.

Zu meinen eigenen Ergebnissen bin ich über empirische Untersuchungen sowie semiotische und kulturanthropologische Analysen gekommen. Diese wurden entweder für industrielle Hersteller und Werbeagenturen durchgeführt, oder sie folgten wissenschaftlichen Fragestellungen, wie sie sich im Rahmen meiner Lehrtätigkeit an der Universität ergaben. Bis auf wenige Ausnahmen handelt es sich um qualitative Untersuchungen, die auf Gesprächen mit Konsumenten beruhen.

Ich beziehe mich dabei auf Erkenntnisse aus der Psychologie, Soziologie, Ethnologie, Semiotik. Meine Sicht insbesondere der Konsumkultur stützt sich auf eine Reihe von Autoren: Mary Douglas, Baudrillard, Bourdieu, Sahlins, um die wichtigsten zu nennen.[3] Dazu ein Zitat von Baudrillard:

»Konsum ist ein System, das eine Ordnung von Zeichen und eine Integration in Gruppen sicherstellt: Sie ist daher eine Moralität (ein System ideologischer Werte) und ein Kommunikationssystem, ein Tauschsystem ... Konsum betrifft nie die Einzelperson allein (dies ist vielmehr die Illusion des Konsumenten, die nachdrücklich von dem gesamten ideologischen Diskurs über Konsum aufrechterhalten wird). Man betritt vielmehr ein allgemeines Tauschsystem und ein Codesystem, in dem alle Konsumenten mit allen anderen Konsumenten interagieren. In diesem Sinn ist Konsum ein geordnetes System von Bedeutungen wie eine Sprache oder wie das Verwandtschaftssystem in der Stammesgesellschaft.«[4]

Die Botschaften der Küche

Wann haben wir eigentlich den Eindruck: »Das ist ein wirklich gutes Essen«? Wenn es uns gut schmeckt, würden die meisten Menschen sagen. Sie haben damit natürlich nicht Unrecht, aber die Frage ist nicht ganz beantwortet: Es ist nicht der Geschmack allein, der ein Essen zu einem guten Essen macht.

Zunächst ist ja Geschmack selbst schon ein erstaunliches Phänomen. Wir kennen natürlich individuelle Geschmacksunterschiede: Der eine mag Spinat, der andere nicht, aber es gibt auch einen sehr beständigen kollektiven Geschmack. Wenn wir die einzelnen nationalen und regionalen Küchen vergleichen, so stellen wir fest, dass alle Angehörigen einer Gesellschaft bestimmte Nahrungsmittel und Zusammenstellungen sehr schätzen und die Geschmacksvorlieben anderer Gruppen unverständlich finden: Wir lieben unsere Art der Gemüsezubereitung und schauen auf die in Salzwasser schwimmenden Gemüse der Engländer mitleidig herab, Labskaus finden die Schleswig-Holsteiner ganz vorzüglich, die Süddeutschen schütteln sich vor Grausen. Ähnliches zeigt sich bei altersspezifischen und sozialen Küchen: Ältere Leute verabscheuen die Lieblingsspeise von Kindern und Jugendlichen, Pommes mit Mayo und Ketchup; einfache Leute sind selten Liebhaber von Sushi und Sashimi.

Und es zählt auch nicht der Geschmack allein. Ein gutes Essen muss »richtig« in einem ganz umfassenden Sinn sein:

richtig zusammengestellt, richtig serviert, passend für einen Anlass und für die jeweiligen Essensteilnehmer. Bratwurst mit Sauerkraut ist ein ganz vorzügliches Gericht; anstelle von Kaffee und Gebäck bei einer geschäftlichen Besprechung in einer Bank serviert, würde es befremdlich wirken. Neben dem scheinbar ganz individuellen Geschmack gibt es also ein Geflecht von Regeln, das wir beachten, ohne es explizit zu kennen.

Der französische Kulturanthropologe Claude Lévi-Strauss hat diesen Sachverhalt in einem berühmten Satz ausgedrückt: »good to think good to eat« – gut zu denken, gut zu essen. Gut zu essen heißt in seinem Sinn, dass ein Essen dann als befriedigend empfunden wird, wenn es innerhalb der Ordnung einer jeweiligen Kultur angemessen und richtig ist.

In jedem Essen spiegelt sich wider, was eine Gesellschaft getrennt und vereint sehen möchte, wie sie Männer und Frauen, Ober- und Unterschichten, Natur und Kultur voneinander abhebt, wo sie Grenzen zieht, welche Ideale sie verteidigt. Claude Lévi-Strauss erläutert diesen Sachverhalt in seinem Werk »Das Rohe und das Gekochte«, das die Zusammenhänge zwischen den kulinarischen Praktiken südamerikanischer Indianer und ihren Mythologien beschreibt.[5] Auch die englische Anthropologin Mary Douglas erhellt in brillanten Analysen den Sinn von Speisevorschriften und Speisetabus im Zusammenhang mit dem sozialen Leben der jeweiligen Gesellschaft. Am bekanntesten ist ihre Analyse der jüdischen Speisegebote.[6]

Nun sind die meisten Menschen bereit, südamerikanischen Indianern oder Juden Speisevorschriften zuzugestehen, in denen die ideologische Ordnung zum Ausdruck gebracht wird. Sie würden sich jedoch weigern anzunehmen, dass auch wir bis in die Regale unserer Supermärkte und bis in den Aufbau von Werbespots hinein ideologische Ordnungsvorschriften anwenden und dass auch wir in unserer zeitgenössischen Ess-kultur Nahrungsmittel schätzen oder verabscheuen, weil sie bestimmte kulturelle Ideale verteidigen oder angreifen. (Bedroht Conveniencefood die Familie?)

Der kulinarische Code

Wenden wir uns jetzt dem kulinarischen Code im engeren Sinn zu, und zwar seinen technischen Voraussetzungen: Wie ist eine solche »Sprache« konstruiert? Wie ist es möglich, dass Lammrücken in einem bestimmten Kontext als das einzig hochkulinarische und gleichzeitig normale Gericht erscheint? Haben das die betroffenen Personen irgendwie gelernt? Verfügen sie über Listen, die ihnen sagen: Lammrücken bedeutet …, Linsensuppe bedeutet …, Kohlrabi bedeutet …, etc.? Das wäre eine etwas aufwendige Methode, und so verfahren wir nicht.

Wenn Menschen miteinander kommunizieren wollen, das heißt, Bedeutungen vermitteln möchten, so brauchen sie dazu ein geordnetes System von Zeichen. Es ist unerlässlich, dass die Regeln dieses Systems von allen Teilnehmern anerkannt werden, sonst wäre jede Kommunikation unmöglich: Wir könnten nicht mehr Auto fahren, wenn der eine unter einer roten Ampel versteht »anfahren« und der andere »stehen bleiben«, und wären hochgradig irritiert, wenn der eine unter einer Latzhose ein nettes Kleidungsstück für die Freizeit verstünde und der andere ein hochoffizielles Kleidungsstück, das er zur Premiere in der Staatsoper anzieht. Wir können bestimmte grundsätzliche Regelungen und Bedeutungen nicht ändern, Systeme dieser Art, Sprachen, haben also eine relativ hohe Verbindlichkeit für uns. Bewusst werden uns diese Regeln im Allgemeinen dann, wenn sie durchbrochen werden, wenn also ein Fehler auftritt.

Sprachen bzw. Zeichensysteme sind extrem leistungsfähige Systeme, die sehr ökonomisch vorgehen; sie verwenden ein Minimum an Input, um ein Maximum an Output zu erzielen. Eine natürliche Sprache wie das Deutsche, Englische, Französische etc., unser Zeichensystem par excellence, gebraucht als Input die 32 Buchstaben des Alphabets und liefert als Output die Unzahl von Sätzen, die jemals im Deutschen, Englischen, Französischen geäußert worden sind. Dabei müssen wir nicht die Bedeutung von Einzelzeichen lernen, sondern die Zeichen sind so geordnet, dass sich aus der Bedeutung des einen gleichzeitig die Bedeutung des anderen ergibt.

Die Bedeutung von »warm« ergibt sich aus dem, was es nicht ist, nämlich »kalt«. Die einfachste Ordnung, in der sich zwei Zeichen befinden können, ist die des Gegensatzes, der Opposition. In unserem kulinarischen Code ist etwa Fleisch/Nicht-Fleisch so ein relevanter Gegensatz, ebenso aber warm/kalt, trocken/feucht, hart/weich, süß/sauer.

Eine weitere grundlegende Ordnungsbeziehung ist die der Äquivalenz: Zwei Zeichen werden als gleich in ihrer Bedeutung betrachtet, sauber ist gleich rein, Lammrücken ist gleich Seeforelle im Sinn einer richtigen Hauptspeise.

Doch schauen wir uns noch einmal kurz an, was der Begriff »Zeichen« eigentlich bedeutet.[7] Ein Zeichen besteht aus einer materiellen Basis, also aus etwas, das wir mit unseren Sinnen wahrnehmen können, und aus einer Bedeutung, die per Konvention damit verbunden wird. Diese Bedeutung muss man lernen. Wenn wir also jemandem etwas mitteilen wollen, so brauchen wir dazu eine materiell beobachtbare Basis, ein Zeichen, dessen Bedeutung beide Gesprächspartner kennen.

Nehmen wir an, ein Mann steht vor einem Haus, von dem er weiß, dass sich hinter der Gartentür ein äußerst bissiger Hund befindet. Er sieht einen anderen Mann, der sich der Gartentür nähert in der offensichtlichen Absicht, das Tor zu öffnen. Er möchte den Mann vor dem Hund warnen. Er möchte ihm sagen: Achtung, Hund! Dazu muss er mindestens ein Zeichen für Hund benützen.

Dies kann aus verschiedenen Repertoires stammen. Er kann sagen H u n d, er benützt also die akustische Folge von Buchstaben, die bei uns das Wort Hund ergeben, oder er schreibt es schnell auf ein Schild, also ein Schriftcode, oder er malt einen Hund, einen visuellen Code, oder er ahmt das Bellen nach, einen akustischen Code, oder er lässt sich auf alle Viere nieder und imitiert einen Hund, er benützt also einen gestisch-mimischen Code. Das Einzige, was er nicht machen kann, wenn seine Kommunikation glücken soll: Er denkt angestrengt Hund!, übersetzt dies aber nicht in ein materielles Zeichen.

Um Bedeutungen zu vermitteln, brauchen wir also materielle Zeichen. Wir müssen aber auch wissen, was diese Zeichen bedeuten, und wir müssen uns darauf verlassen können, dass dies alle anderen auch wissen. Wenn der Mann, der sich nähert, z.B. ein Chinese ist, der nicht deutsch spricht, hat es wenig Sinn, laut »Hund« zu rufen. Ebenso: Wenn sich jemand darauf versteift, zu dem Tier, das wir in unserer Sprachgemeinschaft mit »Hund« bezeichnen, immer »Kanarienvogel« zu sagen, wenn er also einen Dackel, der mit seinem Herrchen spazieren geht, mit den Worten kommentiert: »Schau, was für ein lieber Kanarienvogel«, und an seinem Zaun ein Schild anbringt: »Achtung, bissiger Kanarienvogel!«, werden wir aufhören, mit ihm zu sprechen. Er ärgert uns, und wir schließen ihn aus unserer Sprachgemeinschaft, und das heißt auch immer Gemeinschaft, aus. Das würden wir auch mit einer Hausfrau tun, die ihren Gästen ständig Speisefolgen wie Vanillepudding mit Himbeersoße – Matjeshering – Kaffee und Kuchen als Menü serviert – alles sehr köstlich im Einzelnen vielleicht, aber beleidigend falsch in der Kombination.

Jeder Code muss festsetzen:

- Welche Bedeutung haben die einzelnen Zeichen dieses Codes? (Semantik)
- Wie können sie kombiniert werden? (Syntax)
- Wie ist der soziale Kontext des Zeichensystems? (Pragmatik)

Nehmen wir als Beispiel eines einfachen Codes die Verkehrsampel. Dieser Code besteht aus drei Zeichen, den farbigen Lampen: rot, gelb, grün.

Die Bedeutung dieser Zeichen ist: rot = stehen bleiben, gelb = Achtung, grün = fahren

Zulässig sind die Kombinationen: rot, gelb, grün, oder grün, gelb, rot, aber nicht rot, grün, gelb.

In dem sozialen Universum, in dem dieser Code funktioniert, müssen mindestens drei Bedingungen vorausgesetzt werden:

- Menschen können leicht Farben unterscheiden.
- Alle Teilnehmer an dem System Verkehr kennen die Bedeutungen der Farben im Verkehr.
- Wir können uns darauf verlassen, dass sie sich nach diesen Bedeutungen verhalten.

Wenn diese Bedingungen verletzt werden, können wir das System Verkehr nicht mehr aufrechterhalten. Da dies für uns ein sehr wichtiges System ist, stellen wir sein Funktionieren daher institutionell sicher: Wir prüfen Leute in der Führerscheinprüfung auf ihr Wissen, und wir erzwingen durch die Institution der Verkehrspolizei, dass jeder die Bedeutungen in Verhalten umsetzt. Wir akzeptieren also nicht, dass jemand behauptet: Rot hat für mich die Bedeutung »los!«, und daher presche ich immer bei rot über die Kreuzung. Eine solche Person schließen wir mit Recht von dem System Verkehr aus: Sie handhabt die Bedeutungen nicht korrekt.

Jedes bedeutungsvermittelnde System funktioniert so: Es benützt zur Bedeutungsvermittlung Zeichen, das heißt, etwas Materielles, etwas, das wir sehen, hören, riechen, fühlen können, und es stattet dieses materielle Objekt mit einer Bedeutung aus. Diese Bedeutung ist per Konvention hinzugefügt, man muss sie kennen und lernen, sie gilt nur in der Gemeinschaft der Zeichenbenützer. In dieser aber ist sie zwingend, sie kann vom Einzelnen nicht willkürlich verändert werden, ohne das Funktionieren des ganzen Systems infrage zu stellen.

So funktioniert Sprache, so funktioniert das Zeichensystem des Geldes, und so funktioniert eben auch der kulinarische Code, wenn auch natürlich nicht mit der Rigidität des Verkehrscodes.

Der kulinarische Code hat noch eine weitere Besonderheit: Seine Zeichenträger, die Nahrungsmittel und Speisen, bringen unmittelbar Unterschiede zum Ausdruck, die wir auch in der sozialen Welt als Unterschiede definieren. Natürliche Sprachen ordnen ihren materiellen Zeichenträgern, den Lauten oder Buchstaben, in willkürlicher Weise Bedeutungen zu. Es gibt keinen logischen Grund, der gerade den Buchstaben n im Deutschen dazu befähigt, bei bestimmten Worten als Zeichen für Mehrzahl zu gelten (Fichte/Fichten), im Englischen ist dies das s. Bei anderen Zeichensystemen, so z.B. dem Kleidercode und den kulinarischen Codes, entsprechen die Zeichen unseren sozialen Konzepten: Die Unterschiede zwischen männlichen und weiblichen Kleidern, aber auch die Unterschiede zwischen männlichen und weiblichen Speisen bringen zum Ausdruck, was wir unter einer Frau und einem Mann verstehen. Für Frauen etwa sind fließende, leichte Stoffe in babyhaften Farben und Kleider, die Teile des Körpers freilassen, erlaubt, für Männer nicht.

Wie wir noch sehen weden, ist »richtige« männliche Nahrung energiereich, eher fleischorientiert, eher fest, weibliche Nahrung dagegen leichter, pflanzlich orientiert, süßer. In beiden Fällen wird eine bestimmte ideologisch vorgeformte Vorstellung von Männern und Frauen zum Ausdruck gebracht: Frauen gelten als vernaschter, kindlicher, weicher und weniger mit Energie geladen.

I

DAS ABC UNSERES ESSENS

Die Bedeutung einzelner Nahrungsmittel

Das aggressive Fleisch und die friedlichen Beilagen

Stellen Sie sich vor, Sie sind eingeladen und die Gastgeberin serviert als Hauptspeise einen Broccoliauflauf mit Tomatensauce. Sie sind eigentlich ein Gemüsefreund, dennoch stellen Sie einige Überlegungen an. Etwa: »Ich wusste gar nicht, dass die Mayers strikte Vegetarier sind«, oder »Die sparen aber, haben die so wenig Geld, dass sie nicht einmal ein kleines Stückchen Fleisch kaufen können?« Vielleicht ärgern Sie sich aber auch: »Schätzen die mich wirklich so gering, dass sie es nicht der Mühe wert finden, eine richtige Mahlzeit mit ein bisschen Fleisch zu servieren?« Wenn es einen Rinderbraten gegeben hätte, hätten Sie sich gar nichts gedacht.

Ob eine Speise Fleisch enthält oder nicht, macht also einen großen Unterschied: Die An- oder Abwesenheit von Fleisch vermittelt eine Bedeutung. Um diese Bedeutungen, die wir mit verschiedenen Nahrungsmitteln verbinden, soll es im Folgenden gehen.

Jede Küche verwendet verschiedene Grundnahrungsmittel als Bausteine für Alltagsspeisen. Diese stammen im Allgemeinen von den Pflanzen und Tieren, die in dieser Region angebaut bzw. aufgezogen werden können. In den regionalen Küchen werden diese Grundnahrungsmittel in den einzelnen Speisen kombiniert.

Dies hat seinen guten ernährungsphysiologischen Sinn. Ernährungsphysiologisch gesehen, brauchen wir Kohlenhydrate, Eiweiße, Fette, bestimmte Stoffe wie Vitamine, Spurenelemente etc., um uns ausgewogen zu ernähren. Menschen, die kochen, denken jedoch nicht in dieser technischen Form über Nahrungsmittel nach. Sie betrachten Fleisch nicht primär als Eiweißlieferanten und Kartoffeln nicht als Kohlenhydratlieferanten, sondern bedienen sich bestimmter Nahrungsmittel vielmehr gemäß einer Logik, die auf deren Verbindung mit Werten und Bedeutungen beruht. Dies lässt sich am besten am Beispiel Fleisch zeigen.

In den letzten Jahren hat sich unsere Einstellung zu Fleisch gewandelt. Gerade in der Alltagsküche gewinnt die Nudel-, Pizza-, Reisküche immer mehr Anhänger, und nicht erst seit dem BSE-Skandal versuchen viele Menschen, ihren Fleischkonsum aus gesundheitlichen oder ökologischen Gründen einzuschränken. Dennoch spielt Fleisch – wie auch neuere Umfrageergebnisse zeigen – in unserem kulinarischen Code weiterhin eine zentrale Rolle, und das Gleiche gilt für den Gegensatz zwischen Fleisch und Nicht-Fleisch, das heißt, pflanzlicher Nahrung. Nun ist ein Hauptgericht, das aus Steak und Pommes frites besteht, natürlich auch vom ernährungsphysiologischen Standpunkt her etwas anderes als eines aus Kartoffeln und Gemüse.

Dieser objektive Unterschied ist jedoch zugleich mit Bedeutungen aufgeladen, die einen Gegensatz zwischen verschiedenen Werten zum Ausdruck bringen: männlich – weiblich, Zentrum – Peripherie, sozial hoch stehend – sozial tief stehend.

Das Prinzip der Gegensätze, der Oppositionen, kennen auch andere Küchen, sie setzen jedoch anderes in Opposition. So geht etwa die chinesische Küche von dem Gegensatz zwischen Yin und Yang bzw. von zwei großen Klassen aus: Fan (Getreide und stärkehaltige Nahrungsmittel) und Tsai (Gemüse und Fleisch). Fan wird dabei als die fundamentale, primäre und unverzichtbare Nahrung betrachtet, Tsai als die zusätzliche, die Luxusnahrung.[8]

Was verbinden wir nun mit Fleisch und Nicht-Fleisch? Wenn wir analysieren, zu welchen Gelegenheiten wir Fleisch als unerlässlich betrachten, welche Menschen besonders gern

Fleisch essen, wem wir auf jeden Fall Fleisch servieren würden, so zeigt sich, dass Fleisch immer dann seinen Platz hat, wenn es um hochrangige Essen und um hochrangige Personen geht. Ein Sonntagsessen enthält Fleisch, ein Wochentagsessen muss dies nicht tun, Gästen würden wir Fleisch servieren, der Familie nicht unbedingt. Wenn der Vater an einer Mahlzeit teilnimmt, ist es viel wahrscheinlicher, dass es Fleisch gibt, als wenn Mutter und Kind allein essen. Männer haben einen höheren Fleischkonsum als Frauen, »richtige« Männer essen keine Gemüselaibchen, sondern eine ordentliche Portion Fleisch.

Traditionell bildet der Fleischgang das Zentrum des Menüs, die Nicht-Fleischspeisen sind für die Nebengelegenheiten des Essens bestimmt. Dabei ist das Fleisch auf dem Teller so arrangiert, dass es das Zentrum des Tellers bildet, Gemüse und Kohlenhydrate stellen die Beilagen dar.

Fleisch zerschneiden und kauen wir, wir eignen es uns also durch aggressivere Methoden an als Gemüse oder Beilagen.

Fleisch, so glauben viele Leute, gibt Kraft und Energie, Beilagen und Gemüse sättigen und sind gesund. Es gibt eine Gier nach Fleisch, aber selten eine nach Gemüse.

Fleisch, so weiß man, auch wenn man diese Tatsache verdrängt, wird durch einen Akt des Tötens gewonnen.

Fleisch steht also in Verbindung mit: hochrangig, offiziell, männlich, hochwertig, zentral, aggressiv; Nicht-Fleisch mit niederrangig, alltäglich, weiblich, an der Peripherie, friedlich. Dass diese Bedeutung bewusst gemacht werden kann, zeigte sich in einer repräsentativ-quantitativen Untersuchung, in der wir die Probanden baten, Nahrungsmitteln bestimmte Begriffe zuzuordnen.

Noch 1998 gaben wesentlich mehr Männer als Frauen an, dass Fleisch zu ihrem Lieblingsessen zähle.[9]

	Fleisch	Gemüse
Das gibt Kraft	544	311
Das verbinde ich mit Genuss	406	98
Das ist etwas, dem ich schwer widerstehen kann, das muss ich von Zeit zu Zeit haben	275	112
Das ist gesund	124	747
Das verbinde ich mit »männlich«	464	58
Das verbinde ich mit »weiblich«	31	134
Quelle: Österreichisches Gallup-Institut Institut für Motivforschung	Basis: Repräsentativuntersuchung n = 2000 Österreich 1990	

Diese Zuordnungen und Verbindungen zeigen, wie unser kulinarischer Code funktioniert: Aus einem objektiv bestehenden Unterschied wird ein sozial bedeutsamer Unterschied gemacht. Auch wenn in grauer Vorzeit Männer einmal Großwild gejagt haben mögen, besteht eigentlich keine objektive Veranlassung, Fleisch mit den Attributen männlich, hochwertig, zentral zu verbinden und Gemüse mit weiblich, niederrangig, peripher. Gerade weil dies nicht in der Sache selbst begründet ist, sagt es andererseits etwas über unsere Auffassung von Männern und Frauen und über das Wertesystem unserer Gesellschaft aus.

Fleisch steht in der Hierarchie der Nahrungsmittel hoch über Gemüse, so wie Männer über Frauen stehen. Die Verbindung: Zentrum – hoch stehend – Mann, erscheint uns logischer als das Gegenteil: Zentrum – hoch stehend – Frau. PC, politically correct, ist das nicht, aber es ist uns auch nicht voll bewusst. Wir sehen uns hier einem sehr alten System gegenüber, von dem sich bestimmte Gruppen inzwischen zu distanzieren beginnen.

Bis in die 60er/70er Jahre hinein war Fleisch auch deshalb etwas Kostbares, weil es teuer war, wesentlich teurer zumindest als heute. Es war daher eher den oberen als den unteren Schichten zugänglich: Die Arme-Leute-Küche musste, jedenfalls im Alltag, ohne Fleisch auskommen, die traditionelle bürgerliche Küche verwendete dagegen demonstrativ viel Fleisch.

Eine Antriebskraft für Märkte, auf die wir noch öfter treffen werden, besteht nun darin, dass Güter, die zuerst nur oberen Schichten zugänglich waren, verbilligt und dadurch den unteren Schichten verfügbar gemacht werden. Fleisch ist im Prinzip heute für jedermann erschwinglich, und es wird daher in größerem Umfang auch in der Alltagsküche eingesetzt.

Dieser Mechanismus der »Demokratisierung des Konsums«, manchmal auch »Trickle Down Effekt« genannt, hat zwei weitere Konsequenzen: Zum einen verlieren die sozial tiefer stehenden Gruppen oft das Interesse an Gütern, wenn sie weit genug popularisiert sind, zum anderen sind die oberen Gruppen gezwungen, nach neuen Zeichen zu suchen, durch die sie sich wieder von den unteren abgrenzen können. Beides ist bei Fleisch ansatzweise zu beobachten. Wie wir sehen werden, drängt die sehr erfolgreiche Nudel-, Pizza-, Reisküche Fleisch prinzipiell zurück, und obere Gruppen neigen tatsächlich zu anderen Essstilen, in denen Fleisch seine dominante Stellung zu verlieren beginnt.

Bei offiziellen Gelegenheiten und als Essen für hochrangige Personen hat Fleisch seine Bedeutung jedoch behalten, und auch in der Durchschnittsbevölkerung ist keine grundsätzliche Abkehr von Fleisch festzustellen: Dafür ist es zu sehr mit der Struktur unserer Mahlzeiten verknüpft und mit wichtigen Wertfeldern verbunden. Aus allen Statistiken und empirischen Untersuchungen geht denn auch hervor, dass Fleisch in der Hierarchie der Nahrungsmittel nach wie vor ganz oben steht, und zwar besonders in der Form des roten Muskelfleisches (Steak). Es folgen andere rote Fleischarten (Rumpsteak, Bratenstück, Kotelett). Geringer im Rang sind dann die weißen, blutleeren, »kalten« Fleischsorten Geflügel und Fisch, und noch tiefer stehen in dieser Wertskala die tierischen Produkte Eier und Käse. Diese haben allerdings immer noch genug Status für eine eigenständige Mahlzeit, z.B. als Omelett oder Käseflan, sie fungieren als Nebengericht oder kleine Mahlzeit zwischendurch, sind aber keine offiziellen Essen oder vollgültigen Hauptspeisen. Noch unter ihnen stehen dann die Gemüse. Nach dem dominanten kulinarischen Code können sie nicht die Grundlage einer »richtigen« Mahlzeit bilden, sie haben lediglich Hilfsfunktionen.

Dies ist ein starker ideologischer Code, den natürlich nicht jede Gruppe in der Bevölkerung übernehmen muss – gerade seine starke Ausformung bietet auch die Möglichkeit, sich davon abzugrenzen oder dagegen aufzubegehren.

Die Rangfolge der verschiedenen Fleischsorten weist noch auf einen anderen Aspekt hin. Wenn wir an Fleisch denken, so denken wir an ein rotes, blutiges Stück Fleisch, und wir wissen auch, dass Fleisch nur durch einen Akt des Tötens gewonnen werden kann, dass also Tiere, im Wesentlichen die mit uns nahe verwandten Säugetiere, getötet werden, oft unter Bedingungen, die uns eigentlich zurückschrecken lassen sollten. Dieser Aspekt von Fleisch muss in der öffentlichen Darstellung natürlich ausgeblendet werden; wie viele dieser tabuisierten Sachverhalte wird er hinter die Kulissen verlagert.

Dennoch scheint Fleisch auf einer tiefer liegenden Ebene daraus auch eine geheime Faszination zu beziehen: Das blutige Stück Fleisch markiert die Überlegenheit des Menschen gegenüber der Natur, die er sich durch Aggression untertan machen kann. Diesem Gedanken geht der englische Anthropologe Nick Fiddes in seinem Buch »Meat – a natural symbol«[10] ausführlich nach. Er stellt Belege aus der ganzen Welt zusammen, die zeigen, dass viele, wenn auch charakteristischerweise nicht alle Gesellschaften, Fleisch genau diese Bedeutung beimessen – meist verbunden mit der Überzeugung, dass Männer »von Natur aus« mehr Fleisch brauchen.

Gegen eine solche aggressive Ausbeutung der Natur grenzen sich heute immer mehr Menschen ab und essen konsequent vegetarisch bzw. schränken ihren Fleischkonsum ein. Bezeichnenderweise sind dies meist Angehörige der oberen Schichten mit höherer Schulbildung.[11] Wenn der Mainstream weiter Fleisch isst, raucht, trinkt, so bedeutet die Demonstration eines disziplinierten, mäßigen und gesunden Lebensstils, der »friedliche« Nahrungsmittel bevorzugt, einen Zugewinn an Differenz, Status und Distinktion.

Eine Zurückhaltung gegenüber Fleisch zeigen auch eher jüngere im Vergleich zu älteren Menschen, und Frauen im Vergleich zu Männern. In diesem neuen Bewusstsein gegenüber Fleisch spiegeln sich auch allgemeine Tendenzen unserer Küchen, die wir im Folgenden noch näher kennen lernen werden: Viele neue Essstile sind durch die Merkmale weiblich und kindlich geprägt.

Eine ganz andere Frage zum Schluss: Warum essen wir eigentlich bestimmte Tiere, aber andere niemals? Alles in uns würde sich z.B. sträuben, Haustiere wie Hunde und Katzen zu essen, obwohl sie in anderen Kulturen als wahre Leckerbissen gelten. Diese Tiere sind bei uns mit einem absoluten Tabu belegt, ähnlich wie Kühe in Indien.

Europäer finden es ja meist völlig unverständlich, dass in Indien Hunderte von Kühen auf den Straßen geduldet werden und niemand eine Kuh schlachten und essen würde, wie groß auch sein Hunger sei. Dasselbe gilt jedoch für unsere Hunde und Katzen. Die eigene Katze zu essen, würden wir als einen Akt des Kannibalismus empfinden, wir wären vor Ekel dazu wohl auch gar nicht in der Lage. Ähnliche Ekelgefühle empfinden viele europäische Menschen auch gegenüber exotischen Tieren wie etwa Schlangen, Papageien, Krokodilen, die in ihrer Heimat sehr gern gegessen werden.

Der Ethnologe Edmund Leach hat dazu eine interessante Theorie vorgelegt.[12] Er stellt einen Zusammenhang zwischen unseren Heiratsregeln und unseren Anschauungen darüber her, welche Tiere essbar sind. Wir heiraten keine Partner, die uns zu nah, aber auch keine, die uns zu fern sind. Der akzeptierte Rahmen, in dem wir Partner suchen, ist der mittlere soziale Raum: vertraut, aber weder zu nah, noch zu fern, keine Angehörigen unserer Haushalte, aber auch keine erkennbar exotischen Personen. Etwas Ähnliches gilt für soziale Kontakte: Auch hier suchen wir Partner nicht in sozialen Klassen, die weit von uns entfernt sind. Und genauso verfahren wir mit Tieren: Wir essen keine Tiere, die uns so nah sind wie geliebte Haustiere, aber auch keine, die uns so fern stehen wie exotische Tiere.

Männerküchen, Frauenküchen

Dass wir in unseren Küchen tatsächlich Nahrungsmittel gemäß ihrer Bedeutung einsetzen, wird am Beispiel von Männerküchen und Frauenküchen sehr gut deutlich. Es erstaunt ein wenig, dass sich in der heutigen Zeit, die die Gleichheit aller Menschen propagiert, dennoch so unterschiedliche Wertfelder mit dem Bereich des Männlichen und des Weiblichen verbinden. Gerade in der Alltagskultur lassen sich jedoch viele Beispiele dafür finden.

Männer und Frauen beachten etwa einen sehr unterschiedlichen Kleidercode, und wir nehmen Verstöße gegen diesen Code sehr missbilligend zur Kenntnis.

Dieser Code umschließt einen Farbcode, einen Materialcode und einen Code der Körperinszenierung. Beim Farbcode stehen Frauen alle Farben offen, und zwar für alle Bekleidungsstücke, auch sehr intensive Töne, wie z.B. rot, und leichte, pastellige Farben, etwa rosa und hellblau. Genau diese sind im männlichen Kleidercode verboten, jedenfalls in offiziellen Kontexten. Ein Aufsichtsratsvorsitzender, der eine wichtige Sitzung in einer roten Hose und einem hellblau geblümten Sakko eröffnet, hat wenig Chancen, seinen Antrag durchzubringen. Bei Freizeitkleidung oder Accessoires wie Einstecktüchern oder Krawatten sind solche Farben vielleicht akzeptabel, aber bei formellen Anlässen, bei wichtigen Geschäften müssen Männer gedeckte und seriöse Farben tragen: dunkelblau, grau, vielleicht beige. Auch Frauen, die im Geschäftsleben stehen und der Maxime »dress for success« folgen, beachten im Übrigen diesen Farbcode. Nebenbei sei angemerkt, dass sich dieser Farbcode auch auf Objekte bezieht: Teure, hochrangige Objekte sind eher im männlichen Farbcode angesiedelt, weniger bedeutende im weiblichen. Ein großes, teures Auto wird man kaum pinkfarben akzeptieren, ein Feuerzeug durchaus.[13]

Ähnliches gilt für die Materialien und die Körperinszenierung: Frauen können leichte, flatternde Stoffe tragen, Männer schwerere, Frauen können ihre Beine, Arme und den Oberkörper enthüllen, Männer nicht. Wie schon oben erwähnt, drücken sich darin unsere immer noch von der Mehrheit geteilten Konzepte von Männlichkeit und Weiblichkeit aus: Frauen sind »leichter«, »kindlicher«, »farbiger«, »anlockender« als Männer, und Männer grenzen sich von diesem Bereich des Weiblichen sehr deutlich ab: So wollen sie auf keinen Fall wahrgenommen werden, da dies ja auch nicht die Merkmale sind, die wir mit Führung und Macht verbinden. Männer folgen also nicht dem weiblichen Kleidercode, Frauen aber sehr wohl dem männlichen: Die herrschenden Gruppen übernehmen nicht den Code der unter ihnen stehenden, diese aber sehr wohl den Code der Dominanten.[14]

Es erstaunt von daher nicht, dass auch der Bereich der Küche dazu benützt wird, um Unterschiede zwischen Männern und Frauen zum Ausdruck zu bringen und um bestimmte Konzepte von Weiblichkeit und Männlichkeit immer wieder neu zu inszenieren und zu verstärken. Die meisten Küchen auf der ganzen Welt bringen diese Opposition zwischen männlich und weiblich zum Ausdruck. Erstaunlicherweise bedienen sich Küchen in ganz unterschiedlichen Regionen der Welt und mit ganz verschiedenen Kochtraditionen vor allem zweier Nahrungsmittelklassen und in vielen Fällen auch zweier Kochmethoden, um diesen Gegensatz auszudrücken – dieselben, die wir auch kennen: Fleisch oder pflanzliche Nahrung, Rösten/Braten bzw. Kochen/Backen und die Unterscheidung zwischen der Alltagsküche und besonderen Anlässen.

Dabei gilt: Fleisch/Blut ist männlich, pflanzliche Nahrung (Milch) ist weiblich, Braten/Rösten ist männlich, Kochen/Backen ist weiblich, alltägliches Kochen ist weiblich, zeremonielles Kochen ist männlich, Frauen kochen im Haus, Männer außer Haus. In den Kulturen, die diese Form der Arbeitsteilung und diese Aufteilung kennen, werden »männliche« Nahrungsmittel oder die »männliche« Art der Zubereitung jeweils höher bewertet.

Die folgenden Beispiele sind dem von Jessica Kuper herausgegebenen »The Anthropologist's Cookbook« (London 1997) entnommen, das Rezepte aus allen Gegenden der Welt zusammengestellt und in ihrem Zusammenhang mit den Lebenswelten und den kulturellen Überzeugungen des jeweiligen Volkes oder Stammes beschreibt.

So wird bei den Iteso, die in Busia (Kenya) leben und bis in die 80er Jahre Teile ihrer traditionellen Lebensweise beibehielten, ein Essen nur dadurch zu einer richtigen Mahlzeit, dass es »Starch« enthält, eine Art von Brot, das aus einem Maniok-/Sorghummehl in Wasser zu einem dicken Brei verkocht wird, den man dann beim Essen mit den Fingern zu einem Bällchen formen kann. Dieses Brot bildet den Hauptbestandteil der Mahlzeit, es wird nur von einer Soße bzw. einem Ragout aus Gemüse, Pilzen, manchmal Fleisch begleitet. Seine Zubereitung verlangt sehr viel Mühe – und es darf nur von Frauen hergestellt werden, nur im Haus und nur auf ihrem eigenen Feuerplatz.

Männer hingegen bereiten Fleisch zu, aber nur außerhalb des Hauses, sie rösten es ausschließlich, und dieses Fleisch wird nur zu rituellen Gelegenheiten gegessen: Begräbnissen, Initiationen, Festen, an denen Frauen nicht teilnehmen dürfen. Für die Iteso sind diese Gegensätze von großer Bedeutung. Sie verbinden Frauen mit Brot, Kochen, dem Haus, mit Häuslichkeit und Männer mit Rösten/Braten, mit dem Außenraum und dem politischen Leben.

Darüber hinaus leben die Iteso in einem Gebiet, in dem die Versorgung mit Nahrungsmitteln unsicher und wechselhaft ist, da alles davon abhängt, ob es an einem Ort regnet oder nicht. Die einzelnen Familien sind einmal vom Glück begünstigt, ein anderes Mal nicht. Wie viele Völker haben die Iteso daher ein System entwickelt, das eine gleichmäßige Versorgung dadurch sicherstellt, dass Nahrung über Geschenke und Einladungen geteilt und verteilt wird. Nahrung wird also zum einen produziert, um den Bedarf der Familie sicherzustellen, zum anderen, um gute soziale Beziehungen aufrechtzuerhalten.

Auch diese Funktionen sind auf die zwei Geschlechter verteilt: Es ist Aufgabe der Frau, für die Bedürfnisse des Haushalts zu sorgen und Nahrung für den privaten Bereich herzustellen, der Mann dagegen ist für die Bewirtung von Gästen zuständig, außerhalb des Hauses, die den Haushalt in seiner sozialen Position absichert.

Ein anderes Beispiel stammt aus dem asiatischen Raum, von den Yao, einem Volk, das in den Bergen des nördlichen Thailand lebt. Die Alltagsmahlzeit der Yao besteht aus Reis und Gemüse, und sie wird von Frauen zubereitet. Wenn jedoch ein Fest gefeiert wird, z.B. Neujahr, gibt es Schweinefleisch, und zwar fast immer in Form eines Banketts, zu dem Gäste geladen werden. In diesem Fall übernehmen die Männer die Küche, und die Frauen fungieren als Helfer. Die beiden wichtigsten Gänge dieses Banketts sind Blut und eine Art geschnetzeltes Fleisch. Beides wird roh gegessen, nur mit Gewürzen vermischt, und gilt als Männernahrung; Frauen mögen es nicht, und man bietet es ihnen auch nicht an. Früchte und Zuckerrohr oder süße Nahrungsmittel werden dagegen nur von Kindern und Frauen gegessen.

Auch bei den Aborigines in Australien werden die mühsamen, immer wiederkehrenden Zubereitungsprozeduren der Alltagsmahlzeiten von Frauen geleistet, die auch dafür verantwortlich sind, dass der Haushalt immer genug Holz und Wasser hat, was sie unter großen Mühen herbeischaffen; Männer hingegen sind für alle rituellen Vorgänge zuständig, in denen Nahrung eine Rolle spielt, und diese sind weit seltener und wesentlich aufregender.

Nur erwähnt werden sollen schließlich die zahlreichen Nahrungsmitteltabus, denen zwar auch Männer, aber viel häufiger Frauen auf der ganzen Welt unterworfen sind. Diese Tabus werden meist damit begründet, dass Frauen »von Natur aus« bestimmte Nahrungsmittel nicht vertragen oder dass aus deren Verzehr unweigerlich Krankheit und Unfruchtbarkeit resultieren würden. Nun sind gerade diese Nahrungsmittel, die Frauen nicht nur nicht essen, sondern geradezu verabscheuen, oft reich an wertvollen Nährstoffen und Proteinen, Stoffen, die in der weiblichen Diät dann eben zu kurz kommen.

Die Beispiele zeigen verblüffende Parallelen zu unseren zeitgenössischen Männer- und Frauenküchen. In den USA gibt es einen Food Channel, das heißt, einen Fernsehsender, der den ganzen Tag Kochsendungen zeigt. Die meisten Köche sind Frauen, bis auf drei Ausnahmen: ein Franzose führt französische Hochküche vor, zwei Männer grillen in Westernkleidung den ganzen Tag Fleisch, und ein Chinese zerkleinert virtuos mit einem scharfen Messer Nahrungsmittel für chinesische Gerichte.

Auch wir verbinden mit der Männerküche also die Hochküche, das Zubereiten von Fleisch außerhalb des Haushalts, Fleisch/Messer. Wenn Männer im Haushalt kochen, so sind sie Connaisseurs, die Gästen ihre Künste vorführen; Frauen kochen jeden Tag für die Kinder, sie erledigen auch die täglichen Einkäufe. Männer, so meinen wir, brauchen Fleisch, sie essen mehr Fleisch, sie haben besondere Fähigkeiten, mit Fleisch umzugehen, sie tranchieren, sie grillen.[15] Frauen wird dagegen eine besondere Vorliebe für Süßes, für leichtere, mildere Speisen zugeschrieben. Und auch wir kennen ein gesellschaftlich-ideologisches Gebot, das Frauen daran hindert, wichtige Nährstoffe zu bekommen: Weil das weibliche Körperideal einen sehr schlanken Körper fordert, befolgen Frauen und Mädchen auf der ganzen Welt oft aberwitzige Diäten und Hungerkuren, die ernste gesundheitliche Folgen für sie haben können.

In Frauen- und Männerküchen wird schließlich noch ein Unterschied in Konsistenzen, Körperidealen und den zugeordneten emotionalen Qualitäten deutlich. Es besteht eine Verbindung zwischen fest, dem männlichen Körper und der Vernunft und zwischen weich, feucht, dem weiblichen Körper und dem Gefühl. Gefühle stellt man sich oft unter dem Bild einer Flüssigkeit vor, die aus dem Körper nach außen dringt und dazu führt, dass Körpergrenzen durchlässig werden. Gefühle überschwemmen einen Menschen: Man schmilzt dahin, Tränen brechen aus den Augen.

Frauen sind das Geschlecht, dem traditionellerweise eine besondere Nähe zu Gefühlen zugeschrieben wird: Wir kennen das alte Stereotyp von der emotionalen Frau und dem harten, rationalen, gefühlsarmen Mann. Weibliche Körper gelten entsprechend als weicher, »flüssiger«, ihre Körpergrenzen sind durchlässiger. Männliche Körper sind fest, hart, sie umschließen das Innere wie ein Panzer, aus dem nichts nach außen dringt.

Weibliche Nahrung ist daher weich, flüssig, süß, männliche fest, energiereich, nicht süß.[16]

Wir haben bisher immer pauschal von Fleisch und Nicht-Fleisch als dem anderen Pol unserer Nahrung gesprochen. Darunter fallen natürlich sehr unterschiedliche Nahrungsmittel: Gemüse, Obst, Milch, Eier, Fett, Zucker etc. Gemeinsam ist ihnen, dass sie nur unter ganz bestimmten Bedingungen eine vollgültige Hauptspeise bilden können, sie erscheinen eher in Hilfs- oder Begleitfunktionen und eher an den Nebengelegenheiten des Essens.

Dennoch weisen sie sehr unterschiedliche Bedeutungen auf, und sie können auch untereinander charakteristische Verbindungen eingehen, so Gemüse/Kohlenhydrate/Fett in den Eintöpfen der Arme-Leute-Küche oder die Fett-Eier-Zucker-Mehlkombinationen der Nachspeisen.

Gemüse: »Das Gärtchen vor dem Haus«

Gemüse gilt prinzipiell als gesund, Gemüse lässt sofort an Natur denken. Gutes Gemüse stellen wir uns assoziativ grün und roh und frisch vor, und wir sehen kleine Gärten vor uns, in denen es gezogen und geerntet wird. Mit Gemüse kommt so unmittelbar und ohne jede Zwischenstufe Natur auf unseren Tisch: »von Mutter Erde auf Muttis Tisch«, wie es eine Werbekampagne einmal formulierte, die auch deutlich die zugrunde liegende Verbindung mit dem Gebiet des Weiblichen ansprach.

Wie immer übersetzt Werbung diese Vorstellungen in Konzept- und Bildwelten. Der Tiefkühlgemüsehersteller Iglo zeigte in Österreich jahrelang eine sehr erfolgreiche Kampagne: »Das Gärtchen vor dem Haus«. Dargestellt wurden der Anbau und die Ernte des Gemüses, das Iglo anbot (natürlich ohne den Tiefkühlvorgang selbst), und zwar im Marchfeld, einem Gebiet in der Umgebung von Wien. Diese Region wurde als das »Gärtchen vor dem Haus« bezeichnet, aus dem quasi jeder Konsument sein Gemüse beziehen konnte. Noch weiter ging die Nachfolgekampagne, die den Anbau und die Ernte des Gemüses in einen Raum des Mythisch-Magischen verlegte: Hier wurde ein märchenhaftes »Tal der grünen Küche« gezeigt, ein Raum, der von Zwergen bewohnt wurde, die für Iglo das Gemüse anbauten und pflegten – niemals war dort ein Mensch zu sehen, und die Zwerglein verwendeten alte handwerkliche Bearbeitungsmethoden und Geräte, auch wenn sie beispielsweise Röstgemüse California erzeugten.

Bei beiden Kampagnen zeigt sich im Übrigen zum ersten Mal deutlich die Strategie, der wir im Folgenden noch öfter begegnen werden: Werbung, die ja fast immer für industriell erzeugte Produkte eingesetzt wird, hat zwei Probleme zu lösen. Sie muss das Nahrungsmittel attraktiv machen, und dies ge-

Werbung für Tiefkühlgemüse aus dem »Tal der grünen Küche«

lingt ihr am besten, wenn sie die Bedeutungen und Werte, die ihm in unserem kulinarischen System zugeschrieben werden, in Bilder und Symbole, in Zeichenfelder übersetzt. Sie muss aber auch die Defizite beseitigen, die industrielle Produkte in der Wahrnehmung von Konsumenten haben können: nicht liebevoll genug, nicht natürlich genug etc.

Werbung macht sich dabei den Umstand zunutze, dass Ernährung und Kochen für Menschen mit einer Reihe von Konflikten verbunden ist. Frauen möchten liebevoll und verantwortungsbewusst vorgehen, aber sie möchten nicht allzu viel Zeit verschwenden. Gemüse zu putzen und zu schneiden ist nun ziemlich aufwendig, Tiefkühlgemüse nimmt einem diese

Arbeit weitgehend ab. Es muss nur noch gelingen, Frauen zu überzeugen, dass es auch denselben Wert hat wie frisches Gemüse.

Dies läuft bei Tiefkühlgemüse einmal über eine rationale Argumentation: Dargestellt wird, in welch kurzer Zeit dieses Gemüse eingefroren wird, fast am Feld quasi, sodass alle Vitamine erhalten bleiben; auf der anderen Seite wird dieses Produkt in der Werbung mit den zentralen Wertfeldern von Gemüse verbunden: unbefleckte Natur, aus einem besonderen Raum stammend, dem Garten, dem Tal der Grünen Küche. Produzenten von Tiefkühlgemüse sind mit dieser Argumentation relativ erfolgreich, erfolgreicher jedenfalls als Hersteller, die andere Konservierungstechnologien verwenden, z.B. Hitzekonservierung bei Dosengemüse.

Frauen reagieren ambivalent: Die einen billigen Tiefkühlgemüse nicht den Wert und den Geschmack von frischem Gemüse zu, die anderen, meist moderne, junge Hausfrauen, schätzen Tiefkühlgemüse außerordentlich, sie sind oft auch überzeugt, dass Tiefkühlgemüse mehr Vitamine enthält als altes Marktgemüse – was für sie eine schöne Legitimation ihrer Entscheidung darstellt. Es gibt im Übrigen nur noch wenige Frauen, die Rahmspinat selber aus frischem Blattspinat herstellen.

Die Überzeugung, dass Gemüse einen besonderen Gesundheitswert hat, wird durch eine Reihe von rationalen Argumenten begründet: An der Spitze steht die Überzeugung, dass Gemüse, wie auch Obst, kleine, hochwirksame Elemente enthält, Vitamine. Diese unsichtbaren Stoffe mit ihren segensreichen Wirkungen erleben wir als Botenstoffe, die für die Gnade der Natur stehen, für ihre positive Seite, so wie ihre Gegenspieler, die Freien Radikale oder die Bakterien, für ihre bedrohliche Seite stehen.

Es gibt daher eine wahre Sucht nach Vitaminen: Wir schätzen Vitamine immer und überall. Derzeit enthalten viele Produkte den Hinweis, sie seien ABC-angereichert, das heißt, sie enthalten erhöhte Mengen an Vitamin A, B, C – ein wahres Mantra der Gesundheit.

Wir schätzen Gemüse aber auch gefühlsmäßig, weil wir es eben als ein Zeichen von Natur interpretieren. Mit Gemüse erhalten wir Zugang zu dem Bereich der friedlichen und pflanzenhaften Natur: Was aus diesem Raum der Natur kommt, muss uns gut tun, wir verleiben uns unmittelbar die segensreichen Wirkungen der Natur ein.

Auf unserem Teller ergänzen Gemüsebeilagen also vortrefflich das »sündige« Fleisch: Sie fügen Gesundheit, Sättigung, ökonomische Rationalität hinzu (wenn man mehr Gemüse serviert, braucht man weniger Fleisch), sie bringen oft Farbe, also eine ästhetische Komponente ins Spiel – die Funktionen von Frauen also. Dahinter wird bereits die leitende Idee unserer Mahlzeit deutlich: die perfekte Harmonie von zwei sozialen und biologischen Einheiten, Mann und Frau.

Bei der Komposition der Mahlzeit erlaubt es auch gerade Gemüse, einer weiteren Forderung nachzukommen. Eine perfekte Mahlzeit kombiniert mehrere Bestandteile und Koch- und Zubereitungsmethoden, mindestens zwei. Wenn Fleisch gebraten wird, so wird Gemüse oft gekocht oder gedünstet (was die hierarchisch niedrigere Zubereitungsart ist), und es kann in Form von Salat auch roh serviert werden, eine Zubereitungsart, die für Fleisch bis auf ganz wenige Ausnahmen ausgeschlossen ist, bei einem so ungefährlichen Element wie Gemüse aber ohne weiteres möglich ist. Ähnliches gilt für Obst, das jedoch weit weniger in traditionelle Speisefolgen eingebunden ist.

Ernste Schwierigkeiten ergeben sich aber, wenn versucht wird, Gemüse im Rang einer Hauptspeise zu propagieren, also ein fleischloses Hauptgericht zu schaffen, das primär aus Gemüsen besteht. Dafür gibt es zwei Möglichkeiten: Man lässt einfach Fleisch weg und serviert eine Kohlenhydratbeilage und Gemüse, oder man komponiert ein eigenständiges Gemüsegericht.

Ersteres erweckt den von wenigen Menschen geschätzten Eindruck der Arme-Leute-Küche, Letzteres zeigt, wie wenige Zubereitungsformen unsere traditionellen Küchen für eigenständige Gemüsegerichte vorsehen: eigentlich nur Aufläufe.

Dies stellt ein Problem für die Verbreitung von Gemüsegerichten dar. Im gesamten Bereich der Küche zeigt sich, dass man Nahrungsmittel nur dann in seine Speisepläne integriert, wenn dafür ein Bezugsrahmen zur Verfügung steht, wenn man sie also in ein bestehendes Muster einfügen kann. Ähnlich arbeiten im Übrigen auch unsere informationsvermittelnden Systeme, Wahrnehmung und Gedächtnis: Wir halten nur die Neuerungen für relevant, die wir an unser bestehendes Wissen anknüpfen können.

Wir stießen auf dieses Problem zuerst in unseren Untersuchungen für den Gemüsehersteller Iglo, der eine Reihe von Vollwertgerichten entwickelte. Die ersten Gerichte waren liebevoll aus mehreren Gemüsen zubereitet, in einer guten Soße, mit kleinen Nüsschen vermischt. Die Gerichte schmeckten objektiv sehr gut, hatten aber nur mäßigen Erfolg; sie stellten Gemüse in Soße dar, eine Speise, die den Eindruck erweckte, man habe einfach nur das Fleisch weggelassen. Auch Gemüseliebhaber waren nicht wirklich bereit, solche Gerichte in ihre Alltagsmenüs zu integrieren. Wann immer sie serviert wurden, kommentierte die Familie, besonders Männer: Aha, du hast Fleisch weggelassen, da werden wir aber nicht satt werden.

Wir stellten in weiteren Untersuchungen fest, dass sich die Akzeptanz deutlich verbesserte, wenn man einen Bezugsrahmen schuf, wenn man also die Konstruktion eines normalen Gerichts wählte. Dies bedeutet in unserem Fall, dass Gemüselaibchen geschaffen wurden, die »genau so« aussahen wie ein

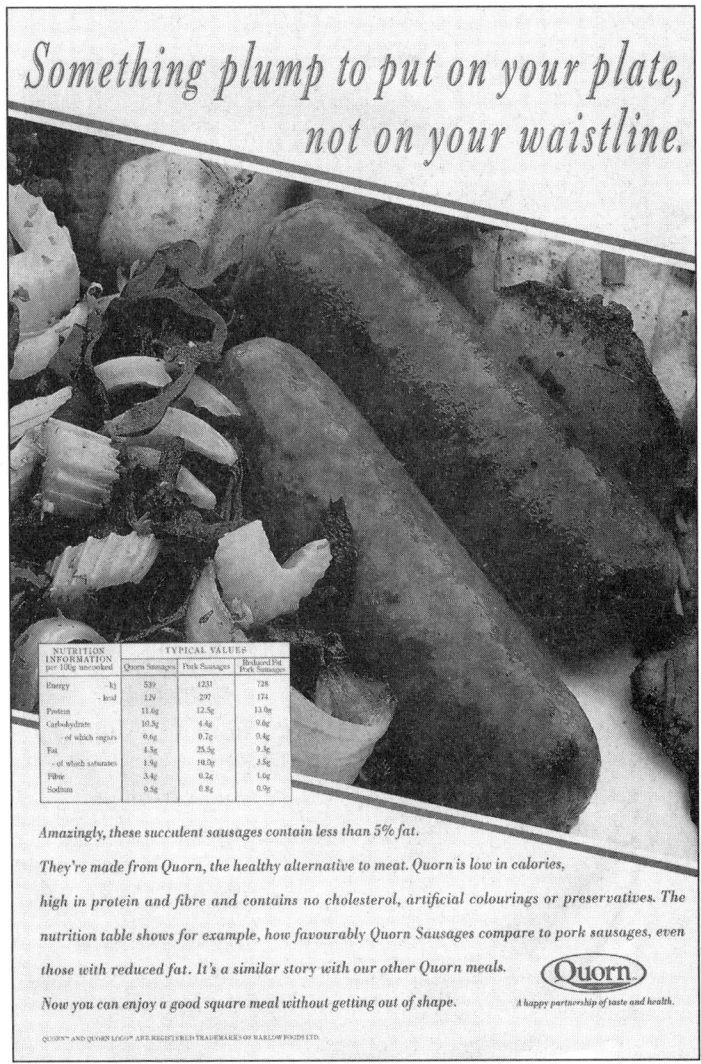

Werbung zur Einführung des Fleischersatzes »Quorn«

normales Fleischlaibchen, nur eben aus Gemüse. Diese wurden von den Konsumenten akzeptiert und meist zusammen mit anderem Gemüse und Beilagen oder einem Salat serviert – die gewohnte und sichere Ordnung war wiederhergestellt: Beim Essen gibt es keine Revolution.

Quorn, ein in England sehr erfolgreicher Fleischersatz, wurde ähnlich propagiert: Die Werbung betonte seinen hohen gesundheitlichen Wert, bot ihn aber in Form einer Fleischspeise an, als Wurst oder Laibchen. Man konnte Quorn also auf seinem Teller als Fleisch wahrnehmen, hatte damit einen festen Bezugsrahmen und konnte »normal« essen.

Mehl: Fini's Feinstes

Kann man aus Mehl einen Markenartikel machen? Das heißt, kann man den Eindruck erwecken, dass ein bestimmtes Mehl ein ganz besonderes Mehl ist, wertvoller als andere Mehle, sodass man gern ein bisschen mehr dafür bezahlt? Dass Mehl also nicht gleich Mehl ist, wie der gesunde Menschenverstand annehmen würde? Dass man das kann, führt die Marke Fini's Feinstes vor, die in einigen Gebieten Österreichs Marktführer ist und mit dem Bild einer netten Großmutter wirbt.

Die Werbestrategie, auf die wir hier treffen, ist charakteristisch für Marken. Marken propagieren ein Produkt oder mehrere Produkte; diese Produkte müssen von guter Qualität sein und wenn möglich eine neue oder nützliche Leistung erbringen. Wesentlich ist jedoch, dass eine Marke ihr Produkt mit einer Bedeutung verbindet, mit etwas, das wir uns wünschen.

In einem ersten Schritt geht es also immer darum herauszufinden, welche Werte und Bedeutungen in einem gegebenen Produktfeld möglich sind. Was verkauft ein Produkt »eigentlich«?

Die Konsumenten, die wir nach ihren Assoziationen zu Mehl befragten, nannten vor allem drei Bedeutungen. Zum einen lässt Mehl an seine Herkunft aus Getreide denken und ruft archaische Bilder von »Ernte« ab. Man sieht wogende Weizenfelder vor sich, Getreidekörner, Schnitter, Mühlen, Mehlsäcke. Dann kommt das Backen: die Bearbeitung des Teigs durch die Hausfrau, die einen Kuchen bäckt (in keiner Assoziation taucht ein Mann auf), der Duft, wenn das Backrohr geöffnet wird, der Kuchen auf der Kaffeetafel, die Freude über ein gelungenes Backwerk. Man denkt dabei prinzipiell an weißes Mehl: schneeweiß, leicht, fein, kostbar. Mehl ist also in besonderem Ausmaß mit dem Fürsorglich-Weiblichen verbunden, mit der Fähigkeit von Frauen, aus wertvollen Stoffen der Natur ein kleines Kunstwerk zu machen, ein Kunstwerk, mit dem sie ihre Liebe und Fürsorge ihrer Familie gegenüber zum Ausdruck bringen.

Bemerkenswert ist auch die Bildvorstellung, die sich an Mehl bindet: Allen Gesundheitsdiskussionen über Vollwert zum Trotz erscheint es fein, leicht und schneeweiß – auch dies geht auf eine sehr alte Vorstellung zurück. Weißes Mehl war bis in die Gegenwart ein Indikator für soziale Unterschiede: Die oberen Stände aßen weißes Brot, die unteren Stände dunkles. Dies hat eine lange Tradition: Die römische Küche betrachtete weißes Mehl, weißes Brot (zusammen mit Wein und Öl) als ein besonderes Nahrungsmittel, das die Küche der zivilisierten Kulturen von der der Barbaren unterschied.

Nun finden wir heute eine ähnliche Umkehr, wie wir sie bei der Haltung gegenüber Fleisch festgestellt haben: Fortschrittliche Gruppen kehren die Verhältnisse um und bevorzugen Zeichen, die früher den einfachen Leuten zugeordnet waren. Vollkornbrot und Vollkorngebäck gelten als gesund und natürlich und haben sich heute einen guten Platz erobert, wenn auch nicht in allen Gruppen.

Fini's Feinstes musste daher einerseits ein besonders feines, schneeweißes, duftig leichtes Mehl anbieten, andererseits ein gesundes Vollkornmehl. Bei diesem wurde jedoch darauf geachtet, dass es keinen rauen, asketischen Eindruck machte, sondern weiterhin fein wirkte: Es wurde also eine Sorte angeboten, die Vollkornkeime enthielt. Keime werden sofort mit Gesundheit assoziiert, da sie die Vitalkräfte der Natur zu enthalten scheinen; sie machen daher ein Lebensmittel auch fein und besonders.

Das zentrale Kommunikationselement, das mit der Marke Fini's Feinstes verbunden wurde, war nun die Großmutter. Dieses Zeichen schien in besonderem Maße für Mehl geeignet. Mehl/Zucker und Backen gehört in eine Welt von Frauen, die über die handwerklichen Fähigkeiten verfügen, die man für das Backen braucht, die gern ihre Zeit dafür verwenden, ihrer Familie Liebe und Fürsorge zukommen zu lassen – Backwerke gelten ja als charakteristische Speisen, durch die man Liebe vermitteln kann. Diese Welt ist in den Augen moderner Frauen aber eine vergangene und nostalgisch verklärte Welt, die Welt ihrer Großmütter, an die sich dieser Mythos der Fürsorge und Verwöhnung knüpft. Mit Fini's Feinstes kauft man sich diese Welt.

Die Assoziation an das »Feine«, die bei unserer Marke auch im Namen aufscheint, ist besonders wichtig, weil Mehl auch an die Volksküche und die Arme-Leute-Küche erinnert, deren klassische »schwere« und kalorienreiche Gerichte wir heute kaum noch akzeptieren. Nicht von ungefähr stammt ein Teil unserer feinen Desserts aus der adeligen, französisch inspirierten Hochküche, die sich wie alle Hochküchen gegen die Volksküchen abgrenzt und Mehl in den Desserts durch große Mengen von Eiern und Zucker ersetzt. Ähnlich bei den Soßen: Eine Soße mit Mehl einzudicken, gilt heute als Barbarei (die von Kochkritikern immer wieder gerügte »Mehlpampe«); die feine Köchin erzielt die richtige Konsistenz durch eine Essenz (den Fond), durch eine intensive Reduktion, durch das Einkochen wertvoller Bestandteile.

Mehl ist ein Nahrungsmittel, das vor allem in Verbindung mit weiblicher Kunstfertigkeit und weiblicher Fürsorglichkeit steht, es lebt von traditionellen Geschlechterrollen und den Regelungen der bürgerlichen Hochküche. Wenn die Attraktivität dieser Wertfelder für uns zurückgeht, verliert auch Mehl einen Teil seiner Relevanz. Wenn sich etwas an der Welt ändert, ändert sich auch etwas an unseren Küchen. Der Mehlkonsum ist auch tatsächlich rückläufig, Zuwächse verzeichnen dagegen fertige Backmischungen.

Zucker: Lust und Disziplin

Auch Zucker wird als ein weibliches Nahrungsmittel wahrgenommen. Zucker wird zum größten Teil für Backwaren, Desserts, zum Einkochen von Früchten, zum Süßen von Getränken benützt, und Zucker ist natürlich der Bestandteil, der Süßigkeiten zu Süßigkeiten macht.

Anders als Mehl ist Zucker jedoch nicht vorrangig mit dem Gedanken an seinen natürlichen Ursprung verknüpft. Man weiß zwar, dass Zucker aus der Zuckerrübe stammt. Dies ist aber für die meisten Leute keine sonderlich attraktive Vorstellung, und es gibt auch leise Zweifel daran, ob der Zucker, den wir auf dem Tisch haben, nicht vielleicht ein irgendwie durch eine industrielle Bearbeitung geschädigtes Produkt ist. Dies ist jedoch nicht der vorherrschende Diskurs, der sich an Zucker knüpft. Hier wird vielmehr über das Thema »Wie viel Lust ist zugelassen?« verhandelt.

Zucker liefert die Geschmacksqualität des Süßen, und Speisen, die süß schmecken, haben für uns eine besondere Bedeutung. Nur in ganz wenigen Fällen sind dies Hauptspeisen, und auch als Zusatzstoff zu Hauptspeisen spielt Zucker kaum eine Rolle. Die Kombination mit Fleisch ist in traditionellen Hauptspeisen ausgeschlossen, ein ausgeprägter süß-saurer Geschmack ist in diesen Speisen eher selten.

Zucker bildet also den deutlichsten Gegensatz zu Fleisch. Er findet sich an den Stellen der Mahlzeit und in den Speisen, die unfunktionalen Genuss bieten. Die süßen Speisen tauchen am Schluss der Mahlzeit auf, dann, wenn der Hunger gestillt ist, wenn es nur noch um das Genießen, um die Lust geht. Diese Speisen werden auch in kunstvoller Form dargeboten, besonders arrangiert, schön verziert, nicht etwas Simples zum Essen, sondern ein kleines Kunstwerk. Süße Speisen kennzeichnen auch besondere Gelegenheiten, so in Form der Hochzeits- oder Geburtstagstorte, man verschenkt sie als Pralinen, man belohnt Kinder, man tröstet und verwöhnt sich selbst damit. Die Zuckerküche ist also keine Küche, bei der es um Sättigung und Hungerstillen geht, sie dient vielmehr dem

Markieren, dem Präsentieren, dem Beeinflussen innerer Zustände.

Dies hängt wohl auch mit dem besonderen Geschmackserlebnis zusammen, das Zucker bietet, sowie mit der Art, wie Zucker vom Körper aufgenommen wird. Zucker wird sofort und sehr intensiv im Mundraum gespürt, fast wie eine kleine Geschmacksexplosion, und durch Zucker gewinnt man sehr schnell Energie und das Gefühl der Belebung. Beides sind Qualitäten, die wir heute sehr schätzen. Sie befriedigen unser Bedürfnis nach sinnlichen Erlebnissen und nach der schnellen Energie: jetzt, hier, sofort.

Eine ganze Produktgattung wendet sich explizit diesen Bedürfnissen zu: die Riegelprodukte wie Mars, Snickers, Twix, Kitkat etc. Sie alle sind nicht an reguläre Mahlzeiten und Essanlässe gebunden, sondern man isst sie zwischendurch, »wenn der kleine Hunger kommt«. Riegelkonsumenten sind in der Regel Kinder und Jugendliche, die die Befriedigung im »jetzt-hier-sofort« besonders lieben, denen es um schnelle Aneignung und den maximalen Effekt geht. Andererseits gewöhnen wir Kinder sehr früh an diese Bedürfnisstruktur und diesen Befriedigungsmechanismus – es sind offenbar auch Werte, die wir in unserer Gesellschaft brauchen.

Zucker hat noch andere Verbindungen zu dem Gebiet des Kindlichen. Man sagt, dass die Wahrnehmung der Qualität »süß« Kindern angeboren ist: Sie können noch vor jeder Geschmackserfahrung zwischen der Qualität »süß«, die sie bevorzugen, und der Qualität »nicht süß/bitter« unterscheiden, die sie ablehnen. Kleinkinder haben also eine natürliche Präferenz für die Qualität des Süßen, die dann durch die industriell für Kinder hergestellte Nahrung kräftig unterstützt wird. Gerade Süßigkeitsstandards lassen sich durch frühe Erfahrungen zwingend festlegen: Man empfindet als Erwachsener ungefähr den Zuckerpegel als richtig süß, den man als Kind kennen gelernt hat. Durch die Qualität des Süßen können wir uns aber auch in diese Kinderwelt zurückbringen, wir können regredieren, und wir können uns trösten.

Derzeit geht der Zuckerverbrauch in der häuslichen Küche zurück, da immer weniger Frauen die Kunst des Backens beherrschen und beherrschen wollen. Auf der anderen Seite steigt der Zuckeranteil in den industriell hergestellten Speisen – vielleicht auch ein Indikator für das Maß, in dem wir uns von den Zwängen der Gesellschaft erholen müssen, in dem wir das Regredieren brauchen.

Zucker ist also mehr als ein Nahrungsmittel, er ist ein Genussmittel und eng mit dem Aspekt der Lust verbunden: Wir können süchtig nach Süßem werden und sein (eine besondere Rolle spielt hier Schokolade, bei der sogar behauptet wird, dass sie das Glückshormon Endorphin freisetzt). Nun gibt es aber auch starke Einwände gegen Zucker, und es gibt Konsumenten, die sich bemühen, auf Zucker zu verzichten. In dem Diskurs, der sich an Zucker knüpft, geht es vor allem um Gegensätze wie diszipliniert/undiszipliniert, gesund/ungesund oder industriell/natürlich.

Zucker ist ein Bestandteil von Speisen, die man »nicht haben muss«: Bäckereien, Desserts, Naschereien. Man isst sie nur aus Lust, aus Gier, aus Vergnügen – doch wenn man gleichzeitig schön und schlank sein will, kann man sich das eigentlich nicht erlauben, sondern muss Kalorien zählen und darf nur die zu sich nehmen, die man braucht und die gesund sind. Alle Diäten empfehlen daher, auf Zucker zu verzichten, ebenso wie auf Fett, den zweiten Nahrungsbestandteil, der uns intensive Geschmackserlebnisse vermittelt.

Dies mag gute medizinische Gründe haben, aber dahinter wird auch ein ideologisches Denkmuster sichtbar, dem wir noch öfter begegnen werden: Es handelt sich um nichts anderes als um das Verbot von Lust. Dies ist keineswegs ein offizielles Verbot, aber eines, das wir tief verinnerlicht haben, sofern wir uns dem Diktat des gängigen Körperideals unterwerfen: In diesem Fall »schreibt sich die Gesellschaft in den Körper ein«, sie fordert im Namen eines bestimmten Körperideals Disziplinierung und Lustfeindlichkeit – vielleicht entwickelt sie auch gerade dieses Körperideal, um uns zu disziplinieren. Gefordert und immer wieder dargestellt wird der schlanke, bewegliche, junge, belastbare Körper, keineswegs der genussfähige und Genüssen hingegebene.

Der zweite Einwand gegen den Zucker benützt eine medizinische Argumentation: Man soll Zucker meiden, weil er die Zähne angreift, Karies verursacht. Mediziner unterstützen dieses Argument keineswegs in dieser simplen Form, dennoch wird es immer wieder gebracht. Die Strafe für sündiges Verhalten wird in einer Zerstörung des Körpers deutlich: Besser kann man kaum disziplinieren!

Das letzte Argument gegen Zucker stammt von alternativen Gruppen, für die Zucker ein Produkt der Industrie und der Konsumkultur darstellt: denaturiert, aller wertvollen Stoffe beraubt, weiß, ein klassisches Mittel der Verführung und Manipulation. Alternative Gruppen bevorzugen deshalb zwei andere Süßmacher, nämlich braunen Zucker und Honig. Brauner Zucker gilt als besonders natürlich: Seine Farbe signalisiert Natur im Gegensatz zum weißen, »industriellen« Zucker (tatsächlich werden beide auf denselben Produktionsanlagen hergestellt, braunem Zucker wird manchmal nachträglich Farbe zugesetzt). Honig ist der Süßmacher, den die Natur selbst herstellt, ihm werden im Übrigen auch besonders wertvolle Inhaltsstoffe zugeschrieben.

Wie unsere letzten Umfragen zeigten, ist die Alternativkultur, und damit auch die Vorliebe für Honig als Süßmacher beim Kochen, jedoch deutlich auf dem Rückzug. Im Augenblick herrscht eher das Gefühl vor: »Das Leben ist hart genug, ich brauche etwas, das mir gut tut und keine Mühe macht.«

Zum Schluss noch ein Beispiel für die Entwicklung einer Marke für Zucker. Dies ist ja wiederum nicht einfach: Zucker ist gleich Zucker, so würde man meinen. Kann man wirklich den Eindruck erzeugen, dass ein bestimmter Zucker etwas ganz Besonderes ist? Die Marke Wiener Zucker ist ein gutes Beispiel dafür, dass das sehr wohl möglich ist: Ihr ist es gelungen, ausländische Konkurrenzmarken vom österreichischen Markt weitgehend fern zu halten und hohe Sympathiewerte aufzubauen.

Die Strategie, die für Wiener Zucker gewählt wurde, bestand wie immer darin, Werte und Bedeutungen, die ein Produktfeld repräsentiert, durch Zeichenfelder zu vermitteln, also durch Namen, Packungen, Werbung etc. Wiener Zucker benützt eine wichtige Bedeutung von Zucker, nämlich Genuss und die Nähe von Zucker zur »feinen« Küche.

Die Packungen wurden so gestaltet, das sie einen höchst kulinarischen Eindruck vermittelten; in diesen Packungen konnte nur ein Nahrungsmittel enthalten sein, das einem einen intensiven Genuss vermittelte, während Konkurrenzmarken Zucker in einfachen und funktional nüchternen Packungen präsentierten.

Das Zweite war die Verbindung dieser Zuckermarke zu einer nostalgisch verklärten Vergangenheit: Wie Fini's Feinstes zitierte sie Vergangenheit, diesmal die Hochküche, die raffinierte aristokratische Zuckerküche, die in Österreich, das ja nie protestantisch-asketischen Forderungen unterworfen war, eine lange Tradition hat. Wie keine andere europäische kennt die österreichische Küche eine Fülle von süßen Speisen, die auch noch im Repertoire geübter Hausfrauen sind. An diese Kunstfertigkeit appellierte diese Marke mit einer Fülle von

Spezialprodukten. Die liebevolle Welt des Einkochens, mit dem die sorgsame Hausfrau die Schätze des Sommers bewahrt, wird auf der Gelierzuckerpackung beschworen, der Reiz des Exotischen, der Ferne, des Exquisiten auf der Rohrzuckerpackung, Gesundheit und Natürlichkeit beim Braunzucker, das Spielerische, ästhetisch Geformte beim so genannten Bridgezucker.

Wiener Zucker kommt damit einer wichtigen Forderung moderner Konsumenten entgegen, nämlich der, ein Produkt zu finden, das individuelle Ansprüche befriedigt und in einer gegebenen Situation genau richtig ist. Gleichzeitig erlaubt sie den Connaisseurs unter den Köchen, aus einem differenzierten Angebot zu wählen.

Zucker erscheint durch diese Ausgestaltung als ein sehr »feines« Nahrungsmittel. Dies in einem mehrfachen Sinn: »Fein«, variantenreich, für jeden Koch- und Backvorgang einen anderen Zucker zu verwenden, ist das Prinzip der Connaisseurküche. Zugleich wird durch die ästhetisch ansprechende Aufmachung signalisiert, dass wir hier weit entfernt sind von einem Nahrungsmittel, das man gierig verschlingt. Die Packungen bringen darüber hinaus exzellent das Emotionale, das Liebevolle und Fürsorgliche zum Ausdruck, das das Wesen der Zuckerküche ist.

Gutes und böses Fett

Fett ist ein Nahrungsmittel, dem wir sehr ambivalent gegenüberstehen: Es erhöht in vielen Speisen den Genuss; gleichzeitig, vielleicht aber auch gerade deshalb, versuchen wir, es aus unseren Speisen zu verbannen.

Fett ist ein ausgezeichneter Geschmacks- und Aromaträger, es intensiviert den Geschmack vieler Speisen und Nahrungsmittel: Ein vollfetter Käse und eine gut mit Fett durchzogene Wurst schmecken einfach besser als ein Magerkäse oder eine Magerwurst. Es erfordert große Kunstfertigkeit, diese Nahrungsmittel ohne Fetteigenschaften schmackhaft zu gestalten.

Der Bratensaft oder die Soße, die wir zu Fleisch und Gemüse servieren, enthalten im Allgemeinen Fett – erst ein Stückchen kalte Butter gibt einer Soße die gewünschte cremig-dickliche Konsistenz und verstärkt ihren Geschmack. Fett sorgt auch für das Feuchte, Cremige, Mollige, ohne Fett sind viele Speisen trocken. Außerdem verbindet Fett z.B. auch die Nahrungsmittel auf dem Teller – ohne Fett/Saft würden sie trocken nebeneinander liegen.

Fett hinzuzufügen ist eine bekannte Methode, um eine Speise delikater und wertvoller zu machen: Wir geben ein Stückchen Butter dazu, wir streuen ein paar Speckwürfel obendrauf, wir geben Olivenöl aus erster Pressung an den Salat, wir verfeinern eine Speise mit Sahne, wir platzieren ein Sahnehäubchen. Der bekannte Iglo Spinat, »der mit dem Blubb«, ist durch ein Tröpfchen Rahm in dem grünen Spinatbrei bekannt geworden, der Pudding Dany+Sahne erfreut sich seit Jahren großer Beliebtheit.

Wir kennen aber auch Menschen, die mit neurotischem Eifer jedes noch so kleine Stückchen Fett von ihrem Fleisch abschneiden. Fleisch, bei dem das Fett sichtbar ist, ist schwer zu verkaufen; findige Hersteller vermahlen das Fett für ihre Wurst so klein, dass wir es nicht sehen; Schweine werden im Hinblick auf besonders mageres Fleisch gezüchtet; Diätanleitungen raten uns, auf Fett weitgehend zu verzichten, und lehren uns allerlei Techniken, Soßen ohne Fett zuzubereiten; wir verwenden beschichtete Pfannen, um Fett zu sparen, und in Amerika ist ein fettloses »Fett« auf den Markt gekommen: Es schmeckt wie Butter, enthält aber keine Kalorien – Fett ist also auch ein Sünder, dem der Kampf angesagt wird, ähnlich wie Zucker.

Es kommt wohl nicht von ungefähr, dass beides Nahrungsmittel sind, die mit Genuss beim Essen in Zusammenhang stehen – im Namen der Gesundheit und im Namen unseres Körperideals der »schlanken Linie« wird uns die Disziplin abverlangt, sie aus unseren Küchen zu entfernen.

Bei Fett ist diese Forderung noch deutlicher als bei Zucker. Bei Fett wird allerdings auch zwischen mehr oder weniger bösem Fett unterschieden. Butter, Sahne, Öl akzeptieren wir weit eher als tierisches Fett, wie es in reiner Form bei Schweineschmalz oder in Fleisch oder Wurst zu finden ist. Nun stammen Butter und Sahne natürlich auch von einem Tier und nicht von einer Pflanze – diese Logik beeindruckt uns aber nicht. Wir hegen trotzdem eine große Wertschätzung für Butter und Sahne; sie schmecken einfach exzellent, und sie stehen für uns mehr mit der guten Milch in Zusammenhang als mit einem Tier.

Milch: ein Konflikt

Milch gehört zu den Nahrungsmitteln, denen jedermann den höchsten Respekt entgegenbringt, die aber in reiner, unverarbeiteter Form in unseren Küchen eine immer geringere Rolle spielen. Milch verbinden wir mit Gesundheit, mit wichtigen Stoffen, die wir unmittelbar aus der Natur aufnehmen, mit dem Thema Mutter und Kind beziehungsweise Mütterlichkeit, und wir schreiben Milch eine hohe Bedeutung für den Aufbau von Knochen und Zähnen zu.

Dennoch gibt es starke Aversionen gegen Milch; manche Menschen ekeln sich geradezu davor, Milch pur zu trinken, darunter auch Kinder. Milch ist auch ein Nahrungsmittel, für das wir strenge hygienische Kontrollen fordern, wir fürchten, dass sie gefährliche Keime enthalten kann, und auch im Haushalt unterliegt Milch einer dauernden Kontrolle, da sie leicht verdirbt.

Alle Versuche der Werbung, Milch als schick und jung und einfach toll hinzustellen (so nannte eine Werbung sie white energy), hatten nicht allzu viel Erfolg: Milch in reiner, unverarbeiteter Form wird immer noch mit gewissen Vorbehalten betrachtet. Nicht alles, was aus der Natur kommt, und nicht alles, was Werbung mit einer interessanten Bedeutung versieht, ist also schon erfolgreich.

Für diese Vorbehalte Milch gegenüber gibt es nun eine Reihe von Gründen. Ein bisschen spekulativ könnte man sagen, dass Milch die Ambivalenz aufweist, die sich bei allem Sakralen zeigt: Es ist achtungsgebietend und furchterregend zugleich, segensreich und todbringend. Möglicherweise hat dies etwas mit dem Konzept der Mutter zu tun, das sich an dieses Nahrungsmittel bindet.

Konkreter ist der zweite Grund. Er verweist auf einen Mechanismus, den wir im gesamten Bereich der Küche finden: Je unverknüpfter ein Nahrungsmittel mit unseren allgemeinen

Speisemustern und Bezugsrahmen ist, desto seltener verwenden wir es und desto weniger schätzen wir es. Dies ist auch der Grund, warum es so schwer fällt, neue Nahrungsmittel oder Angebote in die Küchenpraxis zu integrieren: Man weiß nicht, was man mit ihnen machen soll, man knüpft sie nirgends an.

Milch hat einen festen Platz in der Kinderküche, sie wird dort getrunken oder zu Pudding oder Brei verkocht, aber dann wissen wir einfach nicht mehr, wo genau wir Milch in unsere Speisepläne integrieren sollen. Das beginnt schon mit Definitionsproblemen: Ist Milch eigentlich ein Nahrungsmittel oder ein Getränk? Im Bereich der Küche lieben wir diese Klassifikationsschwierigkeiten nicht, ein Nahrungsmittel, das wir nicht klar einordnen können, ist uns suspekt.

Wir nehmen Milch also für den Kaffee, aber wir trinken sie kaum pur oder vermischt, und immer weniger Frauen verkochen sie zu Pudding oder Brei oder Ähnlichem: Milch brennt beim Kochen leicht an, und Speisen dieser Art herzustellen erfordert Zeit, Kontrolle und Können. Milch hat also auch erkennbare praktische Nachteile: Um sie immer frisch im Haus zu haben, muss man dauernd auf ihr Verfallsdatum achten, um sie zu verkochen, muss man Mühe aufwenden. Trotz aller sakralen Bedeutungen und Gesundheitswerte – ein solches Nahrungsmittel lieben moderne Köchinnen nicht.

Milch wird in der Erwachsenenküche daher immer stärker in weiterverarbeiteter Form eingesetzt und spielt als Bestandteil von vornehmlich industriell hergestellten Produkten eine große Rolle. Wir überlassen also den Umgang mit einem nicht bequemen und ein bisschen gefährlichen Nahrungsmittel lieber außerhäuslichen Köchen. Dort, wenn wir nicht selber mir ihm in Kontakt kommen, kann es dann aber wieder seinen ganzen Zauber entfalten. Man denke an die Milka-Kampagne, die praktisch nicht den Genussaspekt der Schokolade inszeniert, sondern den Milchbestandteil: beste Alpenmilch aus einem ganz besonderen Raum und von einer ganz besonderen Kuh. Ähnliches sehen wir dann bei den sehr erfolgreichen Fruchtjogurts oder den Frischdesserts – beide gelten völlig unhinterfragt als gesunde und natürliche Nahrungsmittel, was immer man auf der Rückseite in ihren Produktdeklarationen lesen könnte.

Genau besehen findet dieser Prozess aber schon in der Kinderküche statt. Mütter stellen sich auch heute noch die Frage mehrerer Generationen von Müttern: Wie kriege ich die Milch in das Kind? Sie sind überzeugt, dass eine gute Mutter ihrem Kind viel Milch gibt, und sie hüten den Glauben an den Gesundheitswert der Milch, der es ihnen erlaubt, durch dieses Nahrungsmittel mütterliche Liebe und Verantwortung zugleich fließen zu lassen. Die Kleinen sträuben sich aber immer mehr gegen das altväterliche Glas Milch, gegen den selbst gekochten Pudding, gegen gute und nahrhafte Breie: Sie wollen mehr Farbe, mehr Esserlebnis, mehr Abwechslung.

Industriell entwickelte Kinderprodukte versprechen eine Lösung genau dieses Konflikts und versuchen in erster Linie, Milch interessanter zu machen. Kinderkakaos werden gefärbt und mit Schokolade versetzt, Cornflakes mit interessanten Knusperbestandteilen versehen.

Hochinteressant sind auch Produkte, die quasi die Miniversion eines Erwachsenenprodukts darstellen: Fruchtzwerge, Kindermilchschnitte, Kinderschokolade. Die Werbung für diese Produkte argumentiert in ähnlicher Form: Sie zeigt der Mutter, dass hier Ströme von Milch fließen, dass alle wichtigen Stoffe enthalten sind, dass es durch mütterliche Tradition geheiligt ist. Dies führt z.B. Monika Peitsch in der Werbung für Kinderschokolade von Ferrero aus. Sie hat als Kind dieses Produkt von ihrer Mutter bekommen, und sie gibt es nun selbst ihren Kindern, weil sie so umsorgt aufwachsen sollen wie sie selbst.

Zugleich signalisiert die Werbung auch dem Kind, dass dies ein höchst attraktives Produkt ist: Alle Kinder essen es in der Schule, wie bei Milchschnitte, oder nur sehr clevere Kinder essen es, wie der Film für Fruchtzwerge suggeriert. Hier fragt ein kleiner Junge seine Mutter, ob er Fruchtzwerge haben darf. »Ja«, sagt die Mutter, »aber teile sie mit deinen Geschwistern.« Darauf ruft der Kleine seinen Geschwistern quer durch die Wohnung zu: »Will hier jemand etwas aus echter Milch?« Entsetztes Türzuschlagen der Geschwister. »Mit Calcium? Mit Vitaminen?« Entsetztes Türzuschlagen! »O.k., dann esse ich es eben allein«, und er schleckt ganz genüsslich seinen Fruchtzwerg. Sowohl Mutter wie Kind erhalten also die Botschaften, die für sie wichtig sind.

Noch weiter im Konfliktlösungsangebot geht Milchschnitte. Viele Mütter sind überzeugt, dass das beste Pausenbrot für ihr Kind Obst bzw. Vollkornbrot mit Quarkaufstrich wäre – den müssten sie aber dann immer frisch zubereiten, und nur wenige Kinder sind wirklich begeistert davon. Ist es da nicht schön, wenn Milchschnitte versichert und in der Produktgestaltung und Werbung vorführt, wie viel gute Milch sie enthält, und dazu noch in dunkle Schichten eingehüllt (dunkel ist gesund), sodass die Mutter sich die Mühe des echten und gesunden Pausenbrots sparen kann, das Kind aber begeistert ist.

Obst: Natur und Frische

Ähnlich wie Milch und Gemüse zählt Obst zu den Nahrungsmitteln, die man als wertvoll und wichtig betrachtet und die wunderschöne Bilder wachrufen, die aber bei weitem nicht so stark in unsere Ernährung integriert sind, wie man von daher denken sollte.

Wenn man mit Testpersonen über ihre Assoziationen zu und ihre Wertschätzung von Obst spricht, so zeigt sich ein hochgradig aufgeladenes positives Bild: Obst verbindet man mit Natur, mit Frische, mit Bildern von farbigen Früchten, Obstbäumen, Obstgärten, mit dem Zarten, Leichten, Farbigen. Obst ist Gesundheit und Genuss zugleich, es ist der Genuss, den uns die Natur selber zur Verfügung stellt. Mit Obst, das ja den Genussbestandteil Zucker in einer ganz natürlichen Form und in der Konzentration enthält, die die Natur für richtig erachtet, könnten wir uns immer mit gutem Gewissen Genuss verschaffen: einen erlaubten und gesunden Genuss, denn schließlich enthält Obst zahlreiche wichtige Vitamine.

Gemessen an seiner Wertschätzung ist Obst jedoch vergleichsweise schwach in unsere alltägliche Ernährung integriert. In unseren Hauptspeisen und Menüs spielt es nur eine untergeordnete Rolle. Die Hausfrau, die vorschlägt, das Abendessen durch eine Obstschüssel zu ersetzen oder die als Nachspeise für jeden einen gesunden Apfel serviert, würde kaum auf Begeisterung stoßen. Obst essen wir in diesen Fällen nur, wenn es bearbeitet ist, als Kompott oder vielleicht als Obstsalat, oder wenn es in sehr leckere Speisen integriert ist: als Obstkuchen oder als Bestandteil von guten Cremes. In roher Form dient es als Dekorationsbestandteil, und eine wichtigere Rolle spielt es dann beim modernen Frühstück, als Bestandteil des Müslis oder in Form von Säften.

Obst essen wir also eher zwischendurch oder als Nebengericht. Wir neigen auch dazu, den Aspekt, den wir am allermeisten schätzen, die Frische, durch Dünsten, Braten und Kochen zu reduzieren und Obst in Speisen mit viel Fett und Zucker einzufügen. Genau besehen schätzen wir Obst mehr als Zeichen für Genuss und Gesundheit als in seinen realen Eigenschaften.

Als Bestandteil der Alltagsküche ist Obst keineswegs praktisch. Man muss im Haushalt immer auf seine Frische achten, man kann in der Küche nicht wirklich etwas damit anfangen, ohne dass man eine Menge Arbeit in Putzen, Schälen, Zerkleinern investiert. Mutter Natur hat da eigentlich gar kein so exzellentes Produkt geschaffen.

Es treten also Konflikte auf: Obst ist gesund, Obst müssen wir essen, aber Arbeit wollen wir keine haben. Diese Konflikte stellen immer gute Voraussetzungen für Produkte und Werbungen dar. Sie inszenieren den Zeichenwert der Frische, Gesundheit, Unbedenklichkeit und Natürlichkeit, verbinden ihn mit praktischen Produkten und geben uns so ein gutes Gewissen. Von dieser Strategie lebt die Werbung für Säfte, Fruchtjogurts, Marmeladen.

Ein wichtiger Bestandteil dieses Wertfeldes ist die Frische, etwas für uns außerordentlich Wichtiges. Frische fordern wir auch von Menschen, von Ideen. Frisch heißt in unserer Gesellschaft makellos, unkontaminiert, gerade für den Augenblick hergestellt, neu, eben nicht alt, nicht abgestanden, nicht schon dem Angriff der Zeit und dem Verderben preisgegeben. Für unser gesamtes Ernährungssystem bedeutet frisch auch immer ungefährlich, sicher, unmittelbar aus der Natur hervorgegangen.

Obst und Gemüse haben hier einen besonderen Signalwert. Man fordert für sie nicht nur Frische, sie gelten auch als charakteristische Zeichen für Frische.

Dies spielt bei der Gestaltung von Supermärkten eine große Rolle. Ein guter Supermarkt muss einen solchen zentralen Wert zur Geltung bringen, das heißt, man muss dort spüren und erleben, dass dieser Wert Beachtung findet. Die Obst- und Gemüseabteilung bietet sich zur Inszenierung dieses Wertes an; Supermärkte nennen diesen Bereich auch die Frischeabteilung. 70 Prozent der Konsumenten geben an, dass sie die

Qualität ihres Supermarkts nach der Obst- und Gemüseabteilung beurteilen, und 80 Prozent sagen, dass bei Lebensmitteleinkäufen Frische für sie etwas ganz Wichtiges sei. Ein guter Supermarkt bemüht sich also, makellose und ästhetisch schöne Reihen von Obst zu präsentieren, glänzend, taufrisch, ein Stück so schön wie das andere, strahlend ausgeleuchtet und von Spiegeln im Hintergrund oder verführerischen Naturbildern optisch verstärkt.

Diese Wirkung erzielt man durch das Polieren des Obstes, durch Aussortieren aller nur minimal fehlerhaften Stücke, durch Berieseln und Besprühen mit Wasser, durch ein besonderes Licht. In Amerika simulieren oder verstärken manche Supermärkte den Duft von Obst, z.B. von Erdbeeren. Konsumenten sind von dieser Art der Präsentation begeistert, sie gewinnen den Eindruck äußerster Frische und Natürlichkeit.

In dieser Art der Inszenierung wird ein bestimmtes Konzept von Natur vermittelt: nicht die »wirkliche«, raue, grobe Natur, in der es auch einmal Fehler gibt, deren Produkte unterschiedlich schmecken, riechen und sich anfühlen. Es ist vielmehr eine besonders hergerichtete Natur: fehlerlos, gleichförmig, glänzend, poliert, ästhetisch, visuell perfekt – alles Werte, die eine Industriekultur bewundert und die sie auch im Bereich der Natur favorisiert. Die meisten Sorten werden heute ja auch nicht mehr in Hinblick auf Geschmack gezüchtet, sondern auf Regelmäßigkeit, gleichmäßige Färbung, Resistenz gegen Schädlinge – also ebenfalls im Hinblick auf das Ästhetische, auf das Optische.

Wir treffen hier auf eine Besonderheit unserer modernen Gesellschaft. Von allen Sinneswahrnehmungen, die wir ansprechen könnten, hat sich unsere Kultur in hohem Ausmaß auf das Sehen, auf das Auge, konzentriert. Dem Sehen, das oft mit Erkennen gleichgesetzt wird, räumen wir eine privilegierte Stellung ein – alle anderen Sinne gelten demgegenüber als »niedere Sinne«.

In Produktangeboten dienen Früchte meist dazu, das gesamte Produkt als natürlich, gesund, verantwortungsbewusst darzustellen. Dies gilt etwa für Fruchtjogurts oder Quarkcremes mit Früchten, die uns suggerieren, dass wir auf einfachste Art und Weise Früchte und einen gesunden Milchbestandteil genießen können, wobei Früchte immer die Rolle des farbigen Bestandteils übernehmen, der für den Genuss steht, der unmittelbar aus der Natur kommt, der also erlaubt und geboten ist. Ähnlich präsentieren sich Fruchtsäfte als eine einfache Art, Früchte zu sich zu nehmen, eine Art erlaubtes Naschen. »Genieß die Natur in Pago pur«, drückt es ein bekannter Safthersteller aus.

Als Drama inszeniert diesen Aspekt die Marke Obstgarten. In dem Film für diese Quarkcreme mit Früchten wird ein Mann, der etwas Fettes, Ungesundes, Traditionelles isst, einem Mann gegenübergestellt, der das Produkt Obstgarten isst. Der Mann, der das Falsche zu sich nimmt, wird geradezu von der Hölle verschlungen: In allen Filmen dieser Kampagne brechen die Menschen durch den Boden oder werden von Erdspalten verschluckt, »weil sie so voll und schwer« sind, wie der Film anmerkt. Die »Obstgarten-Esser« aber bleiben schön auf der Erde und schlecken ihren gesunden und leichten Obstgartenquark, der den Verweis auf die segensreichen Wirkungen des Obstes natürlich schon im Namen trägt.

Kartoffeln: die Sättigungsbeilage

Kartoffeln sind hervorragende Lieferanten der von uns sonst so geschätzten Vitamine und Mineralstoffe, aber nur wenige Menschen lieben Kartoffeln aufgrund dieser Eigenschaften.

Kartoffeln nehmen wir als »Sättigungsbeilage« wahr, wie die Speisekarten in Ostdeutschland es früher so schön nannten. Sie gehören damit in eine Gruppe mit Reis, Nudeln, Knödeln, Teigbeilagen; die französische und italienische Küche kennen an dieser Stelle auch Brot. Diese Beilagen haben einen festen Platz in unseren Mahlzeiten, sie liefern die Kohlenhydratbestandteile der warm gekochten Mahlzeit.

Der Charakter einer Küche wird nun stark dadurch bestimmt, welche dieser Beilagen sie vorwiegend verwendet. Die Ethnologin Mary Douglas ist der Meinung, dass diese Wahl zusammen mit den Gewürzen den Charakter einer Küche stärker bestimmt als die Auswahl an Fleischsorten, und wenn wir an die italienische Pastaküche, die süddeutsche Knödelküche und die norddeutsche Kartoffelküche denken, so ist dies sicher nicht von der Hand zu weisen.

In den deutschsprachigen Ländern spielt nun die Kartoffel für unsere Mahlzeiten eine große Rolle. Die Kartoffel gehört, wie wir wissen, nicht seit altersher in unsere Küche, sie stellte einmal ein neues Nahrungsmittel dar, das von außen her in unser Ernährungssystem trat. Dies ging nicht ohne Widerstände vor sich, und die Kartoffel hätte sich wohl nicht durchgesetzt, wenn nicht ein wirklicher Leidensdruck vorgelegen hätte: Es stand einfach nicht genug Getreide zur Verfügung.

Kartoffeln sind gefühlsmäßig wenig attraktiv, man verbindet sie weder mit Luxus noch Genuss, sie gehören dem Bereich des Funktionalen an, man isst sie, weil man von etwas satt werden muss. Sie haben daher leicht das Odium der Arme-Leute-Küche oder auch das einer sehr anspruchslosen Küche. Mit einem gewissen Hochmut schauen wir auf Küchen wie die englische herab, die vor allem in Wasser gekochte Kartoffeln verwenden. Von Franzosen und Italienern wird aber auch die deutsche Küche mit Kartoffeln, speziell in Wasser gekochten Kartoffeln gleichgesetzt, und die süddeutsche Küche mit ihren Knödel- oder Spätzle-Beilagen grenzt sich verächtlich gegen die norddeutsche Kartoffelküche ab.

In der Schweiz dient die Art der Kartoffelzubereitung sogar dazu, politische und soziale Grenzen zu markieren. Bekanntlich verläuft die Grenze zwischen der Ost- und der Westschweiz entlang des »Röschtigrabens«, und die Bewohner der französischen Schweiz, die niemals Röschti essen würden, schreiben dem Röschtiteil der Schweiz eine dumpfe, konservative, provinzielle Gesinnung zu.

Welche Möglichkeiten gibt es nun, um die Kartoffel von ihrem Odium des Arme-Leute-Essens zu erlösen? Ganz einfach: Man kocht sie nicht in Wasser, sondern wählt eine andere Zubereitungsart, eine, die einem Nahrungsmittel automatisch einen höheren Rang gibt, nämlich das Braten in Fett. Durch Braten und die Kombination mit Fett erhalten wir Röstkartoffeln, die schon besser sind als Wasserkartoffeln, wenn sie auch immer noch einen Bestandteil der Volksküche bilden; oder auch Kartoffelgratin, das Parmentier in die französische Hochküche einführte. Und schließlich gibt es zwei Speisen, die jung, modern und höchst attraktiv sind: Pommes frites, das Entzücken aller Kinder, die sich weigern würden, in Wasser gekochte Kartoffeln zu essen, und Kartoffelchips, die kaum noch an Kartoffeln erinnern. Alle diese Angebote weisen eine gemeinsame Eigenschaft auf, die wir höchst attraktiv finden: Sie sind knusprig.

Braten, rösten, mit Fett kombinieren, knusprig werden lassen steigert also den Rang von Kartoffeln, kochen, zu Brei zerstampfen vermindert ihn eher: Kartoffelbrei besitzt bei weitem nicht die Attraktivität der gebratenen und gerösteten Varianten. Dass Zubereitungsmethoden den Rang eines Nahrungsmittels beeinflussen können, werden wir noch öfter erfahren.

Der Markt hat inzwischen noch eine weitere Strategie entwickelt, Kartoffeln schon beim Einkauf attraktiv zu machen. Händler bieten eine ganze Reihe von Kartoffelsorten an, für jede Situation die richtige: feste für den Salat, mehlige für Breie, rötliche oder Kartoffeln mit einer besonderen Herkunft für die Connaisseurs, vorgewaschene für die praktische Hausfrau.

Auch in diesem Bereich beginnt man Marken zu bilden, so »Beste Ernte« von Pfanni.

Gewürze

Würzen stellt für die meisten Hausfrauen den Prozess dar, durch den sie eine Speise zu ihrer ganz persönlichen Speise machen. Durch ihre spezifische Art zu würzen dokumentiert die Köchin Könnerschaft und gibt den Standard vor, den sie als richtig betrachtet.

In Kochbüchern heißt es meist vage: Man würze mit Salz, Pfeffer und einer Prise Muskat. Dabei wird vorausgesetzt, dass alle Kochenden wissen, welche Menge sie nehmen müssen und was in etwa der normale Geschmack ist, den man erzielen muss. Gefordert sind also ein gemeinsames Wissen und ein individuelles Können.

Die meisten Hausfrauen hassen es daher, wenn die Esser am Tisch die Speisen nachsalzen oder nachwürzen. Die Maggi-Flasche auf dem Tisch weist nicht auf eine exzellent kochende Haufrau hin. Köche sind auch meist der Meinung, dass sie ganz individuell würzen, tatsächlich aber lassen sich in bestimmten Gruppen, Regional- und Nationalküchen einheitliche Würzstandards feststellen, die nur in kleinen Bandbreiten variiert werden – es handelt sich also um ein kollektiv geteiltes Wissen, wie man zu würzen hat.

Nationalküchen gewinnen ihren spezifischen Charakter einmal durch die charakteristischen Beilagen, noch mehr aber durch die spezifischen Aromen, durch das »Würzprinzip«, das sie bei ihren Speisen zur Geltung bringen. Esser erkennen ihre Nationalküche an diesen Würzkomponenten und setzen sie mit dem richtigen und dem guten Geschmack gleich, da sie eben mit diesem Geschmack aufgewachsen sind: Abweichungen von diesem Eindruck lassen andere Küchen je nach Einstellung seltsam, fremdartig oder interessant erscheinen.

Farb/Armelagos führen als Würzprinzipien wichtiger Nationalküchen auf:

Japan: Sojasauce, Saki, Zucker, Ingwer.

Indien: Basiscurrymischung aus Knoblauch, Kumin, Ingwer, Turmeric, Koriander, Kardamon, Pfeffer, Senfsamen, Safran, Nelken, Kokosnuss.

Griechenland: Limone, Oregano, Zimt.

Italien, Südfrankreich: Olivenöl, Tomaten, Kräutermischungen aus Thymian, Basilikum, Oregano, Knoblauch.

Frankreich: Butter, Sahne, Wein, Fonds mit Beigaben von Senf, Käse, Kräutern.

Mexiko: Tomaten, Chili, Pepperoni, Kumin.[17]

Der Trend zur Ethnoküche verbreitet diese spezifischen Gewürzkomponenten in weit entfernten Regionen, wenn auch meist in neutraler und abgewandelter Form. So kochen unsere chinesischen Restaurants natürlich nicht nach wirklich chinesischen Standards – aber dennoch: Wir sind inzwischen zu Experten in allen möglichen Arten von Aromen geworden, jedenfalls dann, wenn wir Interesse an ausländischen Küchen haben.

Diese ausländischen Gewürzmischungen bieten auch eine einfache Möglichkeit, eine simple Zusammenstellung von Zutaten in ein interessantes Gericht zu verwandeln. Eine provenzalische Kräutermischung macht ein simples Gemüsegericht zu etwas ganz Französischem, und China oder Indien sind auch schnell abgerufen.

In der Akzeptanz von ausländischen Gewürzmischungen unterscheiden sich übrigens sehr deutlich traditionelle von modernen Essstilen: Traditionelle Esser akzeptieren als ausländisch die italienische Küche und allenfalls den Geschmack, den sie von chinesischen Restaurants kennen, alles andere wirkt auf sie exotisch und seltsam; moderne Konsumenten lieben ungewohnte Aromen und das Experimentieren mit Gewürzen.

Gewürze spielen schon seit jeher eine besondere Rolle in der zeichenhaften Vermittlung von fremden Welten, sie stehen für märchenhafte Ferne. Der Gewürzhandel des Mittelalters und der frühen Neuzeit lebte von dieser Bedeutung: Vanille, Pfeffer, Safran waren nicht deshalb begehrt, weil man mit ihnen so interessant würzen konnte, sondern weil sie den Zauber des Orients vermittelten, und natürlich auch, weil es sich um äußerst seltene Stoffe handelte, die mit den größten Mühen herangeschafft wurden und entsprechende Fantasiepreise erzielten. Ein wirklich eindrucksvolles Essen hatte sie daher in großer Menge zu enthalten, gleichgültig, welchen Geschmack eine Speise durch die wahllose Hinzufügung dieser Aromen bekam.

Gewürzten Speisen wird schließlich auch eine aufreizende und erotisch stimulierende Wirkung zugeschrieben. Scharf gewürzte Gerichte bezeichnet man als hot, wobei hot auch für ein feuriges Temperament und erotische Aufgeschlossenheit steht.

In diese Gruppe fallen Pepperoni, Chili und Paprika, die Leidenschaft und Feuer schon über ihre rote Farbe signalisieren. In Operettenliedern wird der ungarische Paprika mit der sexuellen Anziehungskraft der ungarischen Damen gleichgesetzt: »Die Julischka, die Julischka aus Buda Budapest, die hat ein Herz aus Paprika, das keine Ruhe lässt. Jojo Mama, was die alles kann, die zieht wie ein Magnet die Männerherzen an.« In der Korrelation scharfes Gewürz – erotische Anziehungskraft – Ungarn schwingt wohl auch noch das Stereotyp des fremden Volkes mit, das frei von bürgerlichen Zwängen lebt und daher eine freie, lockende, aber auch Gefahr bringende Sexualität entwickelt. Sehr deutlich zeigt dies auch die Figur der Carmen.

Die Kochbücher des 19. Jahrhunderts empfahlen, die Speisen für Dienstboten auf keinen Fall zu scharf zu würzen, da sonst ihr sexueller Appetit angeregt würde; Ähnliches wurde für Damen empfohlen. Wenn mehrere Geschmacksrichtungen zur Auswahl stehen, neigen Frauen auch heute noch zu den eher milderen Varianten.

Auch der Bereich der Aromen und Gewürze lebt von Trends, Weiterentwicklungen und Moden. Im Augenblick sind vor allem zwei ganz entgegengesetzte Würz- und Geschmackstendenzen beliebt: das leicht Bittere und das Süßliche, Milde, besonders ein leichtes Vanillearoma.

Jede Küche enthält Würz- und Geschmackskomponenten, die sich an der Grenze zum Unangenehmen befinden: sehr scharf oder sehr bitter. Man muss sich an diese Komponenten gewöhnen, wenn dies aber geschehen ist, bewahrt man eine große Anhänglichkeit und findet genau diesen Geschmack stimulierend und interessant. Wir kennen das von Kaffee. Kaffee schmeckt für die meisten Jugendlichen am Anfang ziemlich unangenehm, und sie können ihn ohne viel Milch und Zucker fast nicht trinken. Später kann man ohne den Geschmack gar nicht auskommen. Das leicht Bittere ist auch sonst attraktiv: Red Bull oder Tonics beziehen einen Teil ihrer Faszination daraus, und der heute allseits beliebte Rucola, der in keiner Speise fehlen darf, wird ebenfalls aufgrund seines leicht bitteren Geschmacks geschätzt.

Im Gegensatz dazu steht eine Präferenz für das leicht Süße, Milde, für »friedliche«, unaufdringliche, neutrale und damit für niemanden anstößige Geschmacks- und Würzkomponenten. Nahezu alle neu entwickelten Käsesorten in ganz Europa pflegen ein mild-feines Aroma, ebenso Zigarettensorten, Biere.

Produkte, die sich an Jugendliche wenden, verbinden diese Qualität des Süßen sehr oft mit der des Sauren, sie sind also süß-sauer. Diese Verbindung betrachtet die traditionelle Küche als eine unerlaubte Grenzüberschreitung, was sie für Jugendliche doppelt attraktiv macht. So zeigte sich in einem Test für die Füllung eines neuen Würstchens, dass die Variante süß-sauer von 70 Prozent der Jugendlichen bevorzugt wurde, aber nur von 10 Prozent der über 50-jährigen Hier spielt sicher auch eine Gewöhnung an den typischen McDonald's-Geschmack eine Rolle. Die Vorliebe für milde, süßliche Geschmacks- und Würzvarianten wird auch durch den Trend zu Vanille belegt. Vanille ist im Augenblick in einer Vielzahl von Produkten enthalten, so in Kosmetika, aber auch in vielen Nahrungsmitteln. Sie wird in ganz geringen Dosen beigegeben, man nimmt sie kaum bewusst wahr, sondern nur als eine Anmutung. Diese aber gemahnt an Kindheit, Geborgenheit, Friede.

Nahrungsaufnahme: »Schlapperer und Beisser«

Nahrung nehmen wir auf ganz unterschiedliche Weise auf: Wir lutschen sie genüsslich wie eine Tafel Milchschokolade, wir ziehen sie uns ohne Einsatz der Zähne »rein« wie ein schönes Nudelgericht, wir beißen zart ab wie bei einem Waffelröllchen oder bei einer Praline, und wir kauen kraftvoll wie bei einem Stück Fleisch. Auch auf diesem Gebiet begegnen wir einer Sprache, einem Code: Die einzelnen Möglichkeiten der Nahrungsaufnahme sind mit verschiedenen Bedeutungen besetzt.

Der zentrale Gegensatz dieses Codes ist der zwischen beißen/kauen und nicht beißen/nicht kauen, mit oder ohne Einsatz der Zähne. Nahrung, die wir nicht beißen und kauen müssen, ist cremig, feucht, weich, wir können sie einsaugen, »einschlappern«. Wir sind quasi passiv, die Nahrung gelangt in uns hinein, ohne dass wir viel dazu tun müssen, wir werden versorgt, wir »nehmen unsere Umwelt auf«.

Nahrung, die wir beißen und kauen, ist fest, trocken, sie setzt uns einen Widerstand entgegen, wir müssen sie manchmal mit dem Messer schneiden, auf jeden Fall aber mit den Zähnen bearbeiten, wir sind aktiv, »bearbeiten« und erobern unsere Umwelt.

Die erste Art der Nahrungsaufnahme ist die der Kleinkinder, der Babys. In diesem Stadium bedeutet Nahrung den wichtigsten Kontakt mit der Welt, Nahrung ist die Liebe, die das narzistisch auf sich konzentrierte Kind von seiner Umwelt erfährt. Erst mit der Entwicklung der Zähne können Kleinkinder feste Nahrung bewältigen, und genau zu diesem Zeitpunkt lernen sie auch gehen und dann sprechen, sie erobern also aktiv ihre Umwelt.

Wir kennen viele Speisen, die diese weichen, feuchten, cremigen Konsistenzen haben, die eine Art »süßer Brei« darstellen: Cremes, Milchschokolade, Eis, Pudding. Wenn wir uns trösten oder verwöhnen wollen, wenn wir uns ganz einem Genuss hingeben wollen, so wählen wir diese Nahrungsmittel: Über die spezifische Art, wie man diese Speisen zu sich nimmt, bringen sie uns offenbar die frühkindliche Welt des passiven Genusses und der narzistischen Selbstversunkenheit zurück.

Wenn es darum geht, Kraft zu tanken, Energie aufzunehmen, neigen wir eher zu dem aktiven Typ der Nahrungsaufnahme. Oder anders ausgedrückt: Ein Nahrungsmittel beziehungsweise eine Speise, die wir ohne Einsatz der Zähne aufnehmen, verbinden wir mit der Bedeutung Trost, Liebe, Verwöhnen, ein Nahrungsmittel beziehungsweise eine Speise, in die wir aktiv unsere Zähne schlagen, mit der Bedeutung aktiv, kräftig, erwachsen. Bezeichnenderweise gehören Nachspeisen eher zum ersten Typ, klassische Hauptspeisen zum zweiten.

Menschen nehmen natürlich auf beide Arten Nahrung auf, dennoch gibt es zwei Typen von Menschen: »Beißer« und »Schlapperer«. Die einen bevorzugen Nahrungsmittel, die ihnen einen kleinen Widerstand entgegensetzen, wo sie etwas zu beißen und zu kauen haben, die anderen lieben das Weiche, das Feuchte, das sie sich ganz leicht aneignen können. In vielen Produktfeldern gibt es daher Varianten für beide Typen. Bei Schokolade finden wir z.B. Milchschokolade, die keinerlei Widerstand bietet, und Schokolade mit Nüssen für die Beißer, denen es immer Vergnügen macht, auf eine harte Nuss zu treffen und sie zu knacken.

Der Trend geht derzeit in ganz Europa eindeutig in Richtung Schlapperer. Offenbar gibt es immer mehr Leute, die sich nicht »durchbeißen« wollen, weder durch lange Texte, schwierige Probleme noch durch »feste« Nahrung; sie wollen Nahrung, die sie sich leicht »reinziehen« können. Auch bei ihrer Informationsaufnahme schätzen sie kleine Häppchen, die Kombination: ein Bild, ein verbales Etikett, etwas, das sie sich leicht aneignen können: fast food for slow readers.

Der weltweite Siegeszug der Nudelküche, des Hamburgers, der Frischdesserts belegt diesen Trend eindrucksvoll. Gesellschaftlich können wir ihn jedoch auch anders deuten. Bevorzugt wird hier ja ein Typ von Nahrung, der weniger aggressive Formen der Aneignung, weniger Zerschneiden (großer Fleischstücke) impliziert. Der Soziologe Norbert Elias beschreibt in seinem Buch »Über den Prozess der Zivilisation« die Entwicklung unserer modernen Gesellschaft als einen Prozess der zunehmenden Pazifizierung, jedenfalls im Bereich des individuellen Verhaltens. Im Mittelalter etwa gehörten aggressive Akte wie Raufen, Schlagen, Stechen zum Verhaltensrepertoire auch angesehener Personen, das sie ohne weiteres auch in der Öffentlichkeit zeigen konnten. In dem Maß, in dem der Staat das Gewaltmonopol für sich beanspruchte, wurden seine Mitglieder diszipliniert: Sie lernten nun, ihre Aggressionen zu zügeln und sie nicht mehr öffentlich zu zeigen. Vielleicht sind also unsere friedlichen Nudelgerichte auch Indikatoren für diese Entwicklung.

Naschprodukte

Zwischen beißen und »schlappern« gibt es nun noch vielfältige Abstufungen, z.B.:

- lutschen
- einsaugen
- knuspern
- knabbern
- kleine Stücke einwerfen
- zart abbeißen, leicht kauen
- intensiv beißen und kauen.

Nasch- und Snackprodukte sind sehr spezifisch auf diese verschiedenen Essformen abgestimmt, und ihre Gestaltung und Produktwerbung machen klar, welche Bedeutungen wir mit ihnen verbinden. Dabei kann man grob unterscheiden zwischen Produkten, die den Zähnen

- keinen Widerstand entgegensetzen,
- einen Widerstand, der sich leicht brechen lässt,
- oder einen deutlichen Widerstand, den man mit Beißen oder Kauen überwinden muss.

Für den ersten Bereich steht exemplarisch Schokolade. Gute Schokolade »schmilzt« im Mund; »schmelzen« wird immer wieder zur Charakterisierung von Schokolade verwendet. Man kann also ganz passiv bleiben. Schokolade wird als ein Nahrungsmittel erlebt, mit dem man sich besonders gut trösten und verwöhnen kann; man gibt sich kindlich einem passiven Genuss hin.

Diese Bedeutung illustriert eine Werbung für die Schokolade Finessa. Sie zeigt eine Frau, die die Augen schließt und gleichzeitig den Mund öffnet, in den sie sich ein Stück Schokolade schiebt – ein eindrucksvolles Bild für einen passiven, narzistischen Genuss. Kommentar: »Mund auf, Augen zu«. Als genießende Konsumentinnen werden in Werbespots dieser Art fast ausschließlich Frauen gezeigt.

Die mittlere Kategorie – ein Widerstand, der sich leicht brechen lässt – wird von Knusperprodukten abgedeckt: Cornflakes, Waffeln, Chips, kleinen Keksen. Man beißt zart ab, kaut ganz leicht. Manche Produkte sind so klein, dass man sie sich, ohne abzubeißen, in den Mund »einwirft«, was das Gefühl hervorruft, sich selber zu füttern. Man ist hier nicht ganz passiv dem Genuss hingegeben, aber auch nicht voll aktiv seiner Umwelt zugewandt.

In die dritte Kategorie fallen Riegelprodukte wie Mars, Snickers, Twix, bei denen man ordentlich abbeißen und kauen muss. Sie versprechen Kraft und Sättigung: »Snickers snickt den Hunger weg«, »Mars macht mobil bei Arbeit, Sport und Spiel«. Gezeigt werden hier vornehmlich junge Männer. Wir finden also eine Verbindung: je weniger Beißen und Kauen, desto genussorientierter, narzistischer und weiblicher, je mehr Beißen und Kauen, desto mehr Kraft, Sättigung, Männlichkeit.

In einem anderen Produktfeld, bei Pralinen, werden Knusperbestandteile eingesetzt, um von dem schweren, passiven Genuss abzulenken, den Pralinen vom Typ Schokolade mit Nougatfüllung darstellen. Pralinen, die einen leichten Genuss versprechen, wie ihn moderne Esser schätzen, enthalten heute gern Knusperbestandteile. So hat z.B. Raffaello eine Kokosknusperhülle, und im Inneren stößt man auf eine kleine Nuss.

Diese Pralinentypen spielen noch mit einem weiteren Gegensatz: dem zwischen dunkel und hell. Dunkel bedeutet bei vielen Genussprodukten: genussreich, schwer, verboten, sündig. Ein Produkt, das hell und weiß ist, signalisiert damit automatisch: nicht schwer, sondern leicht, erlaubt – es stellt gewissermaßen eine lässliche Sünde dar. Raffaello gilt tatsächlich als eine sehr leichte Praline, ein Eindruck, der durch mehrere Komponenten erzeugt wird. Zum einen durch die Konsistenz: Raffaello ist nicht fett, cremig, sondern eben zart und knusprig, und im Inneren enthält es eine Nuss, sodass man auch das Erlebnis des Beißens hat. Gleichzeitig ist Raffaello weiß. Es enthält keine Schokolade, sondern Kokosnuss, und auch seine Füllung ist weiß.

Weiße und leichte Speisen gelten im Übrigen in manchen Küchen, so im indonesischen Raum, als »Götterspeisen«. Die süßen Speisen, die den Göttern als Opfer dargeboten werden, sind ausschließlich aus weißen Bestandteilen hergestellt, Reis, Kokos, Kokosmilch etc. Interessant ist, dass so unterschiedliche Küchen zu ähnlichen Strategien greifen, wenn es um die Gestaltung besonders hochwertiger, »spiritueller« Speisen geht.

Warm und kalt

Nahrung können wir warm oder kalt zu uns nehmen. Wählen wir etwas Rohes, wie z.B. Obst oder grünen Salat, so wird dies immer kalt sein; bei Nahrungsmitteln, die in irgend einer Form bearbeitet werden, können wir aber wählen, ob wir sie warm oder kalt essen wollen. Auch wenn wir vor der Entscheidung stehen, was wir jemandem servieren, können wir zu etwas Warmem oder etwas Kaltem greifen.

Das stimmt jedoch nicht ganz: Auch wenn der Kaloriengehalt der Nahrungsmittel gleich ist und beides gut schmecken kann, bestehen deutliche Regelungen, wann man etwas Warmes anzubieten hat, wann etwas Kaltes und wann man wirklich zwischen beidem wählen kann. Wir handhaben diesen Gegensatz in den Temperaturen, um andere Gegensätze zum Ausdruck zu bringen: vertraut und fremd, Liebe und Distanz, hochrangig und alltäglich. Die Wärme der Speise ist also nicht nur eine physikalische Wärme, sondern auch eine emotionale Wärme.

Warmen Speisen messen wir eine besondere Bedeutung bei. Viele Menschen sind überzeugt, dass sie einmal am Tag warm essen müssen; Mütter bemühen sich, ihren Kindern auf jeden Fall einmal am Tag eine warme Mahlzeit zu geben; Betriebe stellen ihren Angehörigen eine günstige warme Mahlzeit zur Verfügung – eine »richtige« Mahlzeit ist eine warme Mahlzeit.

Ernährungsphysiologisch lässt sich das kaum rechtfertigen: Wir könnten uns ebenso gut warm wie kalt ernähren. Wir würden uns dabei aber nicht wohl fühlen, und wir könnten nicht den Rhythmus einhalten, der uns vertraut ist und den wir als wünschenswert betrachten. Im Verlauf des Tages wechseln wir daher zwischen kalten und warmen Mahlzeiten.

Das klassische Muster, das wir im Kopf haben, ist:

- eine Mahlzeit, in der kalt und warm kombiniert ist: das Frühstück. Es besteht aus einem Heißgetränk (Kaffee, Tee, Kakao für Kinder) und Brötchen/Brot/Toast mit Auflage sowie eventuell einer kalten Speise wie Müsli, Cornflakes. Das warme oder gekochte Frühstück, wie es in England üblich ist, finden wir bei uns normalerweise nur in Hotelbuffets.
- eine warme Mahlzeit, die Hauptmahlzeit, die in der traditionellen Küche zu Mittag eingenommen wird.
- eine kalte Mahlzeit, das Abendessen.

Dieser Rhythmus verschiebt sich inzwischen bei vielen Menschen: Sie nehmen die Hauptmahlzeit am Abend ein und können deshalb bei beiden Gelegenheiten zwischen warm und kalt wählen. Wenn man weiß, dass man die Hauptmahlzeit am Abend einnimmt, kann man zu Mittag kalt essen. Wann aber hat man den Eindruck: Das ist meine Hauptmahlzeit?

In den Gesprächen, die wir mit Konsumenten zu dieser Frage führten, wurden vor allem zwei Kriterien genannt: Die Hauptmahlzeit ist die warme Mahlzeit, oder die Hauptmahlzeit ist die Mahlzeit, an der bestimmte Personen teilnehmen: alle Mitglieder des Haushalts oder jedenfalls der männliche Partner – in diesem Fall tendiert man aber wiederum eher zu einer warmen als zu einer kalten Mahlzeit.

Man sagt dann z.B.: »Also, zu Mittag esse ich nur ein Brot und einen Salat, aber am Abend ist meine Hauptmahlzeit, da koche ich etwas Warmes«, oder: »Zu Mittag esse ich allein mit meiner Tochter, da machen wir uns irgendetwas, auch etwas Kaltes, aber am Abend kommt mein Mann nach Hause, da koche ich warm, das ist unsere Hauptmahlzeit.« Oder: »Mein

Mann isst im Betrieb zu Mittag schon eine warme Mahlzeit, aber am Abend, wenn er nach Hause kommt, möchte er, dass ich etwas Warmes koche, etwas ›Richtiges‹, und dass wir dann schön zusammen essen.« Ähnliches gilt auch, wenn die ganze Familie anwesend ist, wenn also alle Familienmitglieder, die sonst zu unterschiedlichen Zeiten und an unterschiedlichen Plätzen ihre Mahlzeiten einnehmen, zu Hause zusammen essen.

Warm essen markiert in manchen Fällen überhaupt die Aufnahme von Beziehungen.

So erzählte eine junge Frau: »Ich habe lange allein gelebt, da habe ich überhaupt nur kalt gegessen. Aber jetzt lebe ich mit einem Partner zusammen, da koche ich am Abend immer warm.« Eine wichtige Person erfordert also Wärme, Kochen, ein bisschen Aufwand; Gemeinschaft wird eher durch Warmes als durch Kaltes beim Essen gefördert. Das Sonntagsessen der ganzen Familie, wenn es am Mittag stattfindet, muss warm sein; während der Woche kann gewählt werden. Einer fremden, nicht sonderlich nahe stehenden Person würden wir eher etwas Kaltes als etwas Warmes anbieten. Wenn wir jemanden zum Essen einladen, so sollte es etwas Warmes geben.

Man könnte nun sagen, dass es bei den geschilderten Gelegenheiten vor allem darum geht, einen gewissen Aufwand an Zeit und Mühe in die Vorbereitung zu investieren. Das stimmt zwar auch, aber die Wärme der Speisen spielt dennoch eine besondere Rolle. Man kann ja auch ein kaltes Essen mit einem beträchtlichen Aufwand herstellen, denken wir an gefüllte Eier, Aufstriche, Schinkenröllchen – dennoch: Gefüllte Eier haben nie den Effekt einer »richtigen« Hauptmahlzeit, auch wenn diese im Handumdrehen aus schnell abgebratenem Fleisch, Tiefkühlgemüse und Pommes frites in der Mikrowelle hergestellt ist. Eine warme Mahlzeit ist eben eine Mahlzeit, in der auch emotionale Wärme steckt.

Trotz dieser hohen Wertschätzung von warmen Mahlzeiten steigt die Anzahl von kalten Mahlzeiten, die im Hause eingenommen werden, ständig. 1997 war jede fünfte Mahlzeit, die in Österreich eingenommen wurde, eine kalte Mahlzeit. Der Grund ist einfach: Kalte Mahlzeiten machen im Allgemeinen wenig Arbeit, und man kann sie essen, wo und wann man will: Wenn man Hunger hat, geht man einfach an den Kühlschrank und stellt sich ein Brot zusammen.

Diese kalte Küche ist eine einfache, nicht sehr einfallsreiche Küche, sie kennt wenig Variationen. Brot/Gebäck, Wurst und Käse, wobei die meisten Menschen unter nicht mehr als jeweils fünf Sorten auswählen, dazu Gurken oder Radieschen. Sie enthält also sehr wohl die Bestandteile, die eine richtige Mahlzeit ausmachen: Eiweiß, Kohlenhydrate, etwas Gemüse, aber ohne jede Überraschung, in immer gleichen Anordnungen und Kombinationen. Dieses Muster kennen wir vom Frühstück: Auch hier nehmen wir immer die gleiche Kombination zu uns, sehr oft auch noch jeden Tag das Gleiche.

Es gibt Küchen, die diesen Typ auch für ihre warmen Hauptmahlzeiten vorsehen, so afrikanische Küchen, in denen es tagaus, tagein dasselbe Getreidegericht gibt. Dies würden wir für unsere Hauptmahlzeit strikt ablehnen.

Da kalte Mahlzeiten zunehmen, haben industrielle Anbieter natürlich versucht, neue Produkte zu lancieren – bis jetzt mit wenig Erfolg. Offenbar fühlen sich die Benützer der kalten Küche mit ihren Lösungen ganz wohl. Sie geben zwar zu, dass sie immer dasselbe essen, im Wesentlichen Wurst- und Käsebrote, aber Wurst ist natürlich eine Köstlichkeit der Volksküche mit ihrer Deftigkeit, mit Fett und pikanten Würzungen, auf die man nicht verzichten will, und die immer gleich bleibenden Folgen geben auch ein Gefühl von Sicherheit.

Viele Konsumenten nehmen sich zwar vor, mehr Abwechlung in ihre kalte Küche zu bringen und etwas mehr Mühe zu investieren, dies tun sie aber eigentlich nur durch verstärkte Dekorbemühungen. Sie rollen die Wurst zu Blättern oder breiten die Gurken fächerförmig über die Wurst und den Käse, richten also eine gemischte Platte her, was immerhin ein gemeinsames Essen fördert. Sie stellen aber selten selbst Aufstriche her, und sie haben eigentlich auch keine Lust, halb fertige industrielle Produkte zu Hilfe zu nehmen, da sie dann wieder den Eindruck haben, die »Chemie«, die man sich bei diesen Angeboten immer im Spiel denkt, nicht durch Kochen entfernen zu können – es heißt ja immer noch, dass Kochen fremde und potenziell gefährliche Stoffe entfernt.

In der Hochküche hat die kalte Küche einen festen Platz. Sie besteht dann, wie beim Sektfrühstück, aus besonderen Zutaten: Lachs, edlen Schinken, Kaviar, oder wie bei Buffets aus einem besonderen Arrangement, das alle Angebote der kalten Küche in allen Abstufungen und Konsistenzen enthält. Große Buffets kombinieren auch kalte und warme Gerichte und Salziges und Süßes.

Saftig und trocken

»Saftig« und »trocken« sind für uns Wertungen. Trockenes Fleisch, trockenes Brot, eine trockene Kombination von Fleisch, Karotten und Reis ohne Soße auf unserem Teller finden wir nicht sehr reizvoll. Beim Kochen versuchen wir daher, durch Beigaben wie Fett, Saft, Soße das Saftige in Lebensmitteln und Speisen zu erhalten oder zu steigern.

Manche Produkte, die trocken wirken, sind deutlich im Nachteil, so Beutelsuppen. Obwohl viele Menschen den Geschmack von Beutelsuppen schätzen, bewerten sie doch den Anblick des »Pulvers« als unangenehm: leblos, künstlich. Hier zeigt sich die Bedeutung, die dieses Gegensatzpaar für uns hat: Trocken ist ohne Leben, saftig ist lebendig, kraftvoll, natürlich. In etwas Saftigem ist gewissermaßen Lebenssaft und Lebenskraft enthalten. Dies ist eine alte Vorstellung, die auch in der Gleichsetzung von trocken mit unfruchtbar und feucht mit fruchtbar erscheint.

Im Bereich der Konsumgüter spielt sie in mehreren Bereichen eine Rolle: bei Nahrungsmitteln, aber auch bei Kosmetik und Körperpflege, bezeichnenderweise dem anderen Bereich, bei dem es um den Körper geht. In der Werbung für Cremes und Lotionen wird immer wieder darauf hingewiesen, wie wichtig es sei, den Feuchtigkeitsgehalt der Haut zu erhalten oder zu steigern, gegen Trockenheit anzukämpfen und so die Haut jung, frisch, schön und lebendig zu erhalten.

Saftig und trocken steht noch in Verbindung mit anderen Gegensatzpaaren: weich und fest, weiblich und männlich, deren Bedeutungen wir bereits kennen gelernt haben.

Brutzeln, Gluckern, Duften, Glänzen: Die verführerischen Wahrnehmungsqualitäten von Speisen

Eines der berühmtesten Experimente in der Psychologie ist der Pawlow'sche Reflex. Bekanntlich entdeckte der russische Forscher Pawlow, dass Hunde, die man regelmäßig füttert, nach einigen Versuchsreihen schon Speichel absonderten, wenn sie hörten, wie der Assistent die Tür öffnete.

Sie können jederzeit überprüfen, dass diese Konditionierung auch bei Menschen funktioniert. Beobachten Sie Gäste, die sich bei einem Buffet um einen Koch scharen, der brutzelnd Fleisch in einer Pfanne brät – die Vorfreude lässt ihnen buchstäblich »das Wasser im Munde zusammenlaufen«.

Nahrungsmittel und Speisen wirken auf uns appetitlich und verführerisch, indem sie alle unsere Sinne ansprechen: sehen, hören, riechen, fühlen, schmecken. Genuss ist also ein komplexes Wahrnehmungsphänomen, verschiedene Wahrnehmungen sind an seinem Zustandekommen beteiligt. Das Verständnis für die richtigen Signale, die uns sagen: »Das ist lecker«, ist für die Gestaltung von Nahrungsmitteln sowie die Werbung daher etwas ganz Wichtiges.

Das beginnt bei visuellen Reizen wie dem so genannten Topping, bei dem auf eine Speise oben noch ein kleiner, besonders genussvoller Bestandteil gesetzt wird: der Sahnetupfer, die Cocktailkirsche, die Kräuterbutter – Elemente, die zugleich Ästhetik und Appetitlichkeit signalisieren. Eine weitere Technik aus der Hochküche wird inzwischen auch bei industriell hergestellten Nahrungsmitteln verwendet: das Überziehen von Speisen mit einer hauchdünnen Schicht von Aspik, was ihnen eine glänzende Oberfläche verleiht und sie kostbar, aber auch höchst appetitlich erscheinen lässt.

Auch die Werbung spielt mit vielfältigen Möglichkeiten. Was immer ein Werbefilm über ein Nahrungsmittel rational ausführt, er muss uns an irgendeiner Stelle Appetit darauf machen.

Eine Möglichkeit besteht darin, dass uns eine Figur in dem Film überzeugend versichert, dass dieses Nahrungsmittel hervorragend schmeckt. Sie kann das verbal tun, oder wir können es auch an ihrer Gestik und Mimik ablesen: Sie verdreht oder schließt die Augen, leckt sich mit der Zunge die Lippen, als würde sie durch den Genuss des Nahrungsmittels in eine andere Welt versetzt. Man kann ein Nahrungsmittel aber auch so präsentieren, dass sich automatisch das Empfinden einstellt: Das ist lecker, das ist appetitlich, das wird mir sicher einen hohen Genuss verschaffen.

Beim Fernsehen kann man nur sehen und hören, also müssen wichtige Reize und Signale aus diesem Bereich gewählt werden: Die Nahrungsmittel glänzen und leuchten, sie erscheinen wie die sakralen Gegenstände auf Bildern in einer strahlenden Lichtaura, sie knuspern, gluckern, brutzeln. Akustische Signale können uns sehr wirksam von der Appetitlichkeit einer Speise überzeugen, so z.B. das Brutzeln. Das Geräusch, das ein Nahrungsmittel, insbesondere Fleisch, macht, wenn es in eine Pfanne mit heißem Fett gegeben wird, wirkt auf viele Menschen äußerst appetitanregend; sie spüren förmlich den Geschmack der Speise auf ihrer Zunge, sie erleben das Gefühl, in etwas Knuspriges hineinzubeißen. Auch die Köchinnen und Köche lieben diesen Moment.

In der Realität ist das Brutzeln noch mit einem spezifischen Geruch verbunden. Wenn in einer Küche Fleisch, Pilze oder auch Teige gebraten werden, so versetzt das die Beobachter in eine aufgeregte und lustvolle Stimmung. Bei Partys und Festen scharen sich automatisch ganze Menschentrauben um einen Koch, der brutzelnd Stücke in eine Pfanne mit heißem Fett wirft, und es gibt Restaurants, bei denen sich die Gäste selbst die Nahrungsmittel aussuchen können, die dann der Koch vor ihren Augen brät.

Im Fernsehen riecht man natürlich nichts, aber es zeigt sich immer wieder, dass das Geräusch allein schon als Stimulus wirken kann. Darauf bezieht sich auch der bekannte Spruch, in der Werbung müsse man das Brutzeln verkaufen, nicht den Braten. Als Vorwurf formuliert heißt das: Die verkaufen das Brutzeln für den Braten, also das Zeichen für die Realität.

Eine andere Klasse von akustischen Reizen ist das Krachen und Knuspern, das verführerische Geräusch, das entsteht, wenn man in Chips oder in Kekse beißt, und das ein lustvolles Esserlebnis suggeriert. Leibniz Butterkeks machte dieses Erlebnis zum Zentrum einer Kampagne. Im Werbespot wurden hervorgehobene Situationen gezeigt, in denen es vornehm zugeht, eine Theatervorführung, eine Taufe in einer Kirche. Alles ist mucksmäuschenstill, bis einer der Gäste plötzlich in einen Leibniz-Butterkeks beißt. Ein ohrenbetäubendes Krachen erfüllt den Raum, die Situation ist gestört, aber auch entkrampft: Allgemeine Heiterkeit bricht aus.

Eine weitere Produktgattung, bei der akustische Wahrnehmungen eine große Rolle spielen, sind Getränke. Das Zischen, das man beim Öffnen einer Cola-Dose wahrnimmt, passt zu dem Schnellen, Aktiven, Dynamischen dieses Getränks, der Knall von Sektkorken hat etwas Erotisches an sich, das Bier gluckert heimelig und gemütlich ins Glas. In der Werbung und der Produktkonstruktion wird dieser Aspekt oft spezifisch gestaltet: Man spricht dann von sound design und meint die bewusste Ausformung der akustischen Aspekte von Produkten.

Die andere wichtige Dimension, die eng mit Genuss, mit Vorfreude, mit Empfindungen verbunden ist, ist Duft bzw. Geruch. Die Gerüche, die beim Anbraten oder beim Backen entstehen, stimulieren bei den meisten Menschen in einem Maß ihre Begehrlichkeit und ihren Appetit, dass sie sich schwer zurückhalten können. Eine besondere Faszination hat hier der Geruch von frisch gebackenem Brot und Gebäck. Auch dies machen sich wieder Supermärkte zunutze. Viele von ihnen besitzen inzwischen Schaubäckereien, in denen ein Bäcker in einem sichtbaren Backofen Brot und Gebäck zubereitet. Damit signalisiert der Supermarkt zum einem, dass er wirklich frisches Brot hat, zum anderen soll der Geruch, den die frischen Backwaren verströmen, Appetit auf Gebäck, aber auch allgemein Appetit machen. Dies gelingt auch: Supermärkte, die über Schaubäckereien verfügen, steigern ihren Umsatz an Backwaren, und zwar auch an verpackten, beträchtlich.

Inzwischen werden natürliche Düfte durch Aromatechnologien so gut simuliert, dass man nicht mehr das natürliche Lebensmittel als Träger braucht. Diese Entwicklung findet sich in extremer Form bei einigen amerikanischen Getränken, so bei Canadian Clear. Dieses Erfrischungsgetränk sieht ganz klar aus wie Wasser; wenn man die Flasche öffnet, entwickelt sich jedoch je nach Sorte ein unglaublicher Geruch nach Erdbeeren oder Kirschen, und das Getränk schmeckt auch sehr intensiv nach diesen Früchten. »We make out of water wow«, lautet der dazugehörige Slogan. Kinder und Jugendliche sind von diesem Getränk fasziniert, obwohl oder auch weil sie wissen, dass hier kaum Mutter Natur enthalten sein kann. Europäische Konsumenten, denen wir dieses Getränk vorstellten, wandten sich allerdings mit ziemlichem Entsetzen davon ab.

Gerüche faszinieren nun nicht nur, sondern sie stoßen auch ab, insbesondere wenn sie Verdorbenes oder eine sozial niedrige Schicht signalisieren. Dies gilt z.B. für den Geruch von Zwiebeln, Knoblauch, Kohl bzw. allgemein starke Essensgerüche. Wenn man eine Wohnung betritt, in der es stark nach Essen riecht, klassifiziert man sie als Unterschichtswohnung. In Büros werden alle Essensgerüche strikt vermieden, man verwendet deshalb gern Mikrowellenherde. Im Supermarkt darf es nicht nach Käse und Fisch riechen.

Auf der einen Seite gibt es also offenbar ein Bedürfnis nach komplexen Wahrnehmungen, auf der anderen Seite treffen wir eine Selektion: Bestimmte Dinge wollen wir wahrnehmen, andere nicht. Jede Zeit und jede Gesellschaft entwickelt unterschiedliche Einstellungen zu der Frage, auf welche Weise Menschen die sie umgebende Welt bevorzugt wahrnehmen sollen. Es gibt Gesellschaften, in denen Menschen alle ihre

Sinne trainieren, die ihnen eine Fülle von sinnlichen Erlebnissen vermitteln. Andere Gesellschaften räumen einem Sinn eine Vorrangstellung ein, z.B. dem Sehen.

Im Europa des Mittelalters waren die Menschen im öffentlichen Raum von einer Fülle von Wahrnehmungen umgeben: Es lärmte und stank, man kam dauernd in Kontakt mit Menschen und ihren natürlichen Prozessen, und die Ekelschwelle war wesentlich höher als heute.[18] Diese Zeit besaß naturgemäß auch ein anderes Verhältnis zum Körper. Mit dem Protestantismus begann eine Abkehr von dieser sinnlichen Welt und ein Rückzug in die Individualität; die neue Religion predigte, vor allem auf das Wort zu hören.[19] Die Aufklärung schließlich zeichnete deutlich einen Sinn vor den anderen aus: das Sehen, das mit Erkennen gleichgesetzt wurde. Die Aneignung von Welt erfolgte primär durch Sehen, alles wurde dem sezierenden Blick dargeboten, wie es Foucault nannte – die anderen Sinne, die Nahsinne, galten als primitiv, animalisch untergeordnet.[20] Im 19. Jahrhundert schließlich setzte sich der Prozess der Isolierung und Disziplinierung fort; man bemühte sich, alle Züge einer ungezähmten Natur zu verbannen.

Heute sehen wir mehrere Tendenzen nebeneinander: auf der einen Seite eine immer sterilere Umwelt, die Privilegierung des Sehens, ein Zurückdrängen der niederen Sinne. Andererseits entwickeln wir aber einen Hunger nach sinnlichen Erlebnissen – man spricht nicht umsonst von der Erlebnisgesellschaft.[21]

Der Prozess des Kochens ist normalerweise von einer Fülle von sinnlichen Wahrnehmungen begleitet: Man riecht und hört etwas dabei, man sieht, wie die Lebensmittel ihre Farbe und Konsistenz verändern. Auf der anderen Seite entwickeln wir Geräte, die uns von all diesen Erfahrungen abschotten, etwa den Mikrowellenherd. Bei der Mikrowelle ist der Kochprozess hinter die Kulissen verlagert, man macht keine sinnlichen Wahrnehmungen mehr, die sich auf die inneren Qualitäten von Speisen beziehen. Man dreht an Schaltern, stellt eine Uhr ein und hat damit keine Eingriffs- und Steuerungsmöglichkeiten mehr. Das Kochen wird zu einem sterilen Prozess, was es für traditionelle Hausfrauen schwer macht, ein solches Gerät zu akzeptieren: Sie wollen eben etwas riechen und hören, und sie wollen die Speisen beim Kochen beobachten und steuern. Jüngere Hausfrauen haben mit der Mikrowelle keine Schwierigkeiten, vielen unter ihnen kommt sie ganz deutlich entgegen, schon allein weil sie Essensgerüche in ihrer Wohnung als unzivilisiert empfinden.

Nicht nur Gerüche, auch manche Geräusche lehnen wir ab. So soll z.B. der Essakt selbst ganz still verlaufen. Damit berühren wir einen in der Ethnologie und Kultursoziologie vielfach beschriebenen Sachverhalt.

Aus der Ethnologie ist bekannt, dass viele einfache Gesellschaften eine strikte Grenze zwischen Kultur und Natur ziehen: Sie bewachen diese Grenze und dulden nicht, dass etwas aus dem Bereich der ungezähmten Natur in den Raum der Kultur eindringt. Dies gilt für bestimmte Tiere und Pflanzen, im weiten Sinne betrifft es aber Prozesse, die der »tierischen« Natur des Menschen entstammen, seiner Biologie: So dürfen in manchen Kulturen menstruierende Frauen nicht am Essen teilnehmen oder kochen, in anderen ist es verboten, mit der linken Hand, die als die Hand gilt, die unreine natürliche Vorgänge verrichtet, Essen zu berühren; Speichel darf nicht sichtbar werden, man darf in bestimmten Situationen nicht husten.

Ebenso dürfen wir nicht rülpsen, nicht schmatzen, nicht Speichel am Glas hinterlassen, nicht die Geräusche, mit denen wir die Nahrung zerkauen, hörbar werden lassen. Nicht immer waren wir so empfindlich: Im Mittelalter konnte man bei Tisch ausspucken, sich ins Tischtuch schnäuzen, mit ungewaschenen Händen in die gemeinsame Schüssel fahren etc.

Norbert Elias beschreibt, wie uns zu Beginn der Neuzeit all dies peinlich zu werden beginnt, wie wir im Prozess der Zivilisation allmählich zu isolierten Individuen erzogen werden, die ihre natürliche Seite, die Affekte, das Unkontrollierte unterdrücken und Regelungen unterwerfen.[22] Der Mensch der Neuzeit versucht sich selber zu regulieren, gemäß der Maxime »vom Außenzwang zum Innenzwang«, wie dies Elias nannte – ein Prozess, der im 19. Jahrhundert nochmals eine Steigerung erfuhr. In unseren Essvorschriften und beim Verzehr von Speisen im öffentlichen Raum folgen wir immer noch diesem Modell, das zu Neutralisierung, Sterilisierung, Ästhetisierung führt – mit zaghaften Versuchen, ein bisschen hedonistische Qualitäten zurückzugewinnen.

Genau auf diesem Mechanismus beruht der oben beschriebene Spot von Leibniz-Butterkeks: Er stellt dar, was geschieht, wenn unzivilisierte Natur, das krachende Zerbeißen eines Keks, in ein hochdiszipliniertes kulturelles Arrangement einbricht: nichts, so versichert uns der Film, als Freude und Entspannung.

Rohe Natur oder Festivals of fire: Zubereitungsmethoden

Tiere kennen zwar Nahrung, aber keine Küche. Was die menschliche Küche ausmacht, sind unter anderem ihre Praktiken der Zubereitung. Zwischen dem rohen Nahrungsmittel und der Speise, die wir warm oder kalt zu uns nehmen, liegt eine kulturelle Aneignung und Behandlung. Dies gilt wiederum für alle bekannten Küchen; es gibt keine Küchen, die ausschließlich rohe Nahrungsmittel verwenden.

Durch die Zubereitung wird immer etwas aus dem Status der Natur in den Status der Kultur überführt, und der Gegensatz »roh« und »gekocht« (wobei »gekocht« jede Art der Transformation umfasst) ist im Bereich der Küche fundamental. Claude Lévi-Strauss nennt sein berühmtes Buch über den kulinarischen Code auch entsprechend »Das Rohe und das Gekochte«.[23]

Es ist nun keineswegs dem Zufall überlassen, welche Nahrungsmittel wir zu welchen Gelegenheiten roh oder behandelt zu uns nehmen, und es ist auch nicht beliebig, welche Art der Zubereitung wir für welche Speise, für welche Gelegenheit, für welche Tischgemeinschaft wählen. Jede Möglichkeit besitzt eine bestimmte Bedeutung, die wir sehr differenziert handhaben.

Roh oder behandelt

Eine Behandlung setzt in fast allen Fällen eine Zufuhr von Wärme voraus, unabhängig davon, ob ein Nahrungsmittel gebraten, gekocht oder gebacken wird. Die Behandlung ist also immer an einen Einsatz von Feuer geknüpft; es ist im eigentlichen Sinn das Feuer, das ein Nahrungsmittel aus dem Status der Natur in den Status der Kultur überführt. Alle Mythen, so auch unsere Sage von Prometheus, setzen daher den Beginn der menschlichen Kultur mit dem Erwerb des Feuers gleich.

Wenn wir an Essen denken, so verbinden wir dies weit eher mit etwas Gekochtem, Gebratenem, Gebackenem, also ziemlich lange Behandeltem, als mit etwas Rohem oder kurz Behandeltem. Japaner dürften da anders an ihre Küche denken.

Wir setzen rohe Nahrungsmittel nur eingeschränkt ein: Roh gilt zwar unter bestimmten Bedingungen als erstrebenswert, oft aber als gefährlich. Roh akzeptieren wir im Allgemeinen nur pflanzliche Nahrung, also Obst und Gemüse, nicht jedoch Fleisch. Bei Fleisch gibt es eigentlich nur drei Speisen, die wir roh oder halb roh essen: Beef Tartare, Carpaccio oder sehr hochwertige Fleischstücke wie Steak. Beef Tartare trägt seine Fremdartigkeit schon im Namen, und das halb rohe Steak ist ebenso wie Carpaccio eine Speise der Connaisseurs, die beim durchschnittlichen Esser eher auf Widerstände trifft.

Wir bemühen uns dagegen, möglichst viel Salat, rohes Gemüse und Obst zu essen; Ernährungsbücher legen das auch immer wieder nahe. Sie empfehlen auch, Gemüse und Pflanzliches so kurz wie möglich zu behandeln: Nur so bleiben die Vitamine erhalten.

Roh steht also im Feld des Pflanzlichen für positive Wirkung, für gesund, für unbedenklich, für Erhalt der Natur und ihrer positiven Stoffe. Dies ist eine relativ junge Entwicklung, in der sich eine neue Haltung gegenüber der Natur ausdrückt: die Vorstellung von einer schützens- und erhaltenswerten Natur, die durch unsere technisch industrielle Entwicklung bedroht wird.

Genau entgegengesetzt ist die Bedeutung bei Fleisch: Rohes Fleisch gilt als gefährlich oder barbarisch. Es hat zwar für manche Menschen einen faszinierenden Reiz, der aber auch durch seine Ungewöhnlichkeit und latente Gefährlichkeit bedingt ist. Fleisch muss daher einer heftigen und lange andauernden Behandlung ausgesetzt werden, es muss weit von seinem Urzustand entfernt werden: Es muss mit sehr heißen Oberflächen in Kontakt kommen wie beim Braten, mit Feuer wie beim Grillen, oder länger gekocht oder gedünstet werden.

Erinnern wir uns an die Bedeutung der Nahrungsmittel, wie wir sie im ersten Teil kennen gelernt haben: Fleisch als die männliche Seite unserer Nahrung, Pflanzliches als die weibliche. Fleisch mit seiner Assoziation zu Männlichkeit erfordert also eine wesentlich drastischere Transformation und Zähmung der potenziellen Gefahren der Natur als Pflanzen, die als Träger der positiven Stoffe der Natur gelten und die entsprechend ihrer Assoziation zu »weiblich« und »friedlich« wesentlich weniger gefährlich erscheinen.

Wie wir in den folgenden Beispielen sehen werden, ist der Einsatz der verschiedenen Behandlungsmethoden keineswegs wertfrei, jede besitzt vielmehr eine ganz spezifische Bedeutung.

Die Bedeutung der Zubereitungsmethoden

Eine spezifische Art der Zubereitung kann ein Nahrungsmittel in seinem Wert erhöhen oder schmälern: In Wasser gekochte Kartoffeln sind »gewöhnlich«, »Alltag«, stehen im Buch der »Arme-Leute-Küche«, ein Kartoffelgratin ist etwas Besonderes.

Kochen hat in unseren Küchen eine ganz andere Bedeutung als Braten und Backen. Die drei Zubereitungsmethoden unterscheiden sich vor allem in dem Grad der Kunstfertigkeit, der für ihre Handhabung erforderlich ist.

Kochen im Wasser erfordert kaum Kunstfertigkeit und kann nicht leicht misslingen. Es stellt eine sehr sparsame, ökonomische Behandlungsmethode dar. Beim Braten in heißem Fett, beim Grillen, Rösten oder Schmoren muss man dagegen den Zeitpunkt erkennen, zu dem das Nahrungsmittel die richtige Konsistenz hat, es besteht die Gefahr, dass es zu roh, verbrannt oder zu trocken ist. Der optimale Zustand ist knusprig, braun, noch saftig im Inneren. Backen erfordert große Kunstfertigkeit, da das Ergebnis auf vielfältige Weise scheitern kann:

Der Teig geht nicht auf, das Backwerk ist trocken oder im Inneren noch roh. Der optimale Zustand ist »luftig«, saftig.

Es wird uns nicht erstaunen, dass Braten und Backen meist bei wichtigeren Speisen und Anlässen zum Einsatz kommen, oder anders gesagt: Braten und Backen machen ein Nahrungsmittel zu etwas Höherwertigerem. Noch verkürzter: Um etwas in seinem Rang zu erhöhen, muss man es entweder braten oder Fett hinzufügen.

Ein Festessen muss ein in irgendeiner Form gebratenes Fleisch enthalten, und der Sonntagsbraten ist geradezu synonym mit dem Festessen der Familie. Braten ist auch assoziativ stärker mit der Vorstellung des offenen Feuers verbunden als Kochen oder Backen. Feuer steht im Gegensatz zur unbehandelten Natur, es hat eine Verbindung zum Männlichen und Besonderen/Festlichen. In vielen Ritualen findet sich ein »Feuerzauber«.

Auch wir setzen Feuer noch in dieser Bedeutung ein: Wir entzünden Kerzen auf einer Torte, die für eine rituelle Gelegenheit bestimmt ist (Geburtstag, Taufe, Hochzeit, Jubiläum), wir stellen bei einer festlichen Mahlzeit brennende Kerzen auf den Tisch, wir flambieren besondere Speisen. Auch beim Grillen kennen wir das offene Feuer, und dieses trägt dazu bei, dass wir diesen Anlass mit etwas Ursprünglichem und Atavistischem verbinden. Offensichtlich betrachten Männer Grillen auch als ihre eigene Domäne; Frauen steuern meist nur die Salate und Soßen bei.

Die Mahlzeit

Wenn wir an einem Kiosk stehen bleiben und eine Currywurst mit Pommes essen, haben wir dann das Gefühl: Jetzt habe ich eine Mahlzeit eingenommen? Ja und nein: ja, weil wir ziemlich satt sind, nein, weil irgendetwas zu einer Mahlzeit fehlt.

Woran liegt das? Dass wir stehen? Dass wir aus der Hand essen? Dass niemand sonst an der Mahlzeit teilnimmt?

Eine Mahlzeit ist sicher nicht mit dem Akt der Nahrungsaufnahme gleichzusetzen, sie bedeutet immer mehr. Es ist aber gar nicht einfach zu bestimmen, was eine Mahlzeit ist: eine bestimmte Abfolge von Speisen? Oder eine bestimmte Zusammenstellung von Nahrungsmitteln auf einem Teller? Oder ein Ereignis, das zu einer bestimmten Zeit stattfindet, an dem mehrere Personen teilnehmen? Kein Element definiert allein eine Mahlzeit, aber alle zusammen tragen in verschiedenen Varianten dazu bei.

Im Kern ist eine Mahlzeit immer auch ein sozialer Akt, sie macht die Beziehungen und Verpflichtungen deutlich, die die Teilnehmer zueinander unterhalten. Eine Tischgemeinschaft ist eine besondere Form der Gemeinschaft. Es gibt auf der ganzen Welt keine Gesellschaft, die Essen einfach dem Zufall überlässt; jede kennt Regelungen darüber, wann man isst, was man zu den einzelnen Gelegenheiten isst, wo man isst, wie die Speisen serviert werden, wer kocht, wer serviert, wer an der Mahlzeit teilnimmt.

Diese Regelungen können sehr unterschiedlich sein. Eine afrikanische Mahlzeit, bei der die Frau den Männern ihrer Familie serviert, ohne je an der Mahlzeit selbst teilzunehmen, wäre für uns kaum eine »richtige« und wünschenswerte Mahlzeit, und ebenso widerspricht es unserer Vorstellung von Mahlzeit, wenn etwa Adelige vor den Augen ihrer (oft hungernden) Untertanen in der Form eines Schauessens opulent tafeln, wie das im Barock üblich war.

In unserer Gesellschaft kennen wir sehr unterschiedliche Mahlzeiten: Frühstück, Mittagessen, Abendessen folgen verschiedenen Spielregeln, Alltags- und Festessen sind deutlich voneinander abgehoben, Picknick, Barbecue, die Mahlzeiten, die wir außerhalb des Hauses einnehmen, stellen jeweils andere Typen von Mahlzeiten dar.

Betrachten wir noch eine Form der Mahlzeit, die im religiösen Erbe unserer Kultur eine große Rolle spielt: die Eucharistie. Bekanntlich wird in diesem zentralen Teil der Messe Brot und Wein in den Leib und das Blut Christi verwandelt. Die Gläubigen bilden eine sakrale Tischgemeinschaft: Sie nehmen im Akt des Essens den Leib Christi auf und werden dadurch zu Angehörigen des Leibes Christi, der Kirche. Ebenso aber festigen sie ihre Gemeinschaft als Angehörige der sozialen Kirchengemeinde – nur wer an der Messe teilnahm, wurde z.B. im Mittelalter als Gemeindemitglied betrachtet (was erlaubte, Juden aus der sozialen Gemeinschaft auszuschließen). Es ist bemerkenswert, dass unsere religiöse Kultur eine zentrale religiöse Erfahrung an einen sehr sinnlichen Akt koppelt, einen Akt des Essens: Gott und die soziale Gemeinschaft werden über den Körper erfahren.[24]

Jeder Tischgemeinschaft liegt noch heute dieser Mechanismus zugrunde: Durch die gemeinsame Speise entsteht Gemeinschaft, in der Mahlzeit werden die wechselseitigen Verpflichtungen deutlich – wir unterhalten ganz andere Beziehungen zu Menschen, wenn wir mit ihnen (warm) gegessen haben.

Der äußere Rahmen der Mahlzeit:
Ort und Requisiten

Wir nehmen unsere täglichen Mahlzeiten normalerweise an einem Tisch ein, der in spezifischer Weise hergerichtet ist: Jeder hat seinen eigenen Teller vor sich und mindestens ein Instrument, mit dem die Nahrung zum Mund geführt wird.

Dies war jedoch nicht immer so; es ist eine Regelung westlicher Gesellschaften und im Wesentlichen bürgerlicher Mittelschichtsgruppen, die immer noch die normativen Standards vorgeben. In vielen Gesellschaften setzen sich die Essensteilnehmer auf den Boden, im Mittelalter aß die ganze Tischgemeinschaft mit den Fingern aus einer Schüssel.

Nun kennen auch wir andere Typen von Mahlzeiten, z.B. das »TV-Dinner«, das man in einem Fernsehsessel, den Teller, manchmal auch Plastikbehälter, auf dem Schoß bequem zu sich nimmt, mit einem Löffel, den man ohne hinzuschauen zum Munde führen kann, da man ja das Programm beobachten muss. Es ist allerdings immer noch unüblich, dass Familien ihre gemeinsame Mahlzeit in dieser Form einnehmen.

Die Bestecke und das Geschirr, die wir bei einer Mahlzeit benützen, die Möbel, die Anordnung der Essensteilnehmer bei Tisch, die Regeln, die für die Teilnehmer gelten, sagen nun viel darüber aus, wie wir uns eine funktionierende Gemeinschaft denken, welche Werte wir ganz allgemein verteidigen. In unserer Kultur zeigt schon das Tischarrangement, dass der Essensteilnehmer als eine individuelle Person betrachtet wird, die einen festen Raum um sich beanspruchen kann: Sie sitzt an einem eigenen Platz, auf einem eigenen Stuhl, ihr Platz am Tisch ist speziell markiert und umgrenzt durch das Gedeck, durch Platzteller, durch das Arrangement von Geschirr, Besteck, Servietten. Es gibt ferner ein eigenes Besteck, mit dem man aus einer gemeinsamen Schüssel das Essen entnimmt, sodass man nicht mit den Essensresten des Nachbarn in Kontakt kommt.

Andere Gesellschaften kennen nicht die individuell zugeteilte Speise, sondern messen der Gruppe und dem adäquaten Verhalten in der Gruppe besonderes Gewicht bei. Charakteristisch ist hier die chinesische Sitte, dass jeder ein Schälchen mit Reis vor sich hat und alle Speisen zusammen in der Mitte des Tisches präsentiert werden. Aus diesen Schüsseln muss man in sehr koordinierter Form entnehmen: Der Einzelne kann nicht eine Schüssel, die sein Lieblingsgericht enthält, einfach leer räumen, er muss darauf achten, dass von allen Gerichten für die anderen noch etwas bleibt.

China-Restaurants machen dieses Prinzip noch deutlicher. Sie präsentieren die Beilagen oft auf einer Drehscheibe, die sich in der Mitte des Tisches befindet. Jeder kann diese Scheibe bewegen, und jeder könnte also pausenlos daran drehen oder vor der Schüssel mit seiner Lieblingsspeise Halt machen und sie leer essen. Beides würde eine Mahlzeit, die für alle Teilnehmer der Tischgemeinschaft befriedigend wäre, unmöglich machen. Eine Mahlzeit kommt unter diesen Umständen nur zustande, wenn in koordinierter Form gedreht und in angemessener Form aus den Schüsseln entnommen wird, und dies geschieht nur, wenn der Einzelne immer das Wohl der ganzen Gruppe vor Augen hat.

Bekanntlich legt die chinesische Kultur wenig Wert auf die Wünsche des Individuums und betont das Gemeinwohl, die funktionierende Gruppe, in der jeder zum Nutzen der ganzen Gruppe agiert. Dies sind die typischen Werte einer hierarchischen Kultur. So konnte im klassischen China auch nicht eine Einzelperson ihren Rechtsanspruch vor Gericht geltend machen, klagen konnten nur Gruppen und Verbände, vorzugsweise Familienverbände. Es ist also nur konsequent, dass alle Bereiche der Alltagskultur primär Gruppenverhalten einüben.

Noch weiter gehen indianische Völker, die primär von der Jagd lebten. Von den Präriestämmen, die auf die Büffeljagd spezialisiert waren, ist bekannt, dass das Fleisch des Tiers ausschließlich bei einem gemeinsamen, festlichen Mahl verzehrt wurde, an dem das ganze Dorf teilnahm. Eine Familie oder eine Person, die allein in ihrer Hütte Fleisch verzehrt, hätte man als völlig abartig empfunden, und man hätte vermutet, dass sie durch irgendeinen Zauber geschädigt oder von einem Dämon besessen sei. Es war für diese Völker unerträglich, als die Regierung, die sie in Reservoirs einwies, darauf bestand, jeder Familie ihre eigene Fleischportion zu geben, die sie dann eben auch nur jeweils getrennt in ihrer Hütte essen konnte.

Auch unser striktes Gebot, jeden gesondert essen zu lassen und strikt zu vermeiden, dass er physisch mit dem Essen seines Nachbarn in Kontakt kommt, ist keine allgemeine Praxis. Araber z.B. füttern bei einem gemeinsamen Essen gern ihren Tischnachbarn mit den Fingern, und auch in unserer Gesellschaft war es lange üblich, dass eine Tischgemeinschaft gemeinsam aus einer Schüssel aß.

Das Verhalten bei Tisch und die Ausstattung des Tisches mit Essgeräten sagt viel darüber aus, was man in der jeweiligen Zeit als das angemessene Verhältnis der Menschen zueinander betrachtet. Der Soziologe Norbert Elias nimmt in seinem berühmten Buch »Über den Prozess der Zivilisation« daher die so genannten Tischzuchten des 16. und 17. Jahrhunderts zur Grundlage, um den Weg aus der Gesellschaft des Mittelalters in die moderne Gesellschaft zu beschreiben. Tischzuchten sind Bücher, in denen das richtige Verhalten bei Tisch beschrieben wird. Die Tischzuchten dieser Zeit fordern zum ersten Mal den disziplinierten Esser, der seine Affekte in Zaum hält, der seine körperlichen Prozesse kontrolliert, der Distanz zu seinen Nachbarn hält, der Ekel vor bestimmten körperlichen Vorgängen entwickelt. Dies ist zweifellos der Beginn des modernen Menschen, der seinen Platz in einer bestimmten Konzeption von Gesellschaft und Staatsform hatte, und unser Essen bei Tisch ist heute noch von den Regelungen bestimmt, die wir zu Beginn der Neuzeit entwickelt haben.

Wir beobachten heute allerdings eine Rückkehr alter Praktiken: So gehen wir verstärkt dazu über, Nahrung mit den Fingern aufzunehmen (so genanntes Fingerfood, Riegel, Chips, kleine Snacks, Hamburger, Grillwürste, Cocktailhäppchen), und wir statten unsere Tische bei alltäglichen Mahlzeiten nicht mehr mit dem vollständigen Besteck, also Löffel, Gabel, Messer, aus. Als Erstes verschwindet das Messer: In der modernen Nudelküche, der Convenience-Küche allgemein, braucht man nicht zu schneiden – ein wenig Pazifizierung also und eine Akzentuierung des Weiblichen und Kindlichen, die wir schon öfter beschrieben haben.

Die Ordnung auf unserem Teller: perfekte Harmonie oder Chaos

Hauptgerichte und Nebengerichte

Berufstätige Frauen, die wir über ihre Erfahrungen beim Kochen befragen, erzählen oft folgende Geschichte: Sie kommen nach Hause, und die Familie wartet auf das Essen. Sie regen an, eine schöne dicke Suppe mit Fleisch und Gemüse zu essen, die sie noch im Eisschrank haben.

Die Familie mault: »Ist das alles? Gibt es denn nachher nichts? Gibt es denn kein richtiges Essen?« Die Mutter schlägt vor, noch einen Pudding zu essen. »Ganz nett«, meint die Familie, man muss es akzeptieren, »aber etwas Richtiges hatten wir heute nicht zu essen.« Und dies, obwohl jeder ungefähr 800 Kalorien zu sich genommen hat. Wenn die Mutter eine Tüte mit einem Nudelfertiggericht öffnet und jedem einen Teller mit Nudeln und Soße hinstellt oder wenn sie eine Wurst brät und Tiefkühlgemüse und Kartoffelpüree aus der Tüte dazu gibt, macht sie andere Erfahrungen: Die Familie ist ganz zufrieden, alle haben das Gefühl, etwas Richtiges gegessen zu haben. Jeder hat 500 Kalorien zu sich genommen.

Einmal am Tag, so meinen die meisten Menschen, muss man eine »richtige« Mahlzeit zu sich nehmen, und damit meinen sie eigentlich ein »Hauptgericht«.

Wie wird nun dieser Eindruck erzeugt? Offensichtlich hängt er nicht von der Anzahl der aufgenommenen Kalorien ab, sondern davon, dass Nahrungsmittel in spezifischer Form kombiniert und optisch auf dem Teller arrangiert werden. Kalorien, die wir in Form von Pudding, Suppe oder Schokoriegeln zu uns nehmen, vermitteln nicht die Botschaft, eine richtige Mahlzeit gegessen zu haben.

Wenn man Menschen beschreiben lässt, was sie unter einer richtigen Mahlzeit verstehen, so wird als einfachste Möglichkeit meist ein warmes Eintellergericht genannt. Es besteht meist aus einem Fleischbestandteil, einer »Sättigungsbeilage«, Gemüse und Salat und ein bisschen Saft, oder aus Nudeln (seltener Reis), die mit einer Soße vermischt sind.

Dies sind tatsächlich die beiden Möglichkeiten, die wir für die Gestaltung von Hauptspeisen kennen: »perfekter Kosmos« und eine »amorphe Anordnung«.

»Perfekter Kosmos«

Hauptgerichte folgen anderen Regeln als Nebengerichte; sie sind spannungsreicher und ausbalancierter. Sie verwenden Elemente nach dem Prinzip möglichst großer Kontraste: Die Nahrungsmittel sind von verschiedener Herkunft und unterschiedlicher Konsistenz, es werden unterschiedliche Kochmethoden kombiniert, unterschiedliche Farben, Aromen etc.

Ein klassisches Hauptgericht besteht z.B. aus einer Kombination von etwas sehr Festem (Fleisch), etwas Mittelfestem (Gemüse) und etwas Flüssigem (Saft), es enthält feuchte und weniger feuchte Bestandteile, Zusammenstellungen von salzigen, pikanten, sauren, neutralen Geschmacksnoten, unterschiedliche Farbkombinationen, tierische und pflanzliche Nahrungsmittel: Fleisch, Gemüse, Fett in unterschiedlichen Zubereitungen: gebraten, gedünstet, gekocht oder gebacken. Die Elemente werden ferner auf dem Teller optisch klar getrennt. Das Gericht ist warm, es kann aber auch mit einem kalten Salat kombiniert werden. Die meisten Kontraste weist ein Gericht vom Typ Fleisch – Gemüse – Saft auf, es folgt Ragout, wo noch Fleisch, Gemüse, Saft vorhanden sind, aber schon vermischt, nicht mehr so deutlich optisch getrennt und angenähert in der Konsistenz, da das Fleisch nicht mehr so fest ist. Ein Nudelgericht kombiniert dann noch Kohlenhydrate und Soße, zeigt aber eine ganz einheitliche Konsistenz und Zubereitungsmethode. Entsprechend setzen wir diese Gerichte bei unterschiedlichen Gelegenheiten ein: ein Festtagsmenü oder ein Essen für hochrangige Gäste kann nicht als Hauptspeise ein Ragout oder ein Nudelgericht enthalten.

Diese Gerichte sind also strukturiert und unterschieden durch zunehmende Kontraste, optische Trennung, differenzierte Kombinationen, und entsprechend werden sie verwendet: Die kontrastreichste, differenzierteste und optisch am klarsten getrennte Speise ist dem hochrangigsten Anlass zugeordnet.

Die Nebengerichte sind im Ganzen wesentlich einheitlicher und kontrastärmer, jedoch nicht völlig: Es gibt kaum eine Speise, die nur aus einem einzigen Nahrungsmittel bestehen würde. Nachspeisen kennen sehr interessante Kombinationen von fest und flüssig, knusprig und cremig, fruchtig säuerlich und schokoladig süß. Eine Suppe enthält Gemüse und Kohlenhydrate, also Festeres und Flüssigeres. Nebengerichte weisen also im Grunde dieselbe Konstruktion auf, nur in wesentlich einfacherer Form.

Die Anthropologin Mary Douglas bringt daher alle unsere Speisen auf eine gemeinsame Formel: A + 2b.[25] Damit meint sie, dass jede Speise ein Hauptelement, ein zentrales Element enthält, A, und zwei Nebenelemente 2b.

Auch wenn die einzelnen Speisen unterschiedliche Nahrungsmittel kombinieren, sind sie doch alle nach der Formel A + 2b gestaltet:

- Braten mit zwei Beilagen, etwa Kartoffeln und Gemüse;
- Nudeln mit Fleischragout und geriebenem Käse;
- Creme mit Fruchtstückchen und Sahnehäubchen;
- Rindssuppe mit Gemüse und Nudeln;
- Brötchen mit Wursteinlage und einem Gürkchen.

Besonders raffiniert nützt der Hamburger dieses Prinzip aus: Fleisch mit einer Sättigungsbeilage, einem Brot, Gemüse in Form von Salatblättern, umgossen von der Soße des Ketchups – eine Hauptmahlzeit in einer Miniversion, mit eindrucksvollen Farbkontrasten: rot, weiß, grün.

Auch Torten, Pralinen und Kekse basieren im Kern auf diesem Kombinationstyp:

- Nussteig mit Nusscreme und Schokoladenüberzug bei einer Torte;
- Schokohülle mit Fruchtlikör und einer Mandel obendrauf bei einer Praline;
- Blätterteig mit Fruchtfülle und Streusel bei einem Keks.

Auch bei unseren Menüs folgen wir diesem Prinzip: Hauptspeise und zwei Nebengänge, Suppe und Nachspeise. Bei festlicheren Menüs ist jeder Abschnitt noch einmal nach dieser Formel ausgestaltet, so bei den Nachspeisen: Hauptnachspeise, die z.B. warm sein kann, vorher Eis/Sorbets, nachher Petits fours, oder bei den Vorspeisen: Hauptvorspeise, umrandet von den »Amuse-gueules« und einem kleinen Süppchen. Jede einzelne Speise ist dabei wiederum nach der Formel A + 2b konstruiert.

Diese gemeinsame Struktur verbindet das Universum der Speisen: Jede Speise, auch die einfachste, hängt mit der hochrangigsten insofern zusammen, als sich die Strukturen ineinander spiegeln und wiederholen. Mary Douglas fasst dies als relevant für die Küche einer Gesellschaft auf, aber darüber hinaus auch als einen wichtigen sozialen Mechanismus. Die Mitglieder einer Gesellschaft müssen auf irgendeiner Ebene eine Gemeinsamkeit besitzen, die sie alle zu Mitgliedern einer Kultur macht, wie groß auch ihre Unterschiede im Einzelnen sein mögen. Ebenso wie Speisen Gemeinsamkeiten in der Struktur besitzen, sich dann aber im Rahmen dieser Struktur ausdifferenzieren, so haben auch die Menschen Gemeinsamkeiten und Differenzen. Die herrschaftliche Villa und das bescheidene Häuschen mögen sehr verschieden sein, sie verwenden aber dieselben Prinzipien in der Gestaltung der Türen oder der Fenster oder der Portale.

Kehren wir zu unserem ersten Typ von Hauptgericht zurück: Fleisch und zwei Beilagen. Diese klassische Kombination wird bei formelleren, offizielleren Anlässen als die einzig angemessene erachtet. Bei einem festlichen Essen, bei Einladungen, bei einem Staatsempfang etwa, wäre es undenkbar, eine amorphe Anordnung wie ein Nudelgericht oder ein Reisgericht oder eine Pizza zu servieren. Es scheint also, dass sich die feste Struktur, die Bindung an Regeln und wohl geformte Beziehungen, die für wichtige Essanlässe kennzeichnend sind, auch in der Konstruktion der Speisen widerspiegeln.

Bei Fleisch etwa beachten wir in der Auswahl der Fleischsorten wie in der Zubereitung wie gesagt je nach Gelegenheit einen strengen Code. Ferner gilt: Je größer und je zusammenhängender das Fleischstück ist, desto wichtiger ist der Anlass: Der Braten kennzeichnet das festliche Dinner, es folgen Ragout, also kleinere Fleischstückchen für die nicht so hochrangigen Anlässe und dann ganz kleine Fleischstückchen wie bei Pasta asciutta, Pizzaauflage oder Gehacktem.[26]

Doch die Zusammenstellung Fleisch mit zwei Beilagen hat noch eine tiefer liegende Bedeutung. Diese Speise wiederholt gewissermaßen den gesellschaftlichen Makrokosmos, das kulturelle Ideal einer perfekten Harmonie auf dem Teller. Sie vereinigt das männliche Fleisch und die weiblichen pflanzlichen Nahrungsmittel, jedes an seinem Platz: das Fleisch in zentraler Stellung, möglichst am Stück wie beim Braten, sodass es mit dem Messer tranchiert werden muss, meist gebraten; die Pflanzen als Beilagen, gekocht oder gedünstet.

Ein vollkommenes Gericht dieses Typs muss also mindestens zwei Koch-/Zubereitungsmethoden aufweisen, ferner eine Kombination von fest (Fleisch), weich (Gemüse), flüssig (Saft).

Dieses Schema steht offenbar in Zusammenhang mit der festen Struktur unserer sozialen Einheiten, vor allem der Haushalte und Familien – wenn sich diese Struktur auflöst, ändern sich auch unsere Kombinationsprinzipien, und ein neues gewinnt an Raum, nämlich die amorphe Anordnung.

Die amorphen Anordnungen: »Chaos«

Hier handelt es sich um kohlenhydratzentrierte Speisen, vorzugsweise Nudeln oder Reis, die mit klein geschnittenem Fleisch oder Fisch oder Gemüse vermischt sind oder beim Essen vermischt werden.

Wir kennen diesen Typ vor allem von der Nudelküche: Pasta asciutta/Bolognese, also Nudeln mit Fleischragout oder mit Champignons, Öl, Knoblauch – bekanntlich sind dem Erfindungsreichtum wenig Grenzen gesetzt. Schon in Zubereitung und Kombination zeigen sich eine weitaus größere Freiheit und eine Chance zur individuellen Kreativität.

Die zunehmende Beliebtheit dieser Art von Hauptspeisen scheint nun keineswegs zufällig. Sie zeigt alle Merkmale zeitgenössischer sozialer Gemeinschaften: wenig strukturiert, wenig geregelt, weniger Einschränkungen und Regeln unterworfen, kreativ und individuell gestaltbar, leicht anzueignen und leicht aufzulösen – in unserem Kulturmodell ausgedrückt: So sind Speisen von Individualisten im Unterschied zu denen von Hierarchisten gestaltet.[27]

Aufgegeben ist das Prinzip Zentrum und Peripherie, das breite Spektrum der Gegensätze in der Herkunft der Nahrungsmittel, in der Konsistenz, in der Zubereitungsart – hier ist alles ähnlich in der Konsistenz, leicht herzustellen, ohne besondere Esstechniken zu essen. Fleisch spielt nur noch eine geringe Rolle, es bildet jedenfalls nicht mehr das Zentrum des Tellers. Dieser Typ von Speise spiegelt also einen anderen Typ von sozialer Gemeinschaft wider als der zuerst beschriebene. Viele erfolgreiche moderne Fertiggerichte, so nahezu alles aus dem getrockneten Conveniencebereich – Knorr Spaghetteria, Maggi Pasteria, Asia Nudelsnack, Risotteria von Masterfoods – folgen diesem Typ.

Eine Variante dieser Struktur bildet die Pizza. Auch sie basiert auf einem Kohlenhydratzentrum, dem Teigboden, der mit lose angeordneten Gemüse-/Fleisch-/Käsestücken und -bröckchen belegt ist. Auch Pizzas können in der Hochküche nicht als Hauptgericht verwendet werden, aber sie erfreuen sich großer Beliebtheit in der Alltagsküche und als Mahlzeit zwischendurch, wenn man also nicht zu festen Anlässen essen will.

Mahlzeiten und soziale Gemeinschaften

Was als ideale soziale Gemeinschaft zu gelten hat, definiert jede Gesellschaft anders, und entsprechend variiert auch die Gestaltung der Mahlzeiten. Eine Gesellschaft, die Wert auf regelhaftes Verhalten und eine genaue hierarchische Abstufung legt, wird auch bei Mahlzeiten bestimmte Abläufe, genau zu beachtende Kombinationen von Nahrungsmitteln zu einer Speise fordern; eine Gesellschaft, die Regeln und hierarchische Abstufungen verabscheut, wird ihre Mahlzeiten ganz anders gestalten. Wir kennen in unserer Gesellschaft zum gegenwärtigen Zeitpunkt mindestens zwei Typen von Mahlzeiten, und wir wählen zwischen ihnen aus, je nachdem, wie formell der Anlass ist, zu dem wir eine Mahlzeit servieren, und je nach dem Typ von Tischgemeinschaft, den wir schaffen wollen. Wir haben schon verschiedentlich festgestellt, dass in unserer Gesellschaft im Augenblick ein altes »Esssystem«, ein traditioneller kulinarischer Code, langsam durch ein neues Esssystem, einen neuen kulinarischen Code, ersetzt wird. Dies gilt auch für die Gestaltung der Mahlzeiten selbst.

Wir kennen sehr wohl noch den Typ der traditionellen Mahlzeit, den wir bei formellen und wichtigen Anlässen vorsehen: Einladungen, besondere Familienfeste, rituelle Feste wie Geburtstag, Silvester, Weihnachten. Bei diesen rituellen Essen gibt es manchmal besondere Speisen, die nur für diese Gelegenheit zubereitet werden; manche Haushalte haben ein besonderes Geschirr, das nur zu Weihnachten benützt wird, oder eine besondere Musik, die nur zu Weihnachten gespielt wird. Für diese Mahlzeiten gelten feste Regeln, was wie und in welcher Reihenfolge serviert wird. Die Speisen sind komplex und kontrastreich, man konzentriert sich feierlich auf den Akt des Essens, und man schafft und erlebt dadurch eine besondere Art von Gemeinschaftlichkeit. Zu Menschen, mit denen wir diese Mahlzeiten teilen, unterhalten wir ganz andere Beziehungen als zu Menschen, die wir nur mit einem kalten Getränk und Knabbergebäck bewirten – mit Letzteren teilen wir keine komplexen Speisen und zeigen damit, dass wir weder eine besondere Intimität noch eine komplexe Beziehung wünschen.

Insgesamt spiegelt die Zusammensetzung der Mahlzeit und der Speisen die soziale Struktur der Tischgemeinschaft mit all ihren Verflechtungen und wechselseitigen Verpflichtungen wider. Wenn heute immer mehr Mahlzeiten dem Typ der amorphen Anordnung folgen, dann entspricht dies auch einer neuen Auffassung vom Essen, einer neuen Frauenrolle und drückt aus, welche Werte wir in unserer Gesellschaft immer mehr schätzen und auch in unserer Alltagskultur beachten: Individualisierung, Informalisierung, Deregulierung und Schnelligkeit. Dieses neue Essverhalten könnte aber auch ein Problem reflektieren, das von Soziologen und Kulturwissenschaftlern häufig diskutiert wird: Der Verlust an Situationen und Strukturen, die Gemeinschaft zwischen Menschen fördern.

In der traditionellen Gesellschaft war der Einzelne in viele Gemeinschaften eingebunden: die Familie, die Berufsgruppe, die regionale Gruppe etc., die ihn kontrollierten, ihm aber auch Schutz und Identität boten. Im Prozess der Modernisierung wurden die Menschen von den Zwängen dieser Gemeinschaften befreit, sie verfolgten nun die Idee des autonomen Individuums, das sich seine Regeln selber gibt: eine Zunahme an Freiheit, mit der aber auch eine Zunahme an Isolation verbunden ist.

Eine Gesellschaft kann nun nicht nur aus isolierten Individuen bestehen, von denen jedes nach eigenen Regeln lebt; sie braucht Situationen, Institutionen, in denen Menschen das Gefühl erleben können, zu einer Gruppe zu gehören. Was wir brauchen, sind »Medien, die Gemeinsamkeit stiften«. Gemeinsam essen ist ein solches Medium.[28]

Die klassische Familienmahlzeit war sicherlich eine dieser Institutionen, die Gemeinschaft ermöglichte und schuf. Sie bildete das Forum, an dem die Familie zusammentraf, um ihre gemeinsamen Fragen zu diskutieren (Was machen wir im Urlaub?), um zu beschließen, wie dieses kleine Kollektiv Familie handeln wollte (Sollen wir uns eine Katze zulegen? Laden wir die Meiers zu Silvester ein?), um einzelne Mitglieder zu loben oder zu tadeln (Peter lässt immer das Licht im Bad brennen! Den Kuchen hat zum ersten Mal Susi gebacken). Dies war auch die Situation, in der die Verbindlichkeiten der einzelnen Familienmitglieder gegeneinander und ihre Rangordnung sichtbar wurde (Du deckst heute den Tisch, und ich mache den Abwasch. Es gibt heute kein Rotkraut, weil Vater das nicht mag! Der nächste Gang kommt erst, wenn der Kleine aufgegessen hat, etc.).[29]

Wir wissen, dass diese gemeinsamen Essen der Familie immer seltener werden. Die zunehmende Unstrukturiertheit der Speisen würde so die zunehmende Unstrukturiertheit sozialer Gruppierungen widerspiegeln: Wir beginnen andere Vorstellungen von einer idealen sozialen Gemeinschaft zu entwickeln.

Wenn wir heute neue Mahlzeiten erfinden, so inszenieren wir interessante Werte, nicht mehr eine soziale Ordnung. Das Grillfest, das Barbecue, stellt so z.B. die »Utopie vom einfachen Leben« dar. Es findet nicht im Haus, sondern »in der Natur« statt; einfache Speisen werden durch einfache Techniken, direkt am Feuer zubereitet, ein Teil der Speisen kann mit der Hand gegessen werden. Man konzentriert sich also auf natürliche Zubereitungs- und Esstechniken und verzichtet auf raffinierte Lösungen der Zivilisation. Auch die Essensgemeinschaft stellt eine Runde natürlicher und egalitärer Esser dar. Mit einer Ausnahme allerdings: Grillen ist eine männlich dominierte Mahlzeit. Männer grillen, sie kontrollieren das Feuer, und sie bereiten fast ausschließlich Fleisch zu. Sehr deutlich erscheint also noch einmal die Verbindung Mann – Fleisch – Feuer – Naturzustand.

Das Fondue, das in den 60er Jahren aufkam, also zu Beginn des Wirtschaftswunders, schuf eine weitere informelle

Tischgemeinschaft, bei der jedoch auch jeder seinen individuellen persönlichen Nutzen maximieren kann: Jeder kämpft mit seinen Spießchen gegen den anderen und versucht so viel Fleisch wie möglich zu braten oder aus dem heißen Topf zu fischen – ein starker Gegensatz zu den sozialen Regelungen des Menüs. Das »aggressive Fischen« der Fondueessen bietet aber auch Stoff für die Konversation bei Tisch und fördert einen Wert, der für alle diese neuen Mahlzeiten charakteristisch ist: Spaß. Auch ein Pizzaessen oder ein Nudelessen, an dem mehrere Personen teilnehmen, ist lustig, es macht Spaß, es schafft eine von kindlichen Werten und kindlichem Verhalten geprägte Tischgemeinschaft.

Warum macht man sich nun eigentlich überhaupt die Mühe, Speisen in spezieller Weise zu gestalten, Tische herzurichten, Regeln zu befolgen? Offenbar, um in dem Strom der Ereignisse eine Grenze zu ziehen, eine zeitliche und räumliche Grenze, innerhalb derer sich eine Gruppe bildet, die einen eigenen Kosmos errichtet, einen Kosmos mit eigenen Regeln und Gesetzen, der Menschen einschließt und andere ausschließt. Eine Mahlzeit ist gewissermaßen eine *time out of time*, eine »Zeit außerhalb der Zeit«, eine Zeit und ein Raum, die wir brauchen, um uns selbst als Gruppe zu erleben.[30]

Die Speisenfolgen: Chaos – Kosmos – Chaos

Die natürliche Sprache regelt nicht nur die Bedeutung der einzelnen Elemente, sondern auch die Möglichkeiten, die einzelnen Elemente, also Worte, so zu kombinieren, dass ein sinnvoller Satz entsteht. Wir bemerken diese Regeln immer dann, wenn sie nicht eingehalten werden: »Hüpfen Stein über ich«, deutet auf einen Sprecher, der keine Ahnung von der Grammatik oder Syntax des Deutschen hat, obwohl er die Bedeutung der Worte kennt.

Auch unsere kulinarische Sprache besitzt diese syntaktischen Regelungen, also Vorschriften darüber, in welcher Reihenfolge wir die einzelnen Speisen aufeinander folgen lassen. Diese Vorschriften, die wir automatisch einhalten, sind sogar relativ zwingend, zwingender fast als bei der Kombination von Nahrungsmitteln zu einer Speise. Hier kann ich einmal eine kühne Kombination wagen und Fisch und Sauerkraut servieren, eine Mahlzeit aber, die mit Kaffee beginnt, die dann Creme Caramel, Hirschschnitzel und darauf Matjeshering präsentiert, würde als grausam falsch und störend empfunden werden.

Die allgemeine Regel, die wir für den Aufbau einer Speise kennen gelernt haben: A + 2b, ein betontes Element, begleitet von zwei unbetonten Elementen, gilt auch für die Abfolge. In einer prototypischen Mahlzeit ist eine Hauptspeise mit einer Vorspeise und einer Nachspeise kombiniert, wobei die Hauptspeise von der Vorspeise und der Nachspeise umrahmt wird und die Abfolge Vorspeise – Hauptspeise – Nachspeise zwingend eingehalten werden muss. Eine Speise, die den Rang eines Hauptgerichtes einnehmen soll, kann nicht so konstruiert sein wie ein Nebengericht – anders herum ist das schon möglich. Also: Eine Speise vom Typ Suppe kann in einem Menü nicht als Hauptspeise fungieren, auch nicht eine vom Typ Pudding. Als Vorspeise kann aber Matjes mit Apfel und Kartoffeln serviert werden.

Dies entspricht zwei allgemeinen sozialen Regeln: Wenn etwas als wichtig, als von zentraler Bedeutung erachtet wird, so gelten striktere Regeln als bei den Nebensachen. Und: Der sozial höhere Code umschließt den sozial niederen, aber nicht umgekehrt. Das heißt, sozial höher stehende Gruppen haben Zugang zu mehr Ausdrucksmöglichkeiten als sozial niedere Gruppen. Sozial höher stehende Personen beherrschen z.B.

die Sprache, die für ihre Gruppe charakteristisch ist, die elaborierte Sprache, sie beherrschen aber auch darunter liegende Sprachen, so z.B. Dialekt. Personen niederer Gruppen beherrschen den Dialekt, aber nicht unbedingt den elaborierten Sprachstil.

Oder: Frauen tragen Hosen, also die Zeichen des dominanten Geschlechtes, Männer aber keine Röcke. Nebenspeisen können also nach den Codes der höher rangigen Gerichte gestaltet sein, aber diese nicht nach den Codes jener.

Betrachten wir nun die Prinzipien, nach denen die Speisen einer Mahlzeit aufeinander folgen. Nach dem Geschmack:

- pikant/stimulierend: Vorspeisen;
- salzig/vielfältige Geschmackskomponenten: Hauptspeisen;
- süß/fruchtig: Nachspeisen.

Also von nicht-süß zu süß.

Nach Konsistenz:

- flüssig oder leicht zu beißen: Suppe, Gelees, Pasteten;
- fest/mit Kauwiderständen: Hauptspeise;
- wenig zu beißen, halb flüssig, cremeartig: Nachspeisen.

Also: leicht – fest – leicht.

Nach Vermischung oder Trennung der Bestandteile:

- vermischt: Suppe/Salate/Vorspeisen;
- getrennt: Hauptspeise;
- vermischt: Pudding, Creme, Nachspeise.

Also: vermischt – getrennt – vermischt.

Die Speisenfolge einer Mahlzeit besitzt also eine zyklische Struktur, das heißt, es gibt einen Anfangszustand, dann einen Zustand, der zum Anfangszustand in Kontrast steht, und dann wieder den Anfangszustand. Dem liegt eine Dramaturgie zugrunde: Vorbereitung – Höhepunkt – Ausklang.

Diese Abfolge ist so geordnet, dass die männlich besetzten Speisen, die pikant stimulierenden und die auf Fleisch basierenden, immer dem ersten Abschnitt angehören, die weiblichen, süßen unverrückbar dem letzten Abschnitt. Ebenso lässt sich eine Abfolge von einem Zustand, der dem Chaos gleichzusetzen ist, wo alle Bestandteile ungeschieden in der »Ursuppe« schwimmen, zu dem eines geordneten Kosmos, der die relevanten Bestandteile voneinander trennt, erkennen, wobei dann als letzte Stufe das Chaos in einem anderen, »weiblichen« Material wiederholt wird. Die Formel lautet also: vom Chaos zum Kosmos, vom funktional Männlichen zum unfunktional Weiblichen.

Das Menü

Wenn sich zwei Arbeitskollegen am Morgen in ihrem Büro treffen, so kann der eine den anderen begrüßen mit den Worten: »Hallo!« Wenn er jedoch dem Direktor der Firma auf dem Gang begegnet, so wird er nicht »Hallo« sagen, sondern vielleicht: »Einen schönen guten Morgen wünsche ich, Herr Direktor!«

Auch Begrüßungsformeln stellen natürlich einen Code, eine Sprache dar, die wir je nach Anlass und Ansprechpartner verschieden handhaben. Das oben geschilderte, schon etwas altmodische Beispiel offenbart dabei ein Prinzip, das den so genannten elaborierten Code, also einen Sprachstil, den wir für offizielle Gelegenheiten und für vornehme Menschen verwenden, gegenüber einem einfachen Code auszeichnet: Die Anzahl der Elemente wird vermehrt – das Prinzip der Aufschwellung also.

Dasselbe Prinzip findet sich in der Küche. Ein Alltagsessen besteht aus einem Eintellergericht, es gibt ein Besteck und ein Glas; ein Festmenü besteht aus mehreren Gängen, mehreren Bestecken, Gläsern etc. Allgemein gilt: Je hochrangiger eine Gelegenheit ist, desto mehr Gänge und Elemente sind erforderlich. Wir wollen im Folgenden beschreiben, welche Anzahl von Gängen für welche Gelegenheit angemessen erscheint, aber auch, wie sich die einzelnen Gänge qualitativ unterscheiden.

Die Alltagsküche kennt sehr oft nur einen Gang, immer mehr Menschen nehmen als Hautmahlzeit ein Eintellergericht. Allenfalls gibt es zwei Gänge: Suppe und Hauptgericht oder Hauptgericht und Nachspeise. Ein festlicheres Essen kennt drei Gänge, ebenso das Essen im Restaurant. Wenn wir Gäste besonders ehren wollen, so fügen wir einen vierten Gang hinzu, meist einen Fischgang, und erst bei den ganz festlichen Menüs sehen wir sechs, sieben oder manchmal noch mehr Gänge vor.

Diese Abfolgen sind zwar selten, aber sie sind interessant, weil sie die qualitativen Prinzipien deutlich machen, die wir in der Abfolge der Speisen beachten: Ein sechsgängiges Menü muss mehr vorsehen als die Abfolge stimulierend – salzig – süß.

Betrachten wir eine solche Abfolge genauer:

- Vorspeise:
  Sie ist pikant/stimulierend, jedenfalls nicht süß, sie wird dekorativ präsentiert, man isst sie meist nur mit der Gabel.

Es gibt unterschiedliche Zubereitungsarten: meist gebacken, gedünstet, selten gebraten, manchmal roh wie bei Mozzarella mit Tomaten oder Melone mit Schinken.

Es werden besondere, sehr kleine Fleisch- oder Fischstücke mit etwas Pflanzlichem und irgendeinem saftigen Element verwendet.

- Suppe:
Sie ist flüssig, salzig, mit dem Löffel zu essen.

- Fischgang:
Die Konsistenz ist fester als bei den vorhergehenden Speisen, die Speisen werden gedünstet oder gebraten, sie sind wie eine Hauptspeise gestaltet und mit einem speziellen Fischbesteck zu essen.

- Hauptgericht:
Verschiedene Geschmacksaromen, Konsistenzen und Nahrungsmittel werden kombiniert, Fleisch ist obligatorisch, man findet hier also die bisher festeste Konsistenz, das Fleisch ist im Allgemeinen geröstet oder gebraten, man bemüht sich um seltene oder hochwertige Fleischsorten. Die Gestaltung folgt immer dem Typ A + 2b. Die Speisen sind mit Messer und Gabel zu essen.

- Sorbet:
Es ist flüssig, eiskalt, fruchtig-säuerlich, man isst es mit dem Löffel.

- Käse:
Dieser Gang ist kalt, er bietet spezifische, auch starke Aromen, gegessen wird mit Messer und Hand, der Käse wird auf kleinen Brotstücken zum Munde geführt.

- Dessert:
Es ist süß, gebacken, gedünstet, gekocht, kalt oder warm und auf jeden Fall schön dekoriert.

- Kaffee:
Er ist flüssig und heiß.

- Petits fours/Kekse:
  Sie sind süß, kalt, fest, fantasievoll komponiert, sehr schön dekoriert, man kann sie mit den Fingern zu essen.
- Likör:
  Er ist flüssig, süß oder bitter, oft farbig.

Gegen Ende des Menüs wird die Komponente des Duftes betont: beim Käse und dann beim Likör. In älteren Menüfolgen wurde diese Komponente noch zusätzlich unterstrichen, indem am Ende des Menüs Parfüm versprüht wurde (heute wieder aktuell in Form der modernen Raumparfüms) oder Blumen einen Bestandteil des letzten Desserts bildeten (das Veilcheneis von Kaiserin Elisabeth beispielsweise).

Am Anfang, aber besonders am Ende des Menüs verstärken sich ferner Tendenzen zur Ästhetisierung: Es werden Gerichte serviert, die juwelenhaft klein und kunstvoll dekoriert sind. Ganz deutlich dominiert hier die Form der Präsentation, die Art der Gestaltung, der Gedanke an Sättigung tritt weitgehend zurück. An diesen Stellen des Menüs erscheint also nicht etwas Funktionales, Notwendiges, sondern eine kunstvolle Form der Gestaltung – es geht also um die Kunst, nicht das Profane, um den Luxus, nicht das Lebensnotwendige, es geht um das Reich der Freiheit und nicht um das Reich der Notwendigkeit, wie Kant in seiner Definition von Kunst ausführt.

Die Abfolgen sind so geordnet, dass sie auf das Zentrum der Hauptspeise zulaufen und dass sich vor der Hauptspeise und nach der Hauptspeise jeweils ein Zyklus befindet: Es entsprechen sich so Vorspeise und Dessert und Amuse-gueules und Petits fours, die dasselbe Konstruktionsprinzip, einmal in salzig und einmal in süß, aufweisen. Dies mag seinen Grund darin haben, dass vor der Hauptspeise alles der Anregung des Appetits dient und danach nur noch etwas serviert werden kann, das einen zusätzlichen Genuss verschafft, da die eigentliche Sättigung ja schon erfolgt ist.

Es würde also auch eine Reihe gebaut: Stimulieren – sättigen – genießen. Bedenken wir andererseits, dass »süß« und »gebacken« mit weiblich korreliert, so wird klar, dass hier die Bedeutung weiblich = unfunktionaler Genuss ausgenützt und verstärkt wird. In diesem Zyklus des Weiblichen verstärken sich auch Duft und Ästhetisierung, auch dies dem Weiblichen zugeordnete Qualitäten. Die Reihenfolge Vorspeisen – Süßspeisen kann dabei nicht vertauscht werden, das heißt, der süße Zyklus kann nicht als Erster kommen, vor der Hauptspeise, sondern nur nach ihr. Dieser Zyklus ist in Restaurants im Übrigen besonders markiert: Bevor die Nachspeise serviert wird, kehrt man mit einem kleinen Tischbesen und einer silbernen Schaufel der Tisch ab. In den englischen Dinners des 19. Jahrhunderts wurden die einzelnen Gänge noch stärker getrennt: Der Tisch war mit mehreren Lagen von Tischtüchern bedeckt, bei jedem Gang wurde ein Tischtuch entfernt, und das Dessert wurde schließlich auf der blanken Tischplatte serviert – was natürlich voraussetzte, dass man über einen schönen und auf Hochglanz polierten Tisch verfügte.

Auch die Getränke, die die Speiseabfolgen begleiten, weisen ähnliche Merkmale wie die Speisen auf. Jeder Zyklus ist durchgehend auf bestimmte Wahrnehmungsqualitäten festgelegt:

- farbig/süß oder prickelnd, jedenfalls anregend und aufreizend: Aperitivs;
- kalt/geschmackvoll: Wein;
- eiskalt/leicht, fruchtig: Sorbet;
- warm/schwarz-weiß: Kaffee;
- farbig/süß: Dessertwein, Likör.

Bei den viktorianischen Dinners besaß das Dessert noch eine zusätzliche Funktion: Es wurde auf den Tisch gestellt, und dann verließen die Diener den Raum. Die Gesellschaft genoss dadurch einen besonderen Grad der Intimität, und dieses Bedürfnis nach Intimität und einer gewissen Aufhebung der Regeln ist eines von Eliten, das sich nur die obersten Zirkel erlauben können, und hier wiederum eher die männlichen Gruppen.

Bei den viktorianischen Dinners schloss sich daran die Phase, in der die Männer allein bei Tisch blieben, tranken und rauchten und das genossen, was man im Englischen *good fellowship* nennt. Dies bedeutete natürlich auch, dass sie ihre sozialen Bindungen vertieften – eine Strategie, die wir heute sehr gut bei wichtigen Einladungen, aber auch bei Business-essen beobachten können.

Das Buffet

Bei diesem Typ der Anordnung werden alle Speisen gleichzeitig präsentiert, es gibt also zugleich Vorspeisen, Hauptspeisen, Desserts etc., von allem eine große Auswahl. Die Esser stellen die Reihenfolge ihrer Menüs selber her, indem sie die Speisen in einer bestimmten Reihenfolge essen. Sie müssen das aber nicht wie beim Menü, und sie können in den einzelnen Gruppen beliebig wählen und kombinieren.

Wir kennen Buffets in vielen Varianten: Frühstückbuffets in Hotels, Buffets bei Einladungen eher offizieller Natur, einfache Buffets, die nur kalte Speisen bieten, bis hin zu exquisiten Buffets, die warme und kalte Speisen enthalten oder wo Köche zusätzlich Speisen vor den Augen der Gäste zubereiten. Buffets sind für den Einladenden praktisch: Er kann alles vorbereiten und muss seine Kunstfertigkeit nicht dadurch dokumentieren, dass er Speisen nacheinander jeweils termingerecht serviert.

Menschen lieben im Allgemeinen Buffets. Sie lieben den Anblick der Opulenz, mit der hier Speisen dargeboten werden, sie lieben die Möglichkeit, auszuwählen und sich so viel zu nehmen, wie sie wollen. Am Buffet erwachen Jagdinstinkte: Auch zivilisierte Esser häufen sich plötzlich ihre Teller voll und schnappen ihren Nachbarn gute Stücke weg. Der Esser ist hier also in die Rolle eines giergeleiteten Wesens versetzt, das um seinen persönlichen Nutzen kämpft – die Regeln des kultivierten Benehmens, die beim Menü dominieren, sind beim Buffet natürlich nicht außer Kraft gesetzt, aber sie sind gelockert – die Atmosphäre von kultivierter Intimität, die bei einem Dinner entstehen kann, ist bei einem Buffet schwer möglich.

Im Gegensatz zu der kleinen Anarchie, die für die Esser erlaubt ist, sind die Speisen des Buffets kunstvoll dekoriert und arrangiert. Bei jedem Buffet, auch bei dem einfachsten, wird eine gewisse Ästhetik der Präsentation beachtet. Festliche Buffets schaffen interessante Tableaus: Die Speisen werden mit Gelee überzogen, sodass sie glänzen, sie werden auf Platten in farbigen und ornamentalen Mustern angeordnet, mit Gemüsen oder Blumen verziert. Ein hochrangiges Buffet wird immer in der Mitte durch ein Dekorationselement betont: mindestens durch einen großen Blumenstrauß oder ein Früchte- oder Gemüsearrangement.

Ältere Buffets kannten hier die kunstvollsten Arrangements: architektonische Aufbauten, die Figuren oder Bauwerke darstellten. Im süddeutschen Raum waren bis in die Gegenwart Butterskulpturen üblich, also Figuren, die aus eisgekühlter Butter hergestellt wurden und die für die Dauer des Buffets intakt blieben – viel bestaunte Kunstwerke meist, die die

Botschaft vermittelten, dass hier ein kulinarischer Rohstoff über seinen funktionellen Nutzen hinaus eine höhere ästhetische Funktion besaß und dass es sich, so wie bei allem im Bereich der Kulinarik, um ein sehr vergängliches Kunstwerk handelte.

II

KÜCHENSTILE

Einleitung

Wir haben im ersten Teil die Bausteine kennen gelernt, auf denen unser kulinarischer Code beruht, das ABC gleichsam, das wir benützen, um die vielfältigen Botschaften zu bilden, die wir in unseren Küchen vermitteln. Diesen Botschaften wollen wir uns nun zuwenden, nicht allen natürlich. Wie in einer Sprache üblich, kennt auch die Küche eine außerordentlich große Anzahl von Botschaften.

Im Wesentlichen werden wir uns in diesem zweiten Kapitel Küchenstile näher ansehen: die Hochküche, die Kantinenküche, das Staatsbankett, das Businessessen etc.

Bei Küchenstilen geht es nicht darum, dass wir einer einzelnen Person durch eine bestimmte Gestaltung von Speisen eine Botschaft übermitteln im Sinne von: »Das habe ich für dich gemacht, weil ich dich schätze«, sondern hier werden gewissermaßen Ensembles gestaltet. Speisen werden in bestimmter Form zubereitet und präsentiert, auf einem spezifisch gedeckten Tisch, in einem Raum, der besonders eingerichtet ist etc. Nahrungsmittel, Geschirr, Dekor, Raumausstattung, Kleidung etc. – alles verkörpert dieselben Merkmale: hochrangig oder volkstümlich oder zeremoniell oder industriell oder nostalgisch.

Auch in diesem Bereich gibt es Regeln, die wir einhalten, ohne sie explizit zu kennen. Nur so ist es im Übrigen möglich, dass wir die Bedeutungen, die hier aufgebaut werden, allgemein verstehen. Wie immer stammen unsere Belege aus empirischen Untersuchungen, aus Produkt- und Werbungsanalysen, hier nun auch aus Analysen von Restaurants, die ja immer durch einen bestimmten Stil gekennzeichnet sind.

Die feinen Unterschiede: Die Hochküche

Allgemeine Prinzipien der Hochküche

Unterschiedliche soziale Gruppen haben auch andere Essstile: Die einen stellen einfach Flaschen, Packungen und Kochtöpfe auf den Tisch, aus denen sich die Essensteilnehmer versorgen; die anderen würden niemals, auch wenn sie allein sind, Wurst aus dem Papier essen. Die einen bereiten den Salat mit einer schönen dicken Mayonnaisesoße zu – anders können sie das »Grünzeug« nicht schlucken –, die anderen nur mit ein bisschen Zitrone und reinem Rapsöl. Die einen laden immer zu Kaffee und Kuchen ein, weil sie ein warmes Menü gar nicht zubereiten können, die anderen servieren Filet Wellington und Mandeltörtchen.

In all dem kommt ein weit verbreitetes menschliches Bedürfnis zum Ausdruck: das Bedürfnis, Unterschiede zu kennzeichnen. Menschen können es offenbar schwer ertragen, wenn der Strom der Zeit gleichförmig fließt, wenn alles gleich bleibt, wenn keine Unterschiede zwischen den Menschen und Situationen bestehen. Wir brauchen Markierungen in der Zeit: das Silvesteressen, das Festessen, Weihnachten, Geburtstage, Hochzeiten.

Wir brauchen aber auch Möglichkeiten, die Unterschiede zwischen Menschen und die unterschiedlichen Beziehungen, die sie zueinander unterhalten, sichtbar zu machen, ebenso wie die eigene soziale Position. Genau dem dienen Hochküchen und Alltagsküchen der »Volksküchen«: Wir markieren unterschiedliche Situationen, aber auch unterschiedliche Menschen und Positionen.

Dies scheint ein nahezu universales Bedürfnis zu sein. Es gibt praktisch keine Gesellschaft, die nicht Kennzeichnungen dieser Art einführt und sie mit ganz charakteristischen Speisen markiert, wobei es zwischen den einzelnen Gesellschaften oder zwischen den Einzelnen historischen Epochen natürlich große Unterschiede gibt. So sind die Speisefolgen des Barock, die exzessiven Fleischmahle des 19. Jahrhunderts aus unseren Küchen völlig verschwunden.

Es gibt allerdings auch Kulturen, die keineswegs eine Hochküche in unserem Sinn entwickelt haben. Sie kennen wohl Festmähler und Einladungen großer Herrscher, aber zu diesen Gelegenheiten wird das serviert, was die einfachen Leute tagaus, tagein kochen – nur in ungeheuren Mengen. Dies gilt etwa fast durchgehend für die traditionellen afrikanischen Küchen, die der englische Kulturanthropologe Jack Goody beschreibt[1] – und widerspricht unserem Weltverständnis diametral: Wir können uns eine sinnvoll geordnete Welt nicht vorstellen, in der es etwa zu einem Staatsbankett Bohneneintopf oder Spaghetti Bolognese gibt, wenn auch in ungeheuren Mengen. Unsere Hochküchen unterscheiden sich prinzipiell von Volksküchen oder Alltagsküchen, und zwar in qualitativer, nicht in quantitativer Hinsicht.

Darin wird natürlich auch ein Unterschied in der politischen und sozialen Organisation einer Gesellschaft sichtbar. Ob eine Gesellschaft eine Hochküche entwickelt oder nicht, hängt auch davon ab, wie sie intern geschichtet ist, wie viel Gleichheit oder Ungleichheit sie zulässt, wie sie den Zugang zu Eliten regelt, wie sie mit Autorität umgeht. Eine Gesellschaft etwa, die auf absoluter Gleichheit ihrer Mitglieder besteht, die wenig von jeder Form des autoritativen Durchsetzens hält, wird kaum eine scharf abgegrenzte und elaborierte Hochküche entwickeln.

In unserer Gesellschaft erscheinen Hochküchen im heutigen Sinne ab dem späten Mittelalter, ganz deutlich dann in der Renaissance. Gerade von Renaissancefürsten, die ihren Rang gegenüber dem erblichen Adel dokumentieren wollten, sind Meisterleistungen von Gastmählern überliefert, sowohl was die Raffinesse der Speisezubereitung anbetraf als auch die Organisation eines solchen Gastmahls, das die Zeitgenossen in Erstaunen versetzte.

Ab diesem Punkt beginnt aber auch die Verbreitung dieses Elitewissens: Kochbücher gehören zu den ersten und erfolgreichsten gedruckten Büchern, sie etablierten einerseits effiziente Prinzipien der Haushaltsführung (so Platina) und später die Standards der Hochküchen (so Vincenzo Cervio, der für Kardinal Alessandro Farnese gearbeitet hatte).[2] Speziell dieses letzte Buch beschreibt geradezu akrobatische Techniken des Fleischzerteilens und choreografische Meisterleistungen des Servierens. Dieser Typ von Literatur erreichte seinen Höhepunkt im 19. Jahrhundert mit den Werken von Carême und Brillat-Savarin, die die französische Hochküche international verbreiteten.[3]

Jede Zeit hat nun allerdings sehr unterschiedliche Anschauungen darüber, was als fein und vornehm gilt. Wir sehen das besonders gut an historischen Beispielen. Die Beschreibungen der Bankette, die König Richard II. von England im 14. Jahrhundert gab[4], zeigen, dass für diese Essen primär ein enormer Aufwand in der Anzahl und Menge der servierten Speisen charakteristisch war. So wird berichtet, dass König Richard II. täglich mit 1 000 Personen speiste und 300 Köche beschäftigte.

Das andere Kriterium war die Kunstfertigkeit, mit der man Nahrungsmittel in eine besondere Form brachte. Man konstruierte kleine architektonische oder bildhauerische Kunstwerke. So wurden Desserts in der Form von Porträts wichtiger eingeladener Gäste serviert, aus Marzipan oder Teigen, oder auch Fleischpasteten als königliche Burgen bzw. mythologische Tiere auf den Tisch gebracht. Der Brauch, bei wichtigen Geschäftseinladungen das Logo der Firma als flambierte Torte erscheinen zu lassen, oder die Butterskulpturen auf Buffets mögen eine ferne Erinnerung daran sein.

Ein anderes Prinzip bestand darin, Nahrungsmittel so herzurichten und vor allem so zu färben, dass nichts mehr auf ihren natürlichen Ursprung verwies – eine Vorstellung, die uns ganz fremd ist. Man färbte damals also nicht, um etwa den Orangeton einer Orange zu intensivieren, wie wir das heute tun, sondern um die natürliche Farbe durch eine andere zu ersetzen. In dieser Funktion wurden vor allem die kostbaren Gewürze eingesetzt, so etwa Safran.

Ein anderes Beispiel stammt aus dem 19. Jahrhundert. In England demonstrierten die nichtadeligen Neureichen ihren Wohlstand oft über die ungeheuren Mengen an Wild, die sie bei ihren Einladungen auf den Tisch brachten, wobei die Tiere meist in ihrem Fell- bzw. Federkleid präsentiert wurden. Sie zeigten dadurch, dass sie sich eine Jagd gekauft hatten – die Verfügung über Jagdrechte war bis dahin ausschließlich das Privileg des Erbadels gewesen.[5]

Wir können diese exzessiven Fleischmahle nicht mehr als besonders fein empfinden und wären eher entsetzt, wenn ganze Tiere mit ihrem Feder- und Fellkleid auf der Tafel erschienen. Wir haben andere Vorstellungen von einer Hochküche, ebenso wie wir andere Vorstellungen von einer gerechten Gesellschaft haben. Auf der anderen Seite sehen wir, dass eine Reihe von Prinzipien, die auch heute noch in der Hochküche anzutreffen sind, eine lange Geschichte haben: Sie lassen sich über Jahrhunderte zurückverfolgen.

Betrachten wir dazu ein antikes Mahl, das berühmte Mahl des Trimalchio. Petronius, der diese Einladung schildert, tut dies zwar in Form einer Satire, dennoch muss sie auf das allgemein geteilte Wissen über Hochküchen anspielen.

Trimalchio war ein Neureicher; er verfügte über sehr viel Geld, stammte aber nicht aus einer der adeligen oder alten, noblen römischen Familien, und er folgte daher auch nicht ihren Geschmacksvorlieben. Diese alten Familien schrieben sich selbst einen erlesenen Geschmack zu, einen Geschmack, der einfach und asketisch reduziert war. Was Trimalchio da trieb, schien von ihrem Standpunkt aus barbarisch. Leider verfügten diese Familien aber auch nicht über das Geld und damit auch nicht über den Einfluss des Trimalchio, und so sehen wir unter seinen Gästen eben auch jene feinen Senatoren, die nachher ihrer Entrüstung freien Lauf ließen.

Etwas Ähnliches findet sich dann im 19. Jahrhundert, als im Zuge der industriellen Revolution nichtadelige Gruppen reich wurden und in der sozialen Hierarchie aufstiegen. Auch sie besaßen nicht den Geschmack der adeligen Gruppen und suchten bei ihren Essenseinladungen durch demonstrativen Konsum zu beeindrucken.[6]

Wie üblich beginnt das Gastmahl mit den Appetithappen des Hors-d'oeuvres. Ein Speisetablett wird gebracht, darauf steht in der Mitte ein Esel aus korinthischer Bronze mit einem Quersack voll Oliven, grünen auf der einen, schwarzen auf der anderen Seite. Den Esel flankieren zwei silberne Schüsseln. Auf angelöteten kleinen Aufsätzen liegen gebratene Haselmäuse, mit Honig und Mohn bestrichen.

Zum Abschluss der Vorspeisenfolge wird ein Tafelaufsatz mit einem Korb darauf in das Speisezimmer getragen. Im Korb liegt eine Henne aus Holz in Brutstellung mit ausgebreiteten Federn. Unter Musikbegleitung durchwühlen Sklaven das Stroh, scharren gebackene Pfaueneier aus Pastetenteig unter der Henne hervor und verteilen sie unter die Gäste.

Dann folgt die Speisenfolge des Hauptgerichts, insgesamt nicht weniger als sechs Gänge. Als Erstes wird ein großes rundes Speisetablett hereingetragen. Darauf sind, im Tierkreis angeordnet, die zwölf Himmelszeichen angebracht. Oberhalb der eingravierten Zeichen hat der Speisenarrangeur Gerichte aufgebaut, die dem Sinn der Tierkreiszeichen entsprechen sollen.

Im letzten Augenblick heben Tänzer unter Musikbegleitung den Aufsatz mit den astrologischen Speiseproben ab.

Zum Vorschein kommt ein Speisebecken mit doppeltem Boden: Oben liegen Poularden, Saueuter, eine damals beliebte Delikatesse, und in der Mitte ein mit Flügeln ausgestatteter Hase, sozusagen ein kulinarischer Pegasus. An den Ecken der oberen Etage des Speiseaufsatzes sind vier Marsyasfiguren (Marsyas ist ein in der bildenden Kunst beliebter Held der griechischen Mythologie) angebracht. Aus den Schläuchen, die den Figuren über die Schultern hängen, fließt gepfefferte Fischbrühe auf kostbare Fische, die in der unteren Schale in der Sauce wie in einem Teich schwimmen.[7]

Auffallend ist neben der ausgefallenen Inszenierung zunächst das enorme Ausmaß an Verschwendung, an demonstrativem Konsum, an Exzessen von Opulenz: Es ist einfach von allem zu viel da.

Darüber hinaus gibt es Anforderungen an die Zutaten, die Nahrungsmittel, die Eingang in ein Festmahl finden. Sie müssen luxuriös und ausgefallen sein, nicht alltäglich, und alle Teilnehmer an dem Mahl müssen das auch wissen. Dieser Eindruck wird dadurch erzielt, dass es sich um besonders teure Zutaten handelt und/oder dass sie sehr selten sind, dass sie schwierig zu gewinnen sind, dass sie von fern herkommen. Bei Trimalchio sind das etwa Nachtigallenzungen, bei den englischen Gastmählern Wild, das nur Adelige schießen durften oder die Neureichen, die sich eingekauft hatten, oder denken wir an Gewürze wie Pfeffer und Safran in den spätmittelalterlichen Essen.

Bei uns sind dies Kaviar, Hummer, Austern, Trüffel, Lachs. Lachs hat diesen Rang allerdings inzwischen verloren, er wird zu billig gehandelt und ist massenhaft verbreitet. Gänseleber wird nur von den Gruppen geschätzt, die den Gedanken an die qualvolle Gewinnung dieses Nahrungsmittels verdrängen können. Inzwischen kennen wir eine andere, neue Klasse von Nahrungsmitteln, denen wir einen besonderen Rang zuschreiben: Nahrungsmittel, die aus der unmittelbaren Umgebung stammen und in sehr kleinen Mengen und mit äußerster Sorgfalt gewonnen werden: spezielle Lammsorten (»Salzlamm« in Schleswig-Holstein, »Tauernlamm« in Österreich) oder Käse-, Obst- und Gemüsesorten, die von lokalen Produzenten direkt geliefert werden.

Wichtig sind ferner besondere Techniken der Zubereitung, die Kunstfertigkeit, technisches Können sowie Organisationstalent signalisieren:

- bei Trimalchio Speisen, aus deren Innerem sich lebende Vögel erheben;
- Tiere, die gebraten sind und die dann wieder in ihrem Feder- oder Fellkleid zu Tisch kommen und dort zerlegt werden;
- auf den Punkt Gebratenes in unseren zeitgenössischen Küchen;
- Soufflés, die leicht zusammenfallen können; Eis, das gratiniert wird.

Diese Organisationsleistungen sind für häusliche Küchen ohne äußere Hilfe fast nicht zu erbringen, und sie werden auch nicht von allen Restaurants erbracht, sie sind aber zur Beurteilung des Rangs einer Bewirtung sehr wichtig. Dasselbe gilt für die Schnelligkeit und Koordination, mit der serviert wird: Es gilt als unhöflich, sofort oder zu schnell zu servieren, aber auch die Gäste zu lange warten zu lassen oder auch jedem am Tisch zu einer anderen Zeit zu servieren. Alle Gäste müssen vielmehr zur selben Zeit ihre Speisen erhalten, und dies ist manchmal auch ein speziell inszenierter, choreografischer Moment, so, wenn in einem Restaurant die Kellner in einer Prozession mit den Speisen kommen und am Platz des Gastes den Deckel vom Teller lüften.

Ein Mahl der Hochküche muss ferner Momente der Überraschung enthalten: Der erwartbare und normale Gang der Dinge muss unterbrochen werden – durch einen unerwartet eingeschobenen Gang, eine Überraschung, die sich im Inneren einer Speise verbirgt, eine ungewöhnliche Kombination, eine spektakuläre Dekoration. Renaissanceköche kamen zum ersten Mal auf die Idee, Speisen mit hauchdünnen Goldplättchen zu bestreuen, was die Gäste ungeheuer beeindruckte. Noch Walter Scheel griff bei seinem Hochzeitsessen vor einigen Jahren auf dieses Mittel zurück und ließ eine Suppe servieren, in der ganz kleine Goldplättchen schwammen – was im Übrigen einen Protestschrei der Öffentlichkeit auslöste, die das als gar nicht politically correct empfand.

Sehr wichtig ist schließlich die Präsentation der Speisen. Die Speisen müssen in ästhetischer Form präsentiert werden, sie haben sich möglichst weit vom Eindruck des Funktionalen zu entfernen. Sie müssen also besonders arrangiert und verziert sein, in bestimmten Mustern, Formen, Aufbauten dargeboten werden. Auch die Umgebung, in der sie präsentiert werden, muss speziell gestaltet sein. Der Tisch, das Geschirr, die Tischwäsche, das Dekor, der ganze Raum, in dem das Essen stattfindet, Möbel, Bilder, Musik, das Licht etc. – alles muss den Regeln einer ästhetischen Inszenierung folgen.

Demonstriert werden muss schließlich das Prinzip der Verschwendung: Von allem muss mehr da sein, als gebraucht wird oder als unter funktionalen Gesichtspunkten notwendig wäre. Dies betrifft nicht nur das Angebot an Speisen, Beilagen und Gängen, sondern auch die Ausstattung: Gläser, Besteck, Geschirr, Servietten etc. Wir treffen hier wieder auf das Prinzip der Aufschwellung, das immer den elaborierten Stil gegenüber dem Normalstil auszeichnet: »Einen schönen guten Morgen wünsche ich, Herr Direktor«, gegen »Hallo«.

Beachtet werden also folgende Merkmale: Selten/besonders, kunstfertig, überraschend, geformt, gestaltet, nicht an den Anforderungen des Notwendigen orientiert. Dies sind genau die Merkmale, die Kunstwerke von funktionalen Objekten abheben. Summarisch ausgedrückt, verwandelt also die Hochküche ein funktionales Essen in ein Kunstwerk. Nicht mehr die Funktion des Essens steht im Mittelpunkt, sondern eine eindrucksvolle Inszenierung, nicht mehr das »Was«, sondern das »Wie«.

Ein Essen der Hochküche ist jedoch natürlich nur in einem metaphorischen Sinn ein Kunstwerk. Einmal, weil es keineswegs auf interesseloses Wohlgefallen zielt, das wir seit Kant für Kunstwerke fordern, sondern ganz eindeutig auf Lust, und zum anderen, weil es flüchtig ist. Ein Essen der Hochküche entspricht einer Schöpfung, die sich in ihrer Aufführung erschöpft; sie vergeht im Akt des Genießens.

Ein Kunstwerk ist auch etwas Einmaliges, das in dieser Form kein zweites Mal existiert. Dies gilt auch für extreme Beispiele der Hochküche. Wir wollen nun ein solches Beispiel näher betrachten.

Das im Folgenden geschilderte Silvestermenü wurde kein zweites Mal in diesem Restaurant angeboten – weder die Speisen noch die Abfolgen.

Ein Beispiel: Das Silvestermenü eines Luxusrestaurants

Das Restaurant Obauer liegt in Werfen, einem kleinen Ort in der Nähe von Salzburg, wird von den Brüdern Karl und Rudolf Obauer geführt und hat drei Michelin-Sterne.

Es ist ein österreichisches Restaurant, aber die Speisen, die hier serviert werden, und der Stil, in dem gekocht wird, sind nicht spezifisch österreichisch. Gepflegt wird vielmehr ein Typ von Hochküche, der für Restaurants dieser Art in ganz Europa charakteristisch ist. Diese Hochküche ist immer noch weitgehend von der französischen Küche beeinflusst, auch Karl und Rudolf Obauer haben einen Teil ihrer Ausbildung bei Paul Bocuse absolviert.

Besprochen werden soll im Folgenden das Silvestermenü 1997 dieses Restaurants. Der Preis für dieses Menü betrug ohne Getränke 280 DM; mit Getränken konnte man leicht auf 600 bis 700 DM pro Person kommen, ein beachtlicher Preis also.

Das Restaurant bietet jedes Jahr ein Silvestermenü an. Weder die Art der Speisen noch ihre Abfolge wiederholten sich dabei über die Jahre, noch wurden Speisen serviert, die es im Lauf des Jahres in diesem Restaurant gab – es war also eine Komposition, die der Einmaligkeit des Anlasses, Silvester, gerecht wurde, ein Datum, dem wir als einem der wenigen Tage im Jahr eine allgemein anerkannte rituelle Bedeutung zuschreiben: Hier stirbt etwas Altes, und etwas Neues beginnt, es handelt sich also um einen Ritus des Übergangs.[8] Ein solcher Anlass verlangt daher nach einer besonderen Kennzeichnung. Dieses Essen war somit eine einmalige Aufführung: selten, außergewöhnlich, verschwenderisch, genau für diesen Anlass konzipiert.

Zunächst erscheint dieses ganze Menü wie eine fehlerhafte Komposition, wenn wir an die Prinzipien denken, nach denen

Menü Silvester 1997

Zum Aperitif
Champagne »Petitjean Liégé«, »Cuvée Obauer« mit Happen

♦

Hummer-Selleriesalat
mit gebeiztem Saibling und Sevruga Kaviar

♦

Steinbutt mit Pologneser »Chinesisch«

♦

Gedämpftes Stierfilet mit Schmelztomaten und
Zitronenbuttersauce

♦

Champagne-Sanddornsorbet mit Quitten

♦

Hirschrücken mit gebratener Gänseleber
Apfel und Kraut

♦

Kalbfleisch-Artischocke mit Radicchio,
Parmesan und weißen Piemontesertrüffeln

♦

Rosa-Grapefruitcreme mit Mandelmilch-Jasmineis

♦

Kleines Gebäck und Pralinen

♦

Café

IM NEUEN JAHR 1998
Saure Schweinekopf-Hendlsuppe

Speisen innerhalb eines Menüs normalerweise zusammengestellt werden: Wo sind die Beilagen? Wo ist die Suppe? Wie viele Hauptgerichte gibt es denn da eigentlich? An Unverständnis und Nichtkenntnis der Regeln kann es nicht liegen, denn das Restaurant servierte über das Jahr Menüs, die exakt den Regeln entsprachen.

Das Besondere dieses Silvestermenüs ist nun gerade, dass es kreativ gegen die Regeln der Hochküche verstößt, deren Kenntnis jedoch vorausgesetzt wird. Dabei werden die Prinzipien der Hochküche nochmals auf die Speisegestaltung und Speisenfolge der Hochküche angewandt.

Sehen wir uns dieses Menü nun näher an: Wodurch vermittelt es den Eindruck des Außergewöhnlichen? Zunächst enthält es – wie zu erwarten – teure, seltene, als luxuriös betrachtete Zutaten: Champagner, Kaviar, Hummer, Gänseleber, Trüffel, Austern (sie sind in der Speisekarte nicht aufgeführt, bildeten aber einen Bestandteil der Happen). Diese Zutaten werden dabei durch Herkunftsbezeichnungen weiter spezifiziert und damit in ihrem Rang erhöht.

Es wird also nicht einfach Champagner serviert, sondern Champagne »Petitjean Liégé«, »Cuvée Obauer«, das heißt, dieser Champagner stammt aus einer Riede, die den Obauers selbst in Frankreich gehört und auf der sie diesen Champagner für sich selbst anbauen und abfüllen lassen. Die Gäste bekommen also etwas besonders Seltenes, Individuelles und damit Wertvolles, etwas, das man in dieser Form eben nur hier haben kann. Dies wird den Gästen auch beim Einschenken des Champagners in Form einer kleinen Geschichte mitgeteilt.

Die Trüffel sind weiße Piemontesertrüffel, der Kaviar ist Sevruga Kaviar. Bleiben wir kurz bei diesem Sevruga Kaviar. Würden Sie genau wissen, ob Sevruga einen normalen oder besonders hochrangigen Kaviar darstellt? Offenbar muss man

Am besten schmeckt frischer Kaviar aus der Dose, vakuumverpackt (Foto). Für 125 Gramm muß man allerdings 265 Mark (Sevruga) bis 700 Mark (iranischer Imperial) ausgeben. Pasteurisierter Kaviar im Glas ist etwas billiger

Frischer Kaviar schmeckt am besten sofort nach dem Öffnen und sollte auch verbraucht werden. Geschlossen kann man ihn bis zu drei Monaten aufbewahren

Die schlechte Nachricht: '98 gibt's weniger Kaviar. Die gute: Er soll nicht teurer werden. BUNTE fragte Michael Riegert vom Caviar House in St. Augustin (75 Tonnen Umsatz weltweit), was man beim Kauf beachten muß.

Warum gibt es 1998 weniger Kaviar als bisher?

Seit dem Ende der UdSSR wurden die Fangquoten beim Kaviar-Lieferanten Stör in Rußland nicht mehr wirksam kontrolliert. Die Mafia hat die Fische rücksichtslos viel zu jung abgefischt, um schnelle Profite zu

Artikel aus der Zeitschrift »Bunte«

darüber aufgeklärt werden. Die Zeitschrift »Bunte« berichtete jedenfalls in ihrer Dezemberausgabe über die verschiedenen Sorten von Kaviar, über ihre Herkunftsbezeichnungen und ihren Wert bzw. Preis.

Der Sevruga Kaviar dieses Silvestermenüs ist die zweitwertvollste Sorte. Die Wahl dieser Position ist genau richtig: nicht die teuerste Sorte, das wäre einfaches Protzertum, aber auch keine drittrangige. Dieses kleine Beispiel macht deutlich, dass Hochküchen immer besondere Kenntnisse der Kochenden, aber auch der Gäste voraussetzen.

Die Tatsache, dass wir Kaviar als Indikator für Hochrangigkeit gelten lassen, ist im Übrigen kaum in den Eigenschaften des Nahrungsmittels selbst begründet – eine andere Gesellschaft könnte beschließen, tranige Fischeier mit einem Esstabu zu belegen. Es muss also immer wieder versichert und im öffentlichen Diskurs legitimiert werden, wie wertvoll Kaviar ist: In Spiel- und Werbefilmen werden glamouröse Personen gezeigt, die ihn lieben, exquisite Einladungen, bei denen er in Kristallschüsseln serviert wird etc. Kaviar kann nun in seinem Wert noch gesteigert werden, wenn es gelingt zu signalisieren, dass Kaviar nicht gleich Kaviar ist, dass es also unterschiedliche Klassen von Kaviar gibt – ein Wissen, das der Artikel in der Zeitschrift popularisiert und demokratisiert.

Die zweite Auffälligkeit in der Wahl der Zutaten ist, dass alle »Sättigungsbeilagen« fehlen, also Kartoffeln, Reis, Teigwaren etc. Sie werden überhaupt nicht, auch nicht in sehr verfeinerter Form, serviert – dies ist eine Mahlzeit, bei der es nicht um den banalen Wert der Sättigung geht, jede Anmutung in diese Richtung wird getilgt.

Betrachten wir nun die Techniken der Zubereitung. Die Regeln, die in klassischen Menüs für die Abfolge der Zubereitungsarten vorgesehen sind, bleiben im Kern erhalten: Die

Hauptspeise ist gebraten. Das Menü läuft auf eine Hauptspeise zu, in der gebratenes Fleisch dominiert. Diese Speise ist auch in der Komposition klassisch: gebratene Elemente, Hirschrücken, Gänseleber, die von zwei gedünsteten Beilagen – Kraut und Apfel (dieser war zusätzlich mariniert) – begleitet werden. Ansonsten gibt es wie bei den Zutaten besondere Zubereitungsarten, aber es fehlt demonstrativ auch etwas. Was in diesem Menü nicht vorkommt, ist vor allem die Zubereitungsart des Kochens: Die exemplarische Speise dafür fehlt. An der Stelle, an der man den Suppengang erwarten würde, steht gedämpftes Stierfilet mit Schmelztomaten in Zitronenbuttersauce.

Faktisch bestand diese Speise aus einem äußerst zarten Stückchen Rindfleisch, das so weich war, dass man es förmlich mit dem Löffel zerdrücken konnte, und einer sehr reichlichen Beigabe von Saft aus Tomaten, Butter, Zitrone, der bis zur halben Höhe des Fleischstückes reichte. Zu diesem Gang wurde auch zusätzlich ein Löffel serviert. Im Grunde war dies also eine Suppenkonstruktion: viel Flüssigkeit mit einer Einlage, nur eben eine höchst ungewöhnliche, individuell erfundene, die die Regeln des Gerichts voraussetzt, aber kreativ mit ihnen spielt.

Bei diesem Menü fehlt auch das Rohe, also das »nicht Gekochte«, Salate beispielsweise. Allenfalls sind Kräuter oder kleine rohe Obstscheiben zur Dekoration zugelassen, ansonsten aber zitiert ein solches Menü nicht das Feld der »rohen Natur« oder der Gesundheit, sondern das der verfeinerten Kultur.

Die Dokumentation von Kunstfertigkeit besteht bei diesem Menü zunächst einmal darin, für eine Gruppe von 80 Personen gleichzeitig und in einem festgesetzten Zeitrahmen (bis 24 Uhr muss ja alles aufgegessen sein) diese Abfolge von Speisen zu servieren. Die besonderen Zubereitungsarten sind so gewählt, dass die Speise eine mittlere und sonst unübliche Position zwischen zwei Zuständen oder Temperaturen einnimmt: ganz kurz behandelt, sodass sie gerade nicht mehr roh sind, aber noch ganz frisch. So wurden die Fische, das Stierfilet, die Kalbfleisch-Artischocke serviert. Ähnlich gibt es bei den Temperaturen eine Stufe zwischen warm und kalt – lau. So wurde der Selleriesalat aufgetragen, und auch beim Dessert hatte die kalte Grapefruitcreme eine kleine lauwarme Auflage aus geschmolzener weißer Schokolade.

Der Überraschungseffekt

Überraschungseffekte sind heute nicht einfach zu erzielen: Für die verwöhnten Gourmets unserer Zeit ist Kaviar kaum mehr eine Überraschung, und zu Goldüberzügen oder Tauben, die aus Pasteten fliegen, wird man wohl nicht mehr greifen können. Man muss sich also etwas sehr Raffiniertes einfallen lassen, und genau dies geschieht hier.

Die Überraschung liegt bei diesem Menü auf der Ebene der Abfolge. Schon bei der Durchsicht der Speisekarte stutzten die Gäste und wandten sich zum Teil ratlos an die Bedienungen: Wie viele Fleischgänge sollte man denn hier essen? Was genau war die Hauptspeise? Wenn das der Hirschrücken war, sollte man dann nochmals Kalbfleisch-Artischocke essen? Das war doch wohl unmöglich! Die Bedienung beruhigte sie: Sie würden schon sehen, alles sei genau geplant und mit Sicherheit zu bewältigen. Und genauso war es.

Eine der überraschendsten Speisen dieses Menüs war der Gang Kalbfleisch-Artischocke mit Radicchio, Parmesan und weißen Piemonteserträffeln. Er bestand aus einer Artischocke, die mit einer Kalbfleischfarce gefüllt und äußerst großzügig mit Parmesanscheiben und weißen Trüffelspänen umlegt war – eine unglaublich geschmackvolle Komposition, leicht, weich, exquist in der Abstimmung der Geschmackskomponenten, drei Bissen eigentlich, von denen jeder ein Erlebnis war. Die Gäste waren begeistert.

Diese Speise war nicht nur sehr kreativ komponiert, sondern sie erschien auch an einer ungewöhnlichen Stelle des Menüs, die die Dramaturgie des Ablaufs steigerte. Auf die Hauptspeise folgte als weitere Zündstufe eine Speise, die ihre Zutaten wiederholte, Fleisch und Gemüse, sie aber entmaterialisierte und vollkommen auf Geschmack reduzierte – sie regte noch einmal die Esslust und den Appetit an, obwohl man gerade durch die Hauptspeise gesättigt war.

Wie zu erwarten, ist das ganze Menü höchst ästhetisch gestaltet. Alle Gerichte/Portionen sind klein, sie sind mit Kräutern, manchmal Blumenzweiglein verziert, dekorativ angeordnet, bei jeder Speise erscheinen Farbkontraste. Alle Speisen enthalten dabei einen Anteil in Weiß, bis zur Hauptspeise kombiniert mit grün, schwarz, und dominant rot, die Hauptspeise selbst hat die dunkelsten und intensivsten Töne des Spektrums: ganz dunkles Fleisch, Gänseleber, Rotkraut, auch der Apfel wirkte durch seine Marinade dunkel. Ab der Hauptspeise verschwindet Rot zugunsten weißer und pastelliger Töne, so bei der Kalbfleisch-Artischocke und dem Dessert.

Dies folgt dem Farbcode, den wir auch sonst beachten. Die Hauptspeise ist der wichtigste Gang, sie benützt daher dunkle Töne, die bei uns dem Männlichen und dem Offiziellen vorbehalten sind – Männeranzüge und teure Autos sind dunkel, gedeckt, seriös; offizielle Situationen erfordern dunkle Farben. Das »weibliche« Dessert ist dagegen babyfarben hell, was zusätzlich auch eine leichte Speise signalisiert, die man an dieser vorgerückten Stelle des Menüs noch essen kann.

Insgesamt lässt sich also beobachten, dass hier nicht nur umfangreich von Dekorationen und, wie wir später sehen werden, von den Regeln der ornamentalen Küche Gebrauch gemacht wird, sondern dass die einzelnen Abschnitte des Menüs durch ästhetische Prinzipien voneinander abgehoben sind. Ästhetische Gestaltungsprinzipien werden aber noch in einem viel weitreichenderen Sinn wirksam: In diesem Menü werden Strategien verwendet, die charakteristisch für Kunstwerke sind.

Nach dem russischen Theoretiker J. Lotman ist ein Kunstwerk ein sekundäres, modellbildendes System. Ein literarisches Kunstwerk etwa verwendet die Elemente der Normalsprache und ordnet und kombiniert sie so, dass ein ganz neuer sprachlicher Kosmos entsteht, in dem die einzelnen Elemente eine neue Bedeutung erhalten.[9] In dem Gedicht von Andreas Gryphius, »Der Abend«, das mit den Worten beginnt: »Der schnelle Tag ist hin, die Nacht schwingt ihre Fahne, wo Tier und Menschen waren, trauert jetzt die Einsamkeit ...«, sind Tag und Nacht nicht einfach Tageszeiten, sondern sie sind Zustände, die etwas über das menschliche Leben aussagen: Sie bedeuten Leben und Tod, und die Nacht wird am Ende des Gedichts mit dem Jenseits gleichgesetzt, in dem es nur ein Licht gibt, nämlich das Licht des Glaubens. Nacht und Tag erhalten also eine neue Bedeutung, die sie in der Normalsprache nicht haben.

Dieses Prinzip, durch neue Kombinationen neue Bedeutungen herzustellen, eine so genannte »Umsemantisierung« vorzunehmen, sehen wir auch bei Menüs der Hochküche: Kein Gericht folgt hier einer bekannten Kombination, alle sind neu geschaffen, Nahrungsmittel beziehungsweise Zutaten, die eine bekannte Bedeutung haben, wie Salat, Blumen, einfache Gemüse, werden zu Bestandteilen exquisiter Speisen. Alle funktionalen Elemente der Normalküche sind in neue

Zusammenhänge integriert, es entsteht eine individuelle und einmalige Schöpfung – ein Kunstwerk eben.

Dennoch sind diese Gerichte nicht völlig losgelöst von allen Mustern, sie spielen vielmehr mit Zitaten und Anklängen an bekannte Speiserepertoires. Dies sind einmal leicht fernöstliche Anklänge: Steinbutt Chinesisch oder Jasmineis, zum anderen Speisen, die der traditionellen Silvesterküche und Winterküche entstammen: Sellerie, Hirschrücken, Rotkraut, Apfel und natürlich das nach Mitternacht servierte Gericht, saure Schweinekopfsuppe, das eine im österreichischen Volksglauben glückbringende Speise ist. Valerie Mars hat das auf die Formel *Long ago and far away* gebracht, die die postmoderne Küche überhaupt treffend charakterisiert.

Schließlich ist noch auf eine Besonderheit dieses Menüs hinzuweisen: Jede Speise hatte als Grundgeschmackskomponente etwas ganz leicht Säuerliches, ein raffiniertes Detail, das diese vielen heterogenen Speisen zu einer einheitlichen Mahlzeit zusammenschloss – eine Grundmelodie des Geschmacks, die in allen möglichen Materialien und Konstruktionen durchvariiert wurde. Dies macht noch einmal deutlich, dass dieses Menü als ein Geschmacksereignis und rituelles Mahl zugleich inszeniert wird: geschaffen für die Lust der Essenden, aber in höchster Ästhetisierung und in einer einmaligen Komposition, die den Rang des Anlasses unterstreicht.

Schließlich zeigt dieses Menü deutlich das Prinzip der Aufschwellung bzw. Vermehrung der Elemente. Zunächst ist die Anzahl der Gänge sehr hoch. Wenn man den Kaffee als einen eigenen Gang rechnet, erhält man zehn Gänge für das Hauptmenü und noch einen weiteren über die Schweinekopfsuppe, die im neuen Jahr serviert wird. Ebenso aufwendig ist die Anzahl der Teller, Platzteller, Nebenteller, der unterschiedlichen Gläser und Bestecke, die auf den Tisch kommen, sowie die Auswahl an Weinen, die zu jedem Gang gesondert und abgestimmt auf das jeweilige Gericht vom Sommelier angeboten werden. Dennoch führte dieses elfgängige Menü nicht zu dem Eindruck, man habe sich überessen. Man fühlte sich auch nicht unangenehm »voll«, man konstatierte auch nicht, dass hier etwas wirklich verschwendet wurde. Wenn wir uns noch einmal das Gastmahl des Trimalchio oder die Menüs des 19. Jahrhunderts in Erinnerung rufen, so ist dies ein auffallender Gegensatz.

Es gibt also offenbar Prinzipien der Hochküche, die gleich bleiben, aber auch solche, die sehr deutlich über die Zeit und auch zwischen den sozialen Gruppen variieren. Ein wirklich elitäres Essen ist für uns eines, das einen disziplinierten und kultivierten Genuss vorsieht, fein, ästhetisch, nicht auf animalische Lust, Üppigkeit und Verschwendung zielend.

Die ornamentale Küche

Wir führten für den Eishersteller Eskimo, in Deutschland Langnese, eine Untersuchung durch, die sich mit der Frage beschäftigte, wie ein Eis konstruiert sein muss, das Hausfrauen ihrer Familie am Sonntag gern als Dessert servieren würden, und ob grundsätzlich ein Bedürfnis nach einem solchen Produkt bestand.

Dieser zweite Punkt erwies sich als nicht unproblematisch: Eigentlich fühlten sich die Hausfrauen ein bisschen unbehaglich bei dem Gedanken, am Sonntag ein erkennbar industriell vorgefertigtes Eis auf den Tisch zu bringen. Sie hatten an dieser Stelle das Bedürfnis, etwas Eigenes und Liebevolles zu servieren, denn das war eben die Stelle der Mahlzeit, an der die Hausfrau ausdrückt: »Ich schätze euch, ich verwöhne euch, schaut einmal, wie viel Mühe ich mir gegeben habe.«

Die österreichische Tradition verlangt an dieser Stelle im Übrigen eine warme Mehlspeise, aber davor schrecken die meisten Frauen zurück.

Eis war eigentlich eine gute Lösung, und viele Befragte benützen dieses Angebot: Sie nahmen Eis aus einer Schachtel, sehr häufig das beliebte Eis Cremissimo – aber sie löffelten es nicht einfach auf einen Teller oder in eine Schüssel. Dies hätte leicht als lieblos und barbarisch wahrgenommen werden können, denn man lieferte damit nichts anderes als ein amorphes Häufchen – eine anarchische Art der Anordnung also. Ein bisschen besser wurde es, wenn man einen Eislöffel zum Formen benützte, aber ein wirklich befriedigendes Ergebnis erhielt man erst dann, wenn man eine – wie die meisten Frauen meinten – individuelle und einmalige Komposition herstellte. Man kombinierte mit Früchten, mit Likör, mit Krokant, mit Schokospänen, mit Saucen, man verwendete heiß gemachte Früchte dazu (»Heiße Liebe«: Vanilleeis mit heißen Himbeeren), man mischte verschiedene helle und dunkle, schokoladige und fruchtige Eissorten etc.

Das Wichtigste aber war die Anordnung. Natürlich konnte man diese Bestandteile wieder nicht wahllos mischen und nebeneinander platzieren, man hatte sie vielmehr in eine bestimmte Form zu bringen. Unsere Testpersonen hatten dabei klare Vorstellungen davon, was ein dekoratives Ergebnis war. Wir baten sie, die Modelle, die sie als besonders schöne Anordnungen im Kopf hatten, zu zeichnen.

Beliebt waren folgende Anordnungen: Man bildete möglichst kontrastreiche Schichten, also z.B. Vanilleeis mit Schichten von Himbeeren dazwischen, oder Schokoladeeis und dazwischen eine Schicht von Keksen/Waffeln, man dekorierte die Oberfläche schön mit Sahnehäubchen, Kirschen, Schokospänen, man wählte eine Anordnung mit einem zunächst verborgenen Zentrum, also z.B. einen Kern von Likör oder

Nüssen im Innern, man komponierte einen »umflossenen Berg«, einen kleinen Berg Eiscreme, der von einer Fruchtsoße oder Likör umgeben war.

Die Anleihen, die die Befragten bei den Eisbechern der Eissalons nahmen, sind nicht zu übersehen, und Eisbecher sind ein besonders schönes Beispiel für die ornamentale Küche, und zwar für ihre »Volksversion«, die zur Überdekoration, zur erdrückenden Opulenz neigt.

Wir sind jedenfalls im Bereich der ornamentalen Küche, also einer Küche, die primär auf die kunstvolle Anordnung der Bestandteile zielt.

Dafür existiert natürlich eine große Anzahl von Möglichkeiten, und ein findiger Koch kann immer wieder etwas Neues erfinden. Dennoch gibt es einige Grundprinzipien, die bei ganz verschiedenen Speisen, süßen und salzigen, Pralinen, Keksen, Torten, Vorspeisen angewendet werden und für uns den Eindruck erzeugen: Das ist fein und schön, das ist etwas Besonderes.

Beginnen wir mit einem Arrangement, das sehr beliebt ist und das eine Speise nicht nur kunstvoll, sondern auch spannend macht.

Hidden Center – die Faszination von Schale und Kern

Eines der erfolgreichsten Produkte von Ferrero sind Überraschungseier à la Kinderüberraschung: In einem Schokoladenei befinden sich kleine Spielzeuge, Figuren, Schmuckstücke – Kinder werden nicht müde, diese Eier, die von außen gleich aussehen, zu knacken und ihr Inneres zu erforschen. Ferrero setzt damit ein wichtiges Konstruktionsprinzip direkt in ein Produkt um.

Diese Gestaltung findet sich bei gefüllten Knödeln beziehungsweise Obstknödeln, bei Pralinen, wo man nach Durchbeißen der Schokoladehülle auf einen Kern von Likör oder wie bei der Praline Raffaello auf eine Nuss stößt, oder bei gefülltem Braten. Letztlich findet sie sich auch bei den historischen Braten, aus deren Innerem ein Schwarm Vögel flog. Vielleicht liegt hier eine sehr alte, mythisch besetzte Vorstellung zugrunde: das Weltei, aus dem das Leben entspringt oder das einen Schatz im Inneren birgt.

Bei der Gestaltung von Vollwertspeisen stellten wir fest, dass dieselben Bestandteile, wenn sie einfach nebeneinander angeordnet waren, z.B. Spinat, Teigwaren, Schafskäse, wesentlich unattraktiver wirkten, als wenn sie in Form von Knödeln oder Bratlingen angeboten wurden, die eine Teighülle hatten, eine Schicht aus Spinat und einen Kern aus Schafskäse. Auch Blumenkohllaibchen gewannen deutlich an Attraktivität, wenn man sie nicht mit Käse überstreute, sondern als gefüllte Laibchen mit einem Kern aus Käse präsentierte.

Schichten

Dies ist eine relativ einfache, aber dennoch sehr effektvolle Anordnung: Zwei in Farbe oder Konsistenz unterschiedliche Elemente werden in Schichten übereinander gelegt.

Der Werbefilm für eine Praline, Ildefonso von Hofbauer/Nestlé, besteht zu einem großen Teil aus der beschwörend und opulent im Bild dargebotenen Inszenierung: heller Nougat/dunkler Nougat, die sich in Schichten übereinander legen, bis die Praline vollendet ist.

Auch Riegel zeigen diesen Schichtaufbau. So faltet sich in dem Film über Mars Schicht um Schicht übereinander: Karamell, Schokolade, Creme, als ob Mars aus einem Land kommt, in dem Milch und Honig fließen. Zuschauer fühlen förmlich, wie sich die unterschiedlichen Geschmacksqualitäten in ihrem Mund vermischen, während der Film läuft. Auch Torten weisen diesen Aufbau auf, ebenso Aufläufe, Schichtbraten, Tiramisu.

Die Insel

Ein Fels, ein Brocken, der von einem Gewässer umspült wird, ist oft Vorbild für das Arrangement eines Desserts. Exemplarisch ist hier der Wackelpudding mit Himbeersoße oder Schneenocken in Vanillesoße, die im Englischen *Floating Isle* und im Französischen *Ile flottante* heißen. So stellt sie auch W. Siebeck vor (ZEIT, September 1998): »Das sind Schnee-Eier ... Sie schwimmen wie verschneite Eisberge auf einem gelben Meer herum und warten auf Fräulein Smilla.«

Diese Anordnung kennen wir aber auch von salzigen Speisen: das Fleisch und die Beilagen gleichsam als Blöcke, umflossen von der Sauce – ein Kontrast zwischen dem Festen und dem Flüssigen, mit dem vielleicht auch eine Landschaftsvorstellung abgerufen wird.

Mit den Gestaltungen, die man im 19. Jahrhundert besonders für Desserts wählte, kann unsere derzeitige ornamentale Küche freilich nicht konkurrieren. Die architektonischen Gebilde und turmartigen Konstruktionen, die Escoffier etwa bei Festbanketten errichtete, waren legendär.

Verhüllung

Über die Österreicher gibt es das Bonmot, dass sie alles essen würden, vorausgesetzt, es ist paniert. Nicht nur das Wiener Schnitzel hat internationale Berühmtheit erlangt, in Österreich wird vieles paniert: Champignons, Gehacktes, Mehlspeisen aus Nudelteig, Weißbrotscheiben als Dessert. Selbst Gemüselaibchen der Vollwertküche wirkten erst dann verlockend, als man sie mit einer kleinen Panade anbot (was nicht ganz den Prinzipien der Vollwertküche entspricht, von Konsumenten aber sehr geschätzt wurde).

Der Reiz dieser Gestaltung liegt gewissermaßen im »Anziehen« beziehungsweise »Bekleiden«, ein »nacktes« Nahrungsmittel wird mit einem zivilisierten Hemdchen umkleidet. Dies macht es zu etwas Besonderem und Reizvollem, ähnlich wie eine schöne Verpackung den Wert eines Geschenks steigert.

Diese Panade kann hervorragend schmecken, sie enthält ja auch einen großen Anteil an Fett; sie ist knusprig, eine sehr geschätzte Geschmacksqualität, und sie formt eine Mahlzeit im Kleinen, da sie durch die Semmelbrösel einen Kohlenhydratbestandteil verfügt. Ferner bildet sie in Konsistenz und Geschmack auch einen Kontrast zu der verhüllten Speise.

Eine ähnliche Funktion erfüllt Blätterteig. Filet Wellington etwa führt dieses Prinzip vor oder Lamm im Blätterteig. Diese Gerichte werden von bürgerlichen Köchinnen sehr gern zur Gästebewirtung eingesetzt: Sie machen aus einem simplen Braten etwas Besonderes, von den Anforderungen an die Kunstfertigkeit her sind sie aber noch einigermaßen zu bewältigen, wenn sie auch einiges Geschick verlangen.

Im süßen Bereich wären hier Strudel anzuführen, bekannt auch als feine Beilagen, wie Kartoffelstrudel oder Gemüsestrudel. Auch Gratinieren hat eine ähnliche Funktion, wenn es auch nicht so effektvoll ist wie Panieren oder das Umhüllen mit Blätterteig. Gewahrt bleibt aber die reizvolle Funktion des Verhüllens.

Kontraste

Kontraste zu bilden ist eines der Grundprinzipien der ornamentalen Küche. Im Extremfall werden Kontraste auf jeder Ebene erzeugt: Farbe, Konsistenz, Herkunft der Nahrungsmittel.

Beliebt sind Farbkontraste: das Weißgelb des Vanilleeis und das Rot der Himbeeren, der dunkle und der helle Nougat, die Farbschichten der Schwarzwäldertorte, die hellen Beilagen und das dunkelbraune Fleisch. Ebenso bei Konsistenzen: Kombiniert werden eine Knusperschicht und eine

Cremeschicht (die Knusperschicht dunkel, die Cremeschicht hell, oder umgekehrt), etwas Weiches und etwas Hartes, etwas Flüssiges und etwas Halbfestes.

Schließlich die verschiedenen Nahrungsmittel: Aufläufe bestehen etwa aus einer Fleischschicht, einer Gemüseschicht und einer Milch-/Sahneschicht, ein Kartoffelgratin hat eine Milch- und eine Käseschicht, Piccata Milanese eine Fleischschicht und eine Schinken-Kräuter-Käseschicht, Cordon bleu eine Knusperschicht und eine Fleischschicht und im Inneren einen Käsekern.

Die Speisen sind im Übrigen umso reizvoller, je mehr Kontraste verwendet werden. Besonders deutlich lässt sich dieses Prinzip, das natürlich auch ein ästhetisierendes Prinzip ist, bei Sushi und Sashimi beobachten.

Oberflächendekor

Die erste, dem Betrachter zugewandte Schicht, die Oberfläche, ist spezifisch dekoriert.

Schon die Zugabe eines Sahnehäubchens, eines kleinen Tupfers Schlagsahne erfüllt diese Funktion. Dies ist etwa der Reiz des Produkts Dany + Sahne, eigentlich ein simpler Pudding, der aber seine Attraktivität aus der Beigabe eines Sahnehäubchens bezieht, eine Tatsache, die die Werbung immer wieder herausstreicht und die die Konsumenten auch sehr oft als Grund ihrer Bindung an Dany + Sahne anführen.

Dekors finden sich bei Torten, Keksen, Eisbechern, Pralinen; auch Fleischgerichte können in dieser Form verziert werden, so wenn auf Filet Wellington oben kreuzweise Teigbänder gelegt werden. Dass die ornamentale Küche dennoch vor allem ihre Verbreitung im Bereich der süßen Speisen hat, kommt jedoch nicht von ungefähr! Es fällt unserer Kultur schwer, Lust und Genuss zuzulassen. Lust muss vielmehr stilisiert, legitimiert und sublimiert werden.

Dies kann durch mehrere Strategien geschehen. Eine davon ist es, Lust in den Rang eines Kunstwerks zu erheben: Etwas gilt dann nicht mehr als Pornografie, wenn man glaubhaft machen kann, dass es Kunst ist, und Lust ist zugelassen, wenn man dennoch »fein« und diszipliniert dabei bleiben kann. Beide Anforderungen erfüllt die ornamentale Küche: Sie stilisiert Alltagsobjekte zu kleinen Kunstwerken. Ganz deutlich ist dies z.B. bei Pralinen zu beobachten. Wenn man eines dieser kleinen Kunstwerke verspeist, so nimmt man auf sehr kultivierte und sehr feine Weise etwas Essbares zu sich, man nascht nicht giergetrieben.

Eisbecher und die Philosophie der Kekse

Eisbecher, Pralinen und Kekse machen in allen denkbaren Variationen von den »Stilmitteln« der ornamentalen Küche Gebrauch – vor allem aber in feinen Abstufungen.

So hat der Butterkeks kein Dekor, keine Schichten, keine Kontraste. Die Prinzenrolle hingegen weist drei Schichten und einen Kontrast auf: Zwischen zwei hellen, relativ derben Keksschichten befindet sich eine schokoladenartige Creme, der Keks ist relativ groß und ohne Oberflächendekor. Edle Kekse wie Japonais enthalten mehrere Schichten, Farbabstufungen, Konsistenzen – Knuspriges, Keksartiges – Cremes, ein schönes Oberflächendekor, und sie sind meist deutlich kleiner. In den Butterkeks und die Prinzenrolle beißt man herzhaft, man kaut sich durch, man »isst« also, an Japonais hingegen knabbert man und nimmt sie kultiviert zu sich.

Pralinen folgen prinzipiell den Regeln der ornamentalen Küche. Dies macht z.B. den Reiz von Bonbonieren aus, die alle Konstruktionsprinzipien kombinieren: Hidden center durch Likörfüllungen, mit Stanniolpapier verhüllte Pralinen, die man wie Geschenke auswickelt, viele kleine Schichten auf engem Raum, Oberflächendekorationen mit Nüssen etc. Analog sind manche Amuse-gueule-Häppchen gestaltet; sie stellen gewissermaßen Pralinen in salzigem Material dar. Und Ähnliches gibt es natürlich bei Eis, um zu unserem Ausgangsthema zurückzukehren. Bei der Gestaltung eines Eisdesserts muss man von möglichst vielen Prinzipien der ornamentalen Küche Gebrauch machen. Dieser Aspekt muss auch sehr deutlich herausgestellt und inszeniert werden – mit einem Eisdessert kauft sich der Konsument nicht nur etwas Kaltes und Süßes, sondern auch ein schön gestaltetes kleines Kunstwerk.

Die Langnese-Eissorten, die man in dieser Funktion einsetzen kann, sind genau nach diesen Prinzipien gestaltet. Vienetta etwa hat zahlreiche Schichten: hauchdünne Schokolade, zarte Eiscreme, ferner Farbkontraste zwischen den hellen und den dunklen Schichten. Die Oberfläche ist reich bestreut und mit Schlagsahnetupfen verziert. Die Eistorte Romantica enthält ebenfalls mehrere Schichten aus sehr unterschiedlichen Konsistenzen: Knuspriges, Creme, Teig. Sie besitzt einen verborgenen Kern, nämlich eine Karamelcreme, zu der man im Inneren vorstößt, starke Farbkontraste und ein üppiges Oberflächendekor.

Die ornamentale Küche kommt immer dann zum Einsatz, wenn wir in unserer Küche eine wichtige Botschaft an andere Personen vermitteln wollen: »Ich schätze dich, ich weiß, dass du eine wichtige Person bist, ich möchte dir Respekt erweisen.« Die ornamentale Küche stellt dafür den Code bereit, und dieser Code wird kollektiv verstanden.

Geübte Beobachter können aus dem Inhalt einer Keksschale, die für eine geschäftliche Besprechung vorbereitet wird, ablesen, wer an der Besprechung teilnimmt und wie hoch man in diesem Unternehmen geschätzt wird. Die Auswahl der Kekse ist eine Art Währung. Je mehr sie den Prinzipien der ornamentalen Küche entsprechen, desto hochrangiger ist die Runde und auf desto höhere Wertschätzung kann man schließen. Enthält die Schale nur Butterkekse mit ein paar Prinzenrollen, sind Zweifel an dieser Wertschätzung angebracht (obwohl Butterkekse und Prinzenrollen ganz hervorragend schmecken); ist sie reichlich mit Japonais, »Ohne Gleichen« und Orangenplätzchen gefüllt, kann man aufatmen. In extremen sozialen »Höhenlagen« finden sich dann auch extrem »hohe« Keksarrangements.

Die Vorstandsetage der Deutschen Bank in Frankfurt befindet sich im höchsten Stockwerk des Gebäudes. Wenn dort Kekse serviert werden, dann von einem Butler auf einem Silbertablett. Die Kekse sind eigens für die Deutsche Bank gebacken, man erkennt das an kleinen Unregelmäßigkeiten, am Geschmack, und man erfährt das auch durch Kommentare. Diese Kekse sind also kein industrielles Massenprodukt, sondern etwas Hochrangiges, Feines, Individuelles; jeder ein kleines Juwel, das dieser Umgebung angemessen ist.

Zum Schluss ein Blick in die Welt der Eisbecher: Eisbecher sind eine ganz besondere Spielart der ornamentalen Küche. Sie sind in extremem Ausmaß überdekoriert, aber genau das macht ihren Reiz aus. Sie stellen gewissermaßen das Kunstwerk des kleinen Mannes dar.

Eisbecher tragen immer einen Namen, von dem man sich eine möglichst poetische Wirkung verspricht; er bestimmt auch oft den Aufbau. Die Eisbecher selbst bestehen aus üppigen Lagen von Eis, Schokocreme, Früchten, Likör. Sie sind an der Oberfläche reich dekoriert, nicht nur mit essbarem Dekomaterial, sondern auch mit glitzernden, glamourhaften Elementen: wippenden Stanniolbüscheln, Sonnenschirmchen, Figuren, Glitzerschlangen, Hütchen.

COPPA SISSY S 75,–
Marillen-Schoko-Hasselnußeis,
Marillenstückchen, Schlagobers,
Schokosauce, Marillensaft

FITNESS COUP S 60,–
Frischer Jogurt, frische Früchte

LIEBESCOUP S 102,–
Für zwei Personen: Bananen-Schoko,
Gianduiaeis, Stückbanane, Schlagobers,
Schokosauce, Vanille-Erdbeer-Heidel-
beereis, Cherry Brand, Fruchtsalat

BANANEN SPLIT S 48,–
Stracciatella-, Schokolade-,
Bananen-Eis, mit halber Banane,
Schokosauce, gehackten Haselnüssen
und Schlagobers

Ein Besuch im Eissalon und der Verzehr eines solchen Eisbechers stellen eine Oase im Alltag dar, ein Eintauchen in die Welt eines äußerst opulenten Genusses, der aber durchaus in gestalteter, in »schöner« Form dargeboten wird – obwohl hier ein ganz anderes Prinzip von Ästhetik zum Tragen kommt als in der elitären Küche: Hier befinden wir uns nicht im Bereich der Hochkunst, sondern im Bereich der populären Kunst, der Operette vielleicht.

Die Abbildung zeigt einige Eisbecher, die in der Sommersaison 1998 beliebt waren.

Torten: die rituellen Speisen

Kinder lieben im Allgemeinen ihre Geburtstagstorte, aber auch ernsthafte Erwachsene, die manchmal nicht einmal sehr gern Süßes essen, freuen sich, wenn sie sehen, dass jemand eine Geburttagstorte für sie vorbereitet hat: kreisrund, üppig verziert, mit Kerzen dekoriert, die das Alter des Geburtstagskindes anzeigen. Die Kerzen müssen dann in einem Zug ausgeblasen werden, der Beschenkte schneidet die Torte an und verteilt sie an die Tischgemeinschaft.

Etwas Ähnliches spielt sich bei Hochzeitstorten ab, bei Torten, die wir bei einer Taufe oder bei einem Jubiläum servieren. Torten gibt es auch bei Festen, sogar in der Geschäftswelt: Die Firma feiert ein Jubiläum, und auf dem Höhepunkt des Festes wird die Torte in Form des Firmenlogos hereingebracht, über und über mit Wunderkerzen bestückt; ein Sänger hat eine Million CDs verkauft, bei der anschließenden Party erhält er eine Torte in Form der CD; man hat eine neue Wohnung bezogen, und die Gäste bringen eine Torte mit etc.

Die Anlässe, die wir hier beschreiben, sind markante Ereignisse, die in dieser Form nicht wiederkehren. Geburtstags-, Hochzeits- und Tauftorte bezeichnen zentrale Lebensereignisse. Sie markieren jeweils den Übergang von einem Zustand in den anderen: in ein neues Lebensjahr, in die Ehe, in die Gemeinschaft der Gläubigen.

Viele Gesellschaften auf der ganzen Welt schreiben dem Zeitpunkt, an dem ein Zustand in einen anderen übergeht, eine besondere Bedeutung zu und entwickeln Riten, die seine Bedeutung unterstreichen. Diese Riten sind von dem Anthropologen Gennep erforscht worden, er beschreibt sie als *rites de passage*, also als Riten der Übergänge.

Stammesgesellschaften kennen viele Riten dieser Art, so beim Ende der Pubertät, wenn der Jugendliche in die Gemeinschaft der Erwachsenen eintritt, oder beim Begräbnis. Dahinter steht ein Bewusstsein für die latente Gefährlichkeit dieser Übergänge: Etwas Altes wird aufgegeben zugunsten von etwas Neuem, das man noch nicht kennt, oder auch: Die Gemeinschaft ändert sich, wenn neue Mitglieder in sie eintreten, wie bei den Riten, die Jugendliche in die Erwachsenengruppe integrieren, oder wenn alte Menschen sie verlassen, wie beim Begräbnis. Die Grenzen der Gruppe und deren Gefühl, eine Gruppe zu bilden, müssen also in diesen rituellen Handlungen, die im Einzelnen natürlich noch eine Reihe weiterer komplexer Funktionen zu erfüllen haben, gestärkt werden. Viele dieser Riten sehen gemeinsame Feste, Essen und Trinken vor.

Wir kennzeichnen nur noch wenige Zeitpunkte in dieser Form: Geburtstag, Hochzeit, Jubiläum, Taufe. Wir kennen aber auch, wie oben beschrieben, festliche Anlässe, die etwas Wichtiges für den Einzelnen bedeuten, aber eben nicht nur für ihn wichtig sind, sondern auch für die Gemeinschaft, der er angehört, und die daher gemeinsam gefeiert werden. Bei allen diesen Ereignissen greifen wir nun zu Torten, die daher etwas von einer rituellen Speise für uns haben. Was macht Torten dafür besonders geeignet – oder anders gefragt: Wieso wählen wir gerade Torten, um diese rituellen Ereignisse zu kennzeichnen?

Torten gehören zur Gruppe der weiblichen Speisen: Sie bestehen aus »weiblichen« Zutaten: Zucker, Mehl, Eiern, Fett. Sie werden durch ein »weibliches« Zubereitungsverfahren erzeugt – Backen. Sie sind weich und ohne Messer zu essen, man braucht sie kaum zu kauen. Die Tatsache, dass wir das Süße, das passiv Lustvolle, das Weiche und damit das Weibliche wählen, könnte damit zusammenhängen, dass Begriffsreihen wie Fest – Übergangsritus – lustvolles Schlemmen – weich – weiblich in unserem Bewusstsein eine größere Stimmigkeit haben, als wir zunächst vermuten würden. Torten sind ferner nach den Prinzipien der ornamentalen Küche gestaltet: Schichten, Kontraste, üppiges Dekor, was ja, wie wir wissen, besonders gut die Botschaft Respekt, Hochachtung, Nicht-Alltag vermittelt. Sie stellen aber auch ein Symbol für Gemeinschaft dar: Sie sind rund, sie werden verteilt und von allen zusammen gegessen, sie stellen die Tischgemeinschaft heraus, und sie signalisieren auch, dass der Einzelne in dieser Gemeinschaft einen wichtigen Platz hat. Man nimmt ihn als Individuum zur Kenntnis: Die Torte wird für ein subjektiv wichtiges Ereignis gebacken, und sie enthält auch oft Elemente, die für ihn als Individuum charakteristisch sind, etwa Verzierungen, die auf eines seiner Hobbys verweisen, seinen Namen in Marzipan etc.

Die Torte ist so eine Speise, die gut schmeckt, die aber gleichzeitig der Träger einer »dichten« Botschaft ist. Indem sie ein Ereignis markiert, das in dieser Form nicht wiederkehrt, dient sie dem Bedürfnis, die Zeit zu strukturieren.

Wir kennen natürlich noch andere Möglichkeiten, die Zeit zu strukturieren, etwa indem wir die Jahreszeiten durch Speisen voneinander absetzen. Dies wird allerdings nicht mehr allgemein praktiziert, und manche kochen in unserer Gesellschaft das ganze Jahr in gleicher Form, da ja auch viele Nahrungsmittel, die früher nur saisonal zur Verfügung standen, nun das ganze Jahr über erhältlich sind. Viele Menschen fühlen sich bei solchen Regelungen aber nicht wohl, sie haben das Bedürfnis, für die einzelnen Jahreszeiten auch andere Typen von Speisen zu wählen: schwerere und fettere, weniger rohe Speisen sowie Tee im Winter; Salate, Eis, hellere, leichtere, eher rohe Speisen im Sommer.[10]

Dieses Bedürfnis nach Strukturierung der Zeit über Nahrungsmittel ist in vielen Kulturen anzutreffen, in manchen bestehen sogar sehr strenge Regelungen. So unterscheiden Eskimostämme ganz deutlich zwischen dem Sommer- und dem Winterleben des Stammes. In der jeweiligen Jahreszeit wohnt man in anderen Wohngemeinschaften zusammen, man übt andere praktische, soziale und kulturelle Aktivitäten aus, man isst und kocht anders.

Speziell dieser Punkt wird mit äußerster Strenge gehandhabt: Ab Beginn des Winters oder des Sommers dürfen bestimmte Tier- und Pflanzenarten nicht mehr gegessen werden. Berichte von Ethnologen bezeugen, dass ein junges Mädchen, das zu Beginn des Sommers eine Winterpflanze aß, von ihrem Stamm ausgestoßen wurde: eine für uns unverständliche Rigidität. Das Überleben eines solchen, unter sehr harten Umweltbedingungen lebenden Stammes hängt allerdings davon ab, dass sich jeder der sozialen Disziplin unterwirft. Diese sieht auch vor, dass die Regeln, die man einmal eingeführt hat, von allen Mitgliedern der Gesellschaft beachtet werden. Nur dies garantiert Ordnung und Stabilität – eine Verletzung der Ordnung bedeutet, dass der Kosmos dieser Gesellschaft im Chaos versinken könnte.

Den fernen Widerhall einer solchen Haltung sehen wir im Verhalten vieler Konsumenten, die sich weigern, im Winter Eis zu essen. Eis gehört für sie zum Sommer, es kennzeichnet den Sommer schlechthin. Sie lieben es, wenn die ersten Eisstände öffnen, wenn sie keinen Mantel mehr anziehen müssen, wenn sie das Licht und die Sonne genießen können, wenn die Vorfreude auf das Baden, den Urlaub lockt.

Ein populärer Werbefilm von Langnese formulierte genau dieses Gefühl. Er zeigte anhand von berührenden und beliebten Sommersituationen, bei denen Eis gegessen wurde: So schmeckt der Sommer. Der Film wurde jedes Jahr zu Beginn der Eissaison gesendet, und Konsumenten berichteten nicht selten: Es wird schon warm, Langnese hat schon den Eisfilm gesendet.

Exkurs: Die Hochküche bei Tiernahrung: Sheba – ein Fest für Katzen

Wie wir gesehen haben, vermittelt uns eine bestimmte Auswahl, Kombination und Präsentation von Nahrungsmitteln eine kollektiv verstandene Bedeutung – in den besprochenen Beispielen der Hochküche war das die Botschaft: »Ich schätze dich«. Wie allgemein dieser Code gilt, sehen wir nun daran, dass er sogar dann verstanden wird, wenn wir die menschliche Küche verlassen und industriell hergestellte Tiernahrung betrachten. Wir können das auch anders formulieren: Wenn ein Hersteller von Tiernahrung möchte, dass man sein Produkt, seine Marke als besonders hochwertig erlebt, so muss er alle Regeln anwenden, die für die menschliche Hochküche gelten.

Dies lässt sich am besten bei der Marke Sheba beobachten. Sheba ist eine Katzennahrung des Unternehmens Masterfoods, die zu einem sehr hohen Preis verkauft wird und über einen beträchtlichen Marktanteil verfügt. Berechnet man den Kilopreis für Sheba, so wird hierfür etwa fast so viel bezahlt wie für die gleiche Menge rotes Muskelfleisch, Beefsteak.

Dies mag befremdlich erscheinen: Können wir uns in einer Zeit, in der viele Menschen in anderen Ländern hungers sterben, ein Produkt wie Sheba erlauben?[11] Unterschiedliche Gruppen in unserer Gesellschaft werden darauf auch unterschiedliche Antworten geben. Doch wie immer man zu Sheba vom Gesellschaftspolitischen her stehen mag, als Produkt macht es noch einmal klar, was wir auf unseren Märkten verkaufen: nicht nur funktionalen Nutzen, sondern Botschaften, Werte, Wünsche. Sheba ist für uns auch deshalb aufschlussreich, weil diese Marke subtil die Bedeutungen ausnützt, die wir mit Küche und Nahrung verbinden, und weil ihre Produkte genau nach den Regeln der Hochküche konstruiert sind, deren Botschaft »Ich schätze dich« sie optimal transportieren. Sheba beweist einmal mehr, dass wir die Regeln unseres kulinarischen Codes kollektiv anwenden und verstehen, auch wenn sie uns nicht im Einzelnen bewusst sind. Sehen wir uns Sheba also näher an.

Katzen gehören zu den beliebtesten Haustieren, ihre Zahl nimmt von Jahr zu Jahr zu, besonders in den großen Städten. Dafür gibt es viele Gründe: Katzen sind pflegeleicht, selbstständig, man kann sie leicht allein lassen, sie schmusen, sie bieten viele sinnliche Reize, sie erscheinen ihren Fans als wunderschön, leise und kultiviert, man erfreut sich also an ihnen. Sie kommen aber auch tiefer liegenden Bedürfnissen entgegen. Eine Katze im Haus bedeutet, dass man nicht allein ist. Man teilt seinen Lebensraum mit einem anderen Lebewesen, für das man sorgen und Verantwortung übernehmen kann, das Freude und Zuneigung äußert. In unserer Zeit, in der immer mehr Menschen aus ihren sozialen Netzen herausfallen, immer mehr Ehen geschieden werden und berufliche Integration immer schwerer fällt, stellt ein Haustier, eine Katze, etwas emotional Wichtiges dar – es bietet etwas, das man für Geld nicht kaufen kann: immer während Liebe und Treue.

Einem solchen Wesen möchte der Tierbesitzer seine Liebe beweisen, und die beste Möglichkeit dazu bietet die Fütterung: Nahrung geben heißt Liebe geben. Sheba muss es also gelingen, den Eindruck zu erzeugen, dass dieses Futter das Liebevollste und Wertvollste ist, das man einer Katze geben kann. Dies gelingt durch eine zweifache Strategie: Das Futter wird als Menschenspeise und als eine Speise der Hochküche inszeniert.

Geliebte Haustiere stellen ja einen Lebenspartner dar, den man menschlich behandeln und ernähren möchte. Eine ähnlich gestaltete Nahrung unterstreicht auch die innige Verbindung zwischen Mensch und Tier. Wenn man die Sorten und die Zutaten betrachtet, die Sheba anbietet, so gibt es nicht das, was sich Katzen wünschen würden, also Mäuseragout, Singvögeltöpfchen, Kröte, sondern das, was auch Frauchen schmecken würde: Lamm, Kalbsragout, Pastete mit Huhn etc. Tiernahrung für Hunde und Katzen folgt durchgehend diesem Prinzip, und zwar bis in die Differenzierungen hinein. So gibt es auch für Katzen die Angebotspalette »gesund–vital–fit«: Produkte wie Kitekat, die Gemüse und Getreidesorten enthalten; ferner »Leichte Leckerbissen«, kalorienreduzierte Angebote für die Katze, die ein bisschen zu dick ist, mit weißen, leichten Fleischsorten wie Pute und Kalb. Man findet außerdem Knabberstückchen zum Zwischendurchnaschen, Getränke, und eben auch den Typ der elitären Nahrung: Sheba.

Sheba macht in der Art, wie die Produkte gestaltet sind, und in der begleitenden Werbung von vielen Prinzipien Gebrauch, die wir für die Hochküche festgestellt haben. Das Produkt stellt keine amorphe Masse dar, wie sie sonst aus Dosen kommt, es hat vielmehr die Form einer kleinen Pastete, eines kleinen Stückchens Sülze, in dem sich die Bestandteile in Gelee unterscheiden lassen. Auch die gewählten »Speisen« bzw. Zutaten entsprechen der elitären menschlichen Küche: Lachspatée, Lamm mit feinen Kräutern, Wild mit Gemüse, Kaninchen in Gelee.

Die Katze, die in der Sheba-Werbung gezeigt wird, ist keine Hauskatze, sondern eine Rassekatze, eine blaue Karthäuserkatze, eine »elitäre Person« also, die über dem normalen Katzenvolk steht. Ein Werbefilm inszenierte die Fütterungsszene als eine Elitemahlzeit und ein Liebesmahl zugleich. Man sah eine junge Frau, die ihrer Katze Sheba servierte: auf einem silbernen Tellerchen, dekoriert mit Petersilie, offenbar äußerst appetitlich, da die junge Frau ein Stückchen davon prüfend zum Mund hob. Sie aß es nicht, aber es wurde durch diese Geste für sie potenziell essbar – es handelte sich also um eine Nahrung, die eine größtmögliche Gemeinsamkeit zwischen Frau und Katze schuf, so wie das jede sozial relevante Nahrung tut.

Die Frau zündete Kerzen an, Musik ertönte (eine sehr emotionale Musik: »Lean on me« der Beatles oder Leonard Cohen), die Frau und die Katze näherten sich einander an, und sie schienen sich zu küssen. Ein Liebesmahl also. Der Film argumentierte in keiner Weise rational oder verbal für Sheba, man sah nur schöne Bilder, hörte Musik, und der Slogan machte noch einmal den Charakter dieses Mahls deutlich: Sheba – ein Fest für Katzen.

Noch weiter in dieser Richtung des Elitären gehen die Nachfolgefilme. Hier werden berühmte Gedichte über Katzen rezitiert, so Oscar Wilde oder Baudelaire: »Viens mon beau chat«, dazu sieht man außerordentlich ästhetische Aufnahmen der

Katze, die sie als das elegante, wunderschöne Tier zeigten, als die sie ihre Fans erleben. Es wird nichts über das Produkt gesagt, und auch der eigentliche Essakt wird nur kurz, wieder im Zusammenhang mit der sich liebevoll nähernden Frau gezeigt – worum es hier geht, ist das Edle, das Geformte, die Ästhetisierung und Poetisierung des Essens, das Kunstwerk, das weit von der trivialen Funktionalität entfernt ist.

Ein solcher Film wäre im Übrigen für Hundenahrung nicht denkbar. Wie wir in einigen Untersuchungen feststellten, werden rein assoziativ Katzen mit Frauen und Hunde mit Männern gleichgesetzt. Es scheint also weit logischer, diesen Bereich des Poetischen und Ästhetischen mit Katzen zu verbinden – wie mehrfach belegt, ist dies das Feld des Weiblichen und nicht das des Männlichen.

Eine besonders markierte Gelegenheit: Das Staatsbankett

Wir haben im vorigen Kapitel Beispiele für die extreme Hochküche kennen gelernt, so wie sie in sehr gepflegten Privathaushalten oder in Luxusrestaurants praktiziert wird. Diese Küche stellt derzeit den höchsten Stand der Kunstfertigkeit dar, und sie kann dafür Höchstpreise verlangen.

Wir wollen nun einen anderen Fall betrachten: die Küche eines besonders hochrangigen Anlasses, die man nicht kaufen kann, sondern zu der man geladen wird. Dies ist das Staatsbankett, also eine Einladung, die der höchstrangige Repräsentant des Staates, der Bundespräsident, ausgewählten Personen gewährt, sehr oft Staatsoberhäuptern oder allgemein Personen, die auf diese Weise als Gäste des Staates geehrt werden sollen.

Welche Küche wird hier gewählt? Was wird dadurch über den Charakter der Einladung und die beteiligten Personen zum Ausdruck gebracht? Im Folgenden vergleichen wir deutsche Staatsbankette, die von Bundespräsident Roman Herzog gegeben wurden, mit den österreichischen Staatsbanketten von Bundespräsident Thomas Klestil.

Wenn wir überlegen, was Staatsbankette vermitteln und ausdrücken müssen, so sind das wohl mindestens folgende Botschaften: angemessen für eine hochrangige Gelegenheit, offiziell, formell, passend zum Stil des Staatsoberhaupts als dem höchsten Repräsentanten des Landes. Damit schließen sich einige Dinge aus, andere sind zwingend vorgegeben: Es kann nichts ganz Einfaches serviert werden, sicher keine Speisen der Volksküche; die grundsätzlichen Prinzipien der Hochküche müssen gewahrt werden, die Zubereitungsmethoden, die Abfolge der Gänge, die Komposition der Speisen. Das Staatsbankett darf aber wohl auch nicht in extrem kreativer Art zusammengestellt werden, mit ganz überraschenden und verspielten Details, wie wir sie von unseren Luxusmenüs her kennen. Ferner ist zu bedenken, dass hier Repräsentanten verschiedener Länder und Kulturen aufeinander treffen – die Küche muss also eine von mehreren Gesellschaften akzeptierbare Küche sein, der Betonung von nationalen Besonderheiten sind Grenzen gesetzt.

Offen bleibt jedoch, wie elitär die gewählte Position sein kann, wie weit Luxus inszeniert wird. Wir werden sehen, dass sich die Staatsbankette von Deutschland und Österreich in diesem Punkt tatsächlich deutlich voneinander unterscheiden.

Wie die Menükarten zeigen, werden bei Staatsoberhäuptern beziehungsweise wichtigen Besuchern meist viergängige Menüs gewählt; das dreigängige Menü scheint einer Person von weniger hohem Rang vorbehalten zu sein. Die Abfolge der

ABENDESSEN

DES PRÄSIDENTEN DER
BUNDESREPUBLIK
DEUTSCHLAND
UND VON
FRAU CHRISTIANE HERZOG

ZU EHREN
IHRER MAJESTÄTEN KÖNIG JUAN
CARLOS I. UND
KÖNIGIN SOFIA VON SPANIEN

*Lachs-Zander-Schnitte im Spinatmantel
mit Kerbelschmand*

—

Klare Tomatensuppe mit Parmesankrapfen

—

*Rinderfilet mit Gänseleber gefüllt
Gemüsestrudel und Kartoffelplätzchen*

—

*Charlotte von Schokolade
mit Orangenspalten*

1990er	Würzburger Stein	
	Riesling Spätlese trocken	
	Bürgerspital, Würzburg	
1993er	«Knipser» Spätburgunder Spätlese trocken	
	Weingut Knipser Johannishof, Laumersheim	
1992er	Geheimrat »J« Riesling Brut	
	Weingut Geheimrat »J« Wegeler Erben, Oestrich	

ABENDESSEN

DES PRÄSIDENTEN DER
BUNDESREPUBLIK
DEUTSCHLAND
UND VON
FRAU CHRISTIANE HERZOG

ZU EHREN
IHRER EXZELLENZEN DER
PRÄSIDENTIN VON IRLAND UND
HERRN NICHOLAS ROBINSON

*Herbstliche Salate
mit Riesengarnelen in Kräutern*

—

Essenz von Kalbsschwanz mit Ravioli

—

*Rehnüsschen mit Rosenkohl und Waldpilzen
Schupfnudeln*

—

*Weiße Schokoladenterrine
mit Feigen*

1990er	Randersackerer Marsberg	
	Riesling Spätlese trocken	
	Weingut Bürgerspital, Würzburg	
1991er	Hügelheimer Höllberg	
	Spätburgunder Kabinett trocken	
	Weingut Emil Marget, Hügelheim	
1991er	Geheimrat »J« Riesling Brut	
	Weingut Geheimrat »J« Wegeler Erben, Oestrich	

Speisen folgt den Regeln des klassischen Menüs: Vorspeise, warm oder kalt, sehr oft ein Fischgang – Suppe, wobei klare Suppen dominieren – Fleischgang – Dessert, meist kalt.

Das zentrale Element der Hauptspeise ist immer Fleisch, und zwar ein qualitativ hochrangiges Stück: Filet, Nüsschen, Brust. Gewählt werden Rind, Wild, aber auch seltenere Fleischsorten wie Taube, ein differenziertes Angebot also.

Bei den Zubereitungsmethoden dominiert Braten, zusätzlich erscheinen Füllungen. Der besondere Charakter wird auch durch luxuriöse Zutaten unterstrichen: So wird das Rinderfilet mit Gänseleber gefüllt, und die Taubenbrüstchen sind getrüffelt.

Die Beilagen werden in der jeweils dekorativeren und elitäreren Zubereitungsmethode angeboten: Gemüsestrudel, Gratin, Schupfnudeln, Kartoffelplätzchen, karamellisierte Zwiebeln.

Die Nachspeisen sind kalt und leicht: oft Eis, immer mit einem Obstbestandteil.

Eine nationale Komponente erscheint ausschließlich bei Wein, die Speisen lassen keinerlei regionale oder nationale Ausrichtung erkennen (allenfalls gehen die Schupfnudeln in diese Richtung).

Insgesamt lässt sich dieser Stil charakterisieren als formell, strukturiert, regelhaft, angemessen, mit einem kleinen Hang zum Luxus – dies wäre etwa die Küche, wie man sie von einem gehobenen Restaurant erwarten könnte, einem Restaurant, das zeitgemäß kocht, aber ohne regionale Spezialisierung, sondern im Einklang mit der feinen, französisch beeinflussten Küche.

Betrachten wir nun die österreichischen Staatsmenüs.

Auch hier handelt es sich um meist viergängige Menüs, die folgende Schwerpunkte aufweisen:

STAATSBANKETT

ZU EHREN

**IHRER
EXZELLENZEN
DES HERRN
PRÄSIDENTEN
DER BUNDES-
REPUBLIK
DEUTSCHLAND
UND FRAU
PROF. DR.
ROMAN HERZOG**

Wien, 21. Mai 1997

Chardonnay, Kabinett 1995
Weingut Grabner-Schierer
Sooß

Sankt Laurent Ausstich 1993
Stiftsweingut Heiligenkreuz
Ried Waldacker, Mönchhof, Bgld.

Hochriegl Alte Reserve
Sektkellerei Kattus
Wien

MENU

Salzburger Lachsforelle
Dillmousseline

Rindsuppe mit
Kaiserschöberl

Kalbsfilet im
Kräuternetz gebraten
Rosmarinkartoffeln

Waldmeisterparfait
Erdbeermark

Mokka

MITTAGESSEN

ZU EHREN

**SEINER
EXZELLENZ
DES HERRN STAATS-
PRÄSIDENTEN
DER REPUBLIK
UNGARN
ÁRPÁD GÖNCZ**

Wien, 16. Mai 1995

Walschriesling 1993
Bischöfliches Weingut Schloß
Seggau
Leibnitz, Steiermark

Blaufränkisch 1993
Klosterkellerei der Barmherzigen Brüder
Eisenstadt

Sparkling brut
Sektkellerei Schlumberger
Wien

MENU

Grießnockerlsuppe

gegrillter Zander
Kräutersauce

Wiener Schnitzel
Heurige
Petersilkartoffeln
Salatplatte

Milchrahmstrudel

Mokka

Der erste Gang ist meist ein Fischgang, es dominieren gekochter Lachs, gedünstete Saiblingfilets, Hechtnockerl. Die Suppen sind in der Regel klare Rindsuppen mit österreichischen Suppeneinlagen; es gibt nur wenige gebundene Suppen, auch keine Gemüsesuppen. Der Fleischgang besteht meist aus Kalb, Rind, manchmal Lamm oder Wild. Keine der als weniger edel bewerteten Fleischsorten taucht bei den Hauptspeisen der viergängigen Menüs auf: Schwein oder Geflügel. Schwein gibt es konsequenterweise nur bei einem der seltenen dreigängigen Menüs, wobei das Weglassen eines Ganges darauf hindeutet, dass der Eingeladene als nicht ganz so hochrangig betrachtet wurde, sodass man auch dann eine andere Fleischsorte wählen kann.

Es dominiert die ranghöchste Methode der Fleischbehandlung – Rösten beziehungsweise Braten. Ausschließlich bei der österreichischen Spezialität Tafelspitz wird etwas Gekochtes serviert.

Die Desserts bestehen meist aus Eis oder aus warmen österreichischen Nachspeisen, wobei keine allzu üppigen gewählt werden. (Die am meisten österreichisch anmutende Nachspeise gibt es seltsamerweise beim Besuch des chinesischen Botschafters: Schmankerlcremebombe.)

Vergleichen wir diese beiden Ausformungen von Staatsbanketten, so lassen sich Gemeinsamkeiten, aber auch Besonderheiten erkennen. Gemeinsam ist ihnen, dass als angemessen die Position gilt, die über dem Alltäglichen liegt, die aber noch nicht ins wirklich Luxuriöse reicht. Dies kommt vor allem dadurch zum Ausdruck, dass immer ein viergängiges Menü serviert wird, also ein Gang mehr, als ein normales Sonntagsessen enthalten würde. Die Anzahl der Gänge dient ferner dazu, ganz hochrangige von etwas weniger wichtigen Gelegenheiten abzuheben. Es gibt also auch dreigängige Menüs, die dann auch etwas einfachere Speisekonstruktionen aufweisen und offenbar für protokollarisch nicht ganz so hoch stehende Personen bestimmt sind. Es gibt jedoch kein fünf- oder sechsgängiges Menü, das am Anfang und am Ende die verschwenderischen und elitär konstruierten Amuse-gueules bzw. Petit fours vorsehen würde.

Extrem luxuriöse Zutaten werden vermieden, so Beluga- kaviar, Hummer, Austern. Inszeniert wird das Angemessene, aber nicht das Verschwenderische; anders könnten wir uns den Repräsentanten eines demokratischen Staates kaum vor- stellen – Richard II. ist einfach mega-out. Beachtet wird auch eine klassische ordentliche Mittelstellung in der Würzung und der Komposition: Alles Stimulierende, Scharfe, Aufreizende ist vermieden, ebenso wie überraschende und kreative Kom- positionen. Vom generellen Stil her ist dies die französisch be- einflusste Küche, die sich im 19. Jahrhundert in allen europäi- schen formellen Küchen durchgesetzt hat.

Dennoch gibt es erkennbare Unterschiede zwischen den deutschen und österreichischen Staatsbanketten. Die deut- schen lassen im Vergleich nationale Ausformungen weitge- hend vermissen, sie sind aber weit differenzierter und luxu- riöser im Bereich der Hauptspeisen, was die Auswahl der Fleischsorten und Zutaten betrifft. Der Gastgeber der öster- reichischen Menüs geht ökonomischer vor, er inszeniert das Angemessene, aber niemals Luxus; Trüffel oder Gänseleber kommen hier nicht vor.

Die österreichischen Menüs beziehen ferner wesentlich stärker traditionelle Speisen ein. Teilweise erscheinen Speisen, die ambitionierte private Gastgeber bereits als zu langweilig aus ihren Menüs verbannen: Ochsenschwanzsuppe, Schinken und Melone, Hechtklößchen. Die Speisen, die angeboten wer- den, entstammen oft der klassischen großbürgerlichen öster- reichischen Küche: Tafelspitz, Alt-Wiener Lungenbraten, Sup- pe mit traditionellen Einlagen.

Es ist natürlich etwas gewagt, aus der Konstruktion dieser Menüs unterschiedliche »Staatsstile« abzuleiten. Wir wollen es dennoch tun. Der österreichische Stil entspricht weit mehr dem hierarchischen Stil eines Staates mit einer großen Beamtentradition und dem historischen Hintergrund eines Kaiserhofs, der für seine bürgerliche Sparsamkeit bekannt war. Der deutsche Stil ist der Stil der individualistisch geprägten Markt- und Wirtschaftskulturen, die es eher zulassen, Pracht und Luxus nach außen zu demonstrieren.

Die postmoderne Küche: Bratwurst Hawaii

Die Herrschaft des »Als-ob« und die Herrschaft des »Sowohl-als-auch«

Die Speisen und Mahlzeiten, die wir bisher besprochen haben, lassen sich zum Teil bis ins 19. Jahrhundert zurückverfolgen. Wenn wir uns vor Augen führen, wie sich Technik, Medizin, Wirtschaft, Politik seit dieser Zeit entwickelt haben, so ist das eigentlich eine erstaunliche Tatsache: Die Welt um uns hat sich dramatisch verändert, für unsere Mahlzeiten gilt dies aber keineswegs in diesem Ausmaß.

Nun gehen wir aber davon aus, dass unsere Küche auch unsere soziale Welt widerspiegelt – wir müssten also Änderungen vorfinden. Das ist auch tatsächlich der Fall – es sind jedoch Änderungen, die zunächst einmal gar nicht spektakulär erscheinen, deren Bedeutung erst auf den zweiten Blick sichtbar wird. Das kulinarische System ändert sich langsam und unmerklich, »beim Essen gibt es keine Revolution«. Es ist eine wichtige Funktion der Küche, uns Sicherheit in einer sich schnell ändernden Welt zu geben. In Küchen findet sich also mehr Kontinuität als in anderen sozialen Bereichen.

Dennoch gibt es natürlich Änderungen, sowohl in unserer Kultur wie in unserer Küche, Änderungen, die meist unter dem Begriff der Postmoderne verhandelt werden. Wir leben derzeit in einer hoch differenzierten industriellen Gesellschaft, die sich allmählich in eine Informations- und Kommunikationsgesellschaft wandelt, die also von anderen Ressourcen lebt. Dieser Gesellschaft sind daher auch andere Werte wichtig, sie entwickelt andere Konzepte von Kunst, der menschlichen Psyche, dem Zusammenleben, sie stellt andere Anforderungen an die Menschen, sie kennt neue Probleme und Gefährdungen, entwickelt andere Alltagskulturen. Wir erleben im Augenblick, dass wir Grenzen aufgeben müssen, die für uns lange bestanden haben, so unsere nationalstaatlichen Grenzen, dass wir in immer größeren Räumen, aber in immer kleineren Zeitintervallen denken und planen müssen. Wir wissen, dass von uns ein hohes Maß an Mobilität und Flexibilität gefordert wird.

Für die Gestaltung unserer Küche sind vor allem zwei Entwicklungen von Bedeutung. Die Postmoderne geht davon aus, dass vieles gleichwertig nebeneinander bestehen kann, dass Grenzen und Regeln so weit wie möglich aufgegeben werden müssen und können. Unterschiede, die man als groß und wichtig angesehen hat, verwischen sich, Elemente sind beliebig kombinierbar: Es gibt nicht mehr die U-Musik und die E-Musik, die Hochkultur und die Massenkultur, die Sonntagskleidung und die Alltagskleidung, es existieren vielmehr fließende Übergänge zwischen ihnen und überraschende Kombinationen. In der postmodernen Küche geht es entsprechend um die möglichst verblüffende Zusammenstellung von ganz unterschiedlichen Elementen, um Überraschung, um Wirkung.

Häusliche Küchen schrecken vor diesen Prinzipien noch zurück, aber in Restaurants oder in modernen Produktangeboten findet man eine Reihe von Beispielen: Kartoffelpuffer (eine Speise der alten Volksküche) mit Kaviar, Blattspinat mit Fisch als Gericht zum Frühstück, Apfelsaft zum Steak, Biereis, Lakritzensorbet, Fisch mit Mango, Bratwurst Hawaii. In diesem letzten, skurril anmutenden Beispiel, das von dem Soziologen Ulrich Beck stammt, zeigt sich eine Kombination, die auch soziale Relevanz hat: die Integration des Globalen in das Regionale.

In ihrer Suche nach der verblüffenden Wirkung kombiniert die postmoderne Küche Zutaten, Elemente und Speisen fremder oder historischer Küchen, so der derzeit in den USA sehr beliebte Stil des Cross over cooking, in dem Speisen aus gänzlich unterschiedlichen Küchen zusammengestellt werden: amerikanisches Steak mit Karibikküche zum Beispiel. Sie toleriert auch extreme Künstlichkeit, sofern sich dadurch eine interessante Wirkung erzielen lässt.

Viele moderne Speisen folgen ferner dem Chaosprinzip. Ein amorphes Häufchen von Nudeln oder Reis wird mit einer beliebigen Sauce vermischt: schnell zuzubereiten, informell, nur mit der Gabel zu essen, fleischarm.

Die Postmoderne rückt auch von einer weiteren klassischen Vorstellung von Ordnung und Strukturiertheit ab, nämlich von der Idee des Zentrums. Wir beobachten dies z.B. an der Entwicklung der Stadt. Die historischen Stadtzentren entleeren sich, die Menschen ziehen in die grünen Vorstädte, die Einkaufszentren werden an den Rand der Stadt verlagert. Diese Entwicklung finden wir auch in der Küche: Wir gestalten Speisen nicht mehr rund um ein Zentrum des Tellers, die Mahlzeit bildet nicht mehr das Zentrum des Tages.

Die zweite Entwicklung betrifft unsere Mahlzeiten selbst: Die traditionelle Mahlzeit fand zu bestimmten Zeiten und an einem bestimmten Platz statt, sie erforderte vom Einzelnen ein bestimmtes Verhalten, sie kannte also Regelung, Kontrolle, eine feste Struktur. Sie schuf aber auch eine Tischgemeinschaft, eine Gemeinschaft der Esser, in der sich der Einzelne aufgehoben fühlen konnte. Heute essen wir zunehmend getrennt, die einzelnen Esser nehmen ihre Mahlzeit zu dem Zeitpunkt zu sich, den sie für ihre Bedürfnisse als richtig erachten, in der Form, auf die sie momentan Lust haben, in paradoxen Kombinationen, oft nebenbei, ohne sich sonderlich auf das Essen zu konzentrieren. Sie schaffen sich also autonom eine eigene Welt mit eigenen Regeln, lösen sich aber auch immer mehr aus Beziehungen und Gemeinschaften.

Individuell und autonom sein, heißt immer auch, wählen zu können, sich nichts vorschreiben zu lassen. Wir brauchen daher viele Angebote, viele Wahlmöglichkeiten, die aber von immer kleineren Gruppen benützt werden. Dies wiederum bedeutet einen Verlust an Kommunikation, Gemeinschaftlichkeit, eine Zunahme von Isolierung. Als es noch zwei Fernsehprogramme gab, konnte das ganze Büro über die Show des letzten Abends diskutieren; das ist bei dem heutigen Programmangebot immer schwerer möglich. Auch in der Arbeitswelt beobachten wir diese Entwicklung: Der Telearbeiter, der zu Hause an seinem Computer arbeitet, kann zwar mit anderen über das Internet kommunizieren, aber real lebt er in einer kleinen, isolierten sozialen Welt.

Eine Gesellschaft wäre nun aber nicht lebensfähig, wenn sie nur aus isolierten Einzelwesen bestünde, die per Kontrakt eine Gemeinschaft bilden. Ebenso scheint es ein universales Bedürfnis nach einem Leben in Gruppen und Gemeinschaften zu geben, es gibt kein Menschsein jenseits der Gesellschaft. Je mehr Regelungen wegfallen, je mehr Gemeinsamkeiten zerstört werden, desto größer wird auch die Sehnsucht nach dem Verlorenen. Die Küche wird einerseits von diesen Entwicklungen bedroht, sie stellt aber auch Möglichkeiten bereit, Gemeinschaft in einer neuen Form zu erleben. Wir werden im Folgenden Beispiele dafür kennen lernen.

Doch zuvor noch eine weitere wichtige Entwicklung: unsere Präferenz für das »Als-ob«.

Bei vielen Nachrichten, die wir im nicht verbalen Zeichenbereich austauschen, können wir nicht mehr entscheiden, was eigentlich die Bedeutung dieses Zeichens ist. Teilt es mit: Das ist so, das ist Realität, oder können wir uns dessen nicht sicher sein? Wenn wir am Abend auf der Straße einen jungen Mann sehen, der ein Punk-Outfit trägt: Haben wir dann einen echten Punk vor uns oder vielleicht einen Bankangestellten, der sich am Abend in Punk-Kleidung wirft? Und der Mann, der uns in der Stadt auf dem Fahrrad begegnet: Ist er ein Grüner, der Autos ablehnt, oder der Besitzer eines großen Mercedes, der aus Fitnessüberlegungen in der Stadt Rad fährt? Wir könnten auch fragen: Simuliert der Bankangestellte einen Punk und der Mercedesbesitzer einen Grünen?

Wenn wir einen Werbefilm sehen, in dem ein Produkt inmitten einer prachtvollen Natur gezeigt wird: Kommt es wirklich aus dieser Natur, oder simuliert es das nur? Sehen wir also Realität oder etwas, das so tut, als sei es real? Die Nachrichten und Kommunikationsangebote, auf die wir im öffentlichen Raum und in den Medien treffen, nehmen laufend zu, und dementsprechend können wir immer schwerer entscheiden, was eine reale Mitteilung ist und was nur medial vermittelt so erscheint – und oft stellen wir uns diese Frage nicht einmal mehr.

Wir wollen uns jetzt ein überraschendes, für viele wohl auch provozierendes Produkt näher ansehen, das diese Entwicklung exemplarisch vorführt und viele Zeichenwerte und Bedeutungen im Bereich der Kulinarik in komplexer Weise ausnützt.

Ein Beispiel: Sweety von Knorr

Es geht uns hier nicht darum, wie viel Sympathie solche Produkte beim Einzelnen hervorrufen, sondern um die Wünsche, Erwartungen und kulinarischen Vorstellungen, die sich in ihnen ausdrücken.

Sweety ist ein Fertigtrockengericht für zwei Personen mit einer Zubereitungszeit von fünf Minuten: Man gibt Wasser und das Pulverprodukt in eine Pfanne, röstet es fünf Minuten, und die Speise ist fertig. Unter dem Etikett Sweety werden Süßspeisen süddeutsch-österreichischer Herkunft angeboten: Kaiserschmarren, Grießschmarren und Milchreis.

Wir lernten Sweety 1997 kennen: Das Unternehmen Knorr stellte an uns die Frage, ob man Sweety in Österreich auf den Markt bringen sollte. Wir sollten also durch eine Untersuchung und Analyse klären, welche Chancen Sweety haben könnte. Die Marke wurde zunächst nur mit dem Produkt Kaiserschmarren verbunden. Sowohl im Unternehmen wie auch in den ersten Befragungen bestanden durchaus geteilte Meinungen: Die einen sahen große Chancen, die anderen meinten, das Produkt widerspreche allen Erwartungen, es könne kein Erfolg werden.

Zunächst einmal scheint Sweety tatsächlich ein ziemlich paradoxes Produkt. Es kommt von einem Hersteller, Knorr, der für salzige, pikante Speisen bekannt ist, Suppen, Saucen, Würzen. Es verwendet einen englischen Namen für ein urösterreichisches Produkt. Es stellt eine traditionelle Speise als Convenienceprodukt für zwei Personen vor. Es wählt als Farbcode ein starkes Rosa, ein Pink, eine modische »Bonbonfarbe«, die für diese Art der Trockenprodukte ganz ungewöhnlich ist. Analysiert man aber genauer, so sieht man, dass Sweety eine sehr reizvolle Kombination von Werten anbietet, die zum gegenwärtigen Zeitpunkt sehr attraktiv sind, natürlich nur, wenn man Süßes mag und wenn man bereit ist, Trockentechnologien zu akzeptieren. Sweety kommt auch im richtigen Zeitpunkt – vermutlich hätte es in den 80er Jahren wenig Erfolg gehabt.

Was verkauft nun eigentlich Sweety? Wofür steht es?

Die Produkte, die hier angeboten werden, sind Süßspeisen, und zwar warme Mehlspeisen, die aus der österreichisch-süddeutschen Mehl-Butter-Küche stammen. Kaiserschmarren ist ein aus Mehl, Ei, Milch zubereiteter Teig, der in heißer Butter oder Butterschmalz herausgebacken wird. Speisen dieser Art kommen ursprünglich aus der Volksküche und dienten als Hauptspeisen für alle, die sich keine Fleischgerichte leisten konnten; erst später wurden sie als Nachspeisen eingesetzt – eher einfache Nachspeisen, da die feinen Desserts nicht auf Mehl basieren.

An diese Speisen binden sich also die Werte Tradition, einfaches Leben, Gemütlichkeit, Fürsorge, als Süßspeisen versprechen sie auch Genuss. Andererseits besitzen sie auch alle Merkmale von modernen Speisen: Sie sind fleischlos, man muss sie nicht schneiden, kann sie mit der Gabel oder dem Löffel essen. In dieser Art existiert bereits eine Reihe von Produkten von Knorr und auch Maggi, nämlich die Nudel- und Reisfertiggerichte.

Der besondere Reiz von Sweety lag aber in drei Besonderheiten.

Die Nudelgerichte werden nur mit Wasser aufgegossen, Sweety wird aber in der Pfanne geröstet, eine Zubereitungsart, die wir besonders schätzen. Während man Sweety zubereitet, riecht man auch etwas, und man kann sehen, wie die Speise in der Pfanne allmählich Konsistenz und eine appetitliche und

leicht bräunliche Färbung annimmt – man erlebt also während der Zubereitung etwas Interessantes und sinnlich Ansprechendes.

Als Speise verspricht Sweety nicht Gesundheit oder Schlankheit, sondern Genuss – etwas, dem wir angesichts der Belastungen der heutigen Zeit einen hohen Stellenwert beimessen.

Interessant ist Sweety aber auch aufgrund der Wertewelt, die es verkörpert. Angeboten werden regionale und traditionsreiche Gerichte, die aus einer anderen Zeit und einer anderen Gesellschaft stammen. Was man sich mit ihnen kauft, sind auch die Werte dieser vergangenen Kultur: das feste Eingebundensein in eine geregelte Welt, die Sicherheit, die bewahrende Fürsorge des Hauses, den Nahraum, die Heimat. Dies lieben wir als Vorstellung. Was wir aber nicht lieben, ist die soziale Ordnung dieser Welt, die jeden eng an seinem Platz hielt, die die weibliche Arbeit gering schätzte, bei der es nicht darum ging, Zeit und Mühe zu sparen.

Die Marke Sweety vereinigt nun beides, die Zeichen der alten und die der modernen Welt, sie bietet Kaiserschmarren an, aber sie heißt Sweety, sie präsentiert sich in einem ganz modernen Pink, und man braucht wenig Zeit und Mühe, um sie zuzubereiten. Sie stellt damit eine postmoderne Konstruktion dar, als Zubereiter sendet man eine »Als-ob-Nachricht«: als ob dies eine Frau mit all der Liebe, Mühe und Fürsorge, die Köchinnen früher (angeblich) aufwandten, gekocht hätte.

Wie viele erfolgreichen Produkte löst Sweety damit auch einen Konflikt. Eigentlich kann man nicht Tradition und Neuheit gleichzeitig haben und auch nicht Fürsorge und Bequemlichkeit: Man muss sich entscheiden. Sweety aber vereinigt beides: Es ist ein Zeichen für das »Sowohl-als-auch« – anything goes. Sweety wurde im Sommer 1997 auf dem österreichischen Markt eingeführt und entwickelte sich zu einem sensationellen Markterfolg.

Das Komitee der Selbste

Ein amerikanischer Geländewagen wirbt für sein Produkt mit dem Spruch: »Für den Jäger in dir«. Die Fahrer dieses Wagens sind allerdings keineswegs Jäger, sondern meist Stadtbewohner, und besonders gern wird er von Frauen benützt, die damit ihre Kinder von der Schule abholen. Tatsächlich behauptet die Werbung ja auch nicht, dass sie sich an Jäger richtet, sondern sie wendet sich an einen Ich-Bestandteil, an den Jäger, der in uns allen schlummert.

Viele Produkte im Bereich der Nahrungsmittel greifen auf diese Strategie zurück: Gummibärchen wenden sich an das Kinder-Ich, fettreduzierte Margarine an den disziplinierten und rationalen Ich-Bestandteil, eine französische Käsemarke an den Connaisseur in uns. In diesen Produkten und Marken zeigt sich eine ganz moderne, oder vielmehr postmoderne Vorstellung davon, was die Identität eines Menschen ausmacht.

Dieses Konzept, das wir inzwischen in vielen gesellschaftlichen Bereichen antreffen, steht zunächst im Widerspruch zu dem, was Menschen gefühlsmäßig als ihre Identität erleben. Jeder Mensch hat eine deutliche Vorstellung davon, was es heißt, Ich zu sagen. Er erlebt sich als eine Einheit und begreift seine Identität als etwas ganz Sicheres und Natürliches. Wie so viele Basiskonzepte ist jedoch auch diese Vorstellung kulturell vermittelt.

Die Idee eines Subjekts mit einem festen personalen Kern und einer Identität, die unter Mühen erworben und verteidigt wird und lebenslang konstant bleibt, ist eine Vorstellung des abendländischen Kulturkreises, die anderen Völkern ganz fremd ist. So gehen einige indianische Völker davon aus, dass jeder Mensch mindestens drei personale Bestandteile besitzt: das Ich, das von seinen Ahnen stammt, das Ich, das er als

Stammes- und Gruppenangehöriger besitzt, und das Ich, das seine Individualität ausmacht. Sie nehmen an, dass diese Bestandteile anders sprechen, anders agieren, andere Krankheiten entwickeln und für Unterschiedliches zur Rechenschaft zu ziehen sind. Genau diesem Konzept folgen wir in der Postmoderne wieder. Wir haben nicht eine Identität, wir sind nicht eine Person, die sich immer und unter allen Umständen treu bleibt, sondern in uns sind mehrere »Personen«, mehrere Ich-Bestandteile, die wir je nach Situation aktivieren, wir besitzen also ein »Komitee der Selbste«, wie es Mary Douglas nennt. Diese Ich-Bestandteile können auch Unterschiedliches und Widersprüchliches wünschen und verfolgen.[12]

Unsere Konsumkultur stellt viele Möglichkeiten bereit, diesen unterschiedlichen Ich-Bestandteilen Requisiten für ihre Selbstinszenierung zu verschaffen. Am Markt geht es also nicht mehr darum, Zielgruppen das zu liefern, was sie brauchen, sondern Stile und Ansätze, personale Projektionsflächen und Wunschvorstellungen bereitzustellen, die sich dann ihre Zielgruppen suchen und die verschiedenen Angehörigen des Komitees der Selbste ansprechen.

So gliedert das englische Handelsunternehmen Sainsbury seine Produktlinien nach den Rollenvorstellungen, die Frauen in ihrer Funktion als Ernährerin annehmen können, wobei ein und dieselbe Frau alle diese Vorstellungen entwickeln kann, je nachdem, worauf sie gerade Lust hat:

- Mummy me (Hausmannskost, verwöhnende Angebote);
- Healthy eating me (Gesundheitsangebote);
- Sophisticated me (raffinierte, oft ausländische Gerichte mit französischen Bezeichnungen);
- Easy living me (Convenienceangebote).

The time of the tribes:
Essen als Stammesbildung

Von einem Stamm der Konditoreibesucher oder von einem Businessstamm zu sprechen, könnte maniriert wirken – bei Stämmen denken wir an Völker historischer oder weit entfernter vorindustrieller Gesellschaften. Natürlich verwende ich diesen Ausdruck als Metapher, dies aber mit einiger Berechtigung.

Der Ausdruck »The Time of the Tribes«, die »Zeit der Stämme«, stammt von dem Soziologen Michel Maffesoli, der 1996 ein Buch mit diesem Titel veröffentlichte. Er behandelt darin eine klassische Frage der Soziologie und Kulturwissenschaft: Wie gelingt es Menschen, in Gesellschaften zusammenzuleben? Schließen sie sich freiwillig zusammen oder nur unter Zwang? Erkennen sie, dass dies für alle nützlich ist, und setzen daher einen Kontrakt auf? Fühlen sie sich emotional verbunden? Wie viel Gewicht räumen sie den Wünschen des Einzelnen, den Ansprüchen der Gemeinschaft ein?

Durkheim, ein Klassiker der modernen Soziologie, hat bereits darauf hingewiesen, dass eine Gesellschaft nicht allein durch Nützlichkeitsüberlegungen zusammengehalten wird, sondern dass man sich auch als eine Gemeinschaft fühlen muss. Eine Gesellschaft wird auch durch gemeinsam geteilte Gefühle zusammengehalten.[13] Hier setzt Maffesoli mit seinem Konzept des Stammes an. Stamm ist in seiner Definition eine Gruppierung, die sich zwischen den Einzelnen und die Masse schiebt: größer als die kleinen familiären Einheiten, kleiner und informeller als die großen sozialen Kategorien wie Schicht, Klasse oder Nationalstaat. Ein modernes Individuum gehört vielen Stämmen an: dem örtlichen Gartenverein, dem Sportklub, den Umweltaktivisten, aber auch mentalen Gruppen: der community der Internetbenützer, der Kochconnaisseurs etc.

Stämme im Sinne der Ethnologie sind soziale Einheiten, die sich als Gemeinschaften definieren und sich scharf gegen andere soziale Einheiten/Stämme abgrenzen. Eintritt und Austritt sind meist streng geregelt. Stämme berufen sich auf gemeinsame Tradition, Sitten, Wertvorstellungen, einen gemeinsamen Lebensstil, eine gemeinsame Alltagskultur. Sie betrachten ihre Art, sich zu kleiden, ihre Kinder zu erziehen, zu kochen, ihren Lebensunterhalt zu erwerben sowie ihre religiösen Vorstellungen meist als die einzig richtigen, natürlichen und normalen und die Praktiken anderer Stämme als barbarisch, unnatürlich, nicht wirklich menschlich.

Stämme erleben sich als Gemeinschaft und entwickeln Rituale, in denen sie die Einheit und den Zusammenhalt der Stammesmitglieder immer wieder sicherstellen und neu festigen.

Nicht jede Gruppierung lässt sich nun schon als Stamm bezeichnen. Charakteristisch für einen Stamm ist vielmehr, dass wirklich eine gemeinsame Alltagskultur, ein gemeinsamer Lebensstil, ein gemeinsamer sozialer Raum entwickelt wird – wobei für die »Stämme« der modernen Gesellschaft gilt, dass ihre Mitglieder sich diesen Stämmen beliebig anschließen und sie wieder verlassen können. Sie können also in verschiedene Kulturen eintauchen und an deren Lebensstilen und emotionalen Werten teilhaben.

Ich glaube nun, dass dieses Gefühl der Gemeinsamkeit, der Zusammengehörigkeit, in hohem Maß durch gemeinsames Essen gefördert wird – gemeinsam essen schafft eine Essensgemeinschaft, aber eben auch eine Gemeinschaft im weiteren Sinn. Ich glaube ferner, dass Gemeinschaften, die Stämme im eigentlichen Sinn bilden, auch eine gemeinsame Küche ausformen, in der sich eben die Werte spiegeln, die für diesen

Gruppentyp, für diesen Stamm charakteristisch sind, die ihn gegen andere abheben.

Wir finden hier auch charakteristische Rituale, feststehende, gleich bleibende Abläufe und spezifische »kulinarische Ikonen«. Dieser Ausdruck stammt von Valerie Mars und bezeichnet bestimmte Speisen, die im Sinne von Superzeichen eingesetzt werden, da sie die Wertewelt des entsprechenden Anlasses abrufen.[14]

Betrachten wir einmal einen Tag im Leben von Frau M. und ihres Mannes, Herrn M.

Am Morgen frühstücken beide mit ihren Kindern, dann gehen sie zur Arbeit. Herr M. ist Rechtsanwalt, er hat heute einen wichtigen Klienten zu einem Businesslunch eingeladen, Frau M. ist Abteilungsleiterin in der Marketingabteilung eines Kosmetikunternehmens, sie geht – wie fast jeden Tag – in die Werkskantine zum Mittagessen. Frau M. macht heute etwas früher Schluss, sie hat sich mit ihren Freundinnen in einem Eissalon verabredet, dessen Eisbecher alle außerordentlich schätzen. Am Abend besuchen Frau und Herr M. einen Film, und dann essen sie in ihrem Lieblingsrestaurant eine Kleinigkeit und trinken Rotwein.

Dieser Tagesablauf ließe sich auch als die Integration in verschiedene Stämme beschreiben: den Frühstücksstamm, den Businessstamm, den Stamm der Kantinenesser, den Eissalonstamm, den Kinostamm, den Restaurantstamm. Etwas einfacher könnten wir auch sagen, Frau M. und Herr M. essen in verschiedenen Situationen und zu verschiedenen Gelegenheiten, und wir vermuten, dass sie immer etwas Unterschiedliches essen und dass diese Unterschiede nicht zufällig sind, sondern dass die Art der Küche bestimmte Werte spiegelt, das, wofür der jeweilige »Stamm« steht.

Das Frühstück

Das Frühstück ist die erste Mahlzeit des Tages; sie markiert den Übergang zwischen dem privaten, häuslichen Bereich und den Aktivitäten in der Außenwelt, dem öffentlichen Bereich. Alle aktiven Mitglieder des Haushalts verlassen nach dem Frühstück das Haus.

Das Frühstück gehört zu den Gelegenheiten, an denen nur wenige Leute ihre Speisen variieren. Es gibt in den meisten Familien jeden Tag dasselbe, wenn auch in modernen Familien für die einzelnen Familienmitglieder Unterschiedliches: Kakao für die Kinder, Tee für den Mann, Kaffee für die Frau, Semmeln für den einen, Müsli für den anderen – Hausfrauen bemühen sich zwar, so viele Mitglieder wie möglich für dasselbe zu begeistern, es gelingt ihnen aber, wie üblich, auch bei dieser Mahlzeit meist nicht mehr.

Die Struktur des Frühstücks folgt dem Schema: ein anregendes und aktivierendes Heißgetränk, ein Kohlenhydratbestandteil (Semmel, Brot), ein gesunder Bestandteil (Saft, Cornflakes, Müsli, Obst), ein Bestandteil, der das Gefühl von Energiezufuhr vermittelt, etwas Süßes, wie Marmelade für die meisten Leute – Käse, Wurst und Fleisch sind beim Frühstück selten.

Das Frühstück stellt so eine Mahlzeit dar, die aktiviert, die anregt, die Energie gibt, die aber auch Sicherheit und Kontinuität signalisiert. Experimente erträgt man so früh am Morgen noch nicht; es ist beruhigend, dass einen immer dasselbe erwartet. Anregend und aktivierend wirkt vor allem Kaffee (oder Tee); selbst dem löslichen Kakao, den Kinder zu sich nehmen, schreibt die Werbung diese Wirkung zu. Interessanterweise galt Kaffee im 18. Jahrhundert als das charakteristische Getränk der arbeitenden Bürger, die seine aktivierende Wirkung schätzten. Adelige dagegen tranken im Bett Schokolade beziehungsweise Kakao, dem man zudem erotisierende Wirkungen zuschrieb: bürgerliche Ernsthaftigkeit, Fleiß, Aktivität also gegenüber adeligem Müßiggang.[15] Kakao ist für uns inzwischen zu einem Bestandteil der Kinderküche geworden, Kaffee jedoch wird in allen beruflichen Zusammenhängen und auch beim Frühstück als »Wachmacher« außerordentlich geschätzt.

Gleichzeitig hat das Frühstück aber auch eine Art von Vitalenergie zu vermitteln, nicht die Kraft, die von Fleisch ausgeht, sondern die, die natürliche und gesunde Bestandteile uns vermitteln, Milch- und Getreideprodukte.[16] Cerealien sind deshalb ein wichtiger Bestandteil des modernen Frühstücks, insbesondere Cornflakes, die inzwischen weit verbreitet sind. Vor allem Kinder lieben sie.

Dies belegt wieder die These, dass sich neue Nahrungsmittel eher in Nebenmahlzeiten durchsetzen können – umso mehr, wenn es ihnen gelingt, die relevanten Werte eines Feldes an sich zu binden. So werden Cornflakes, z.B. Kellogg's, in der Werbung mit Vorliebe in hellen sonnigen Morgenwelten gezeigt, und sie suggerieren immer den Zugewinn an Natur und Gesundheit, die sie bringen. Müsli hat sich bei weitem nicht so gut durchgesetzt. Es steht eher für eine bestimmte ideologisch-moralische Orientierung, für eine alternative Lebensweise. In seiner Rauheit und Formlosigkeit repräsentiert es genau diese Wertewelt.

Produkte für das Frühstück werden in der Werbung meist mit Frische, mit Natürlichkeit, mit Energiegewinn, aber auch mit der Wärme und Sicherheit verbunden, die eine häusliche Mahlzeit in der Familie vermittelt. Der »Frühstücksstamm« formt sich also rund um die Botschaft: »Wir müssen uns fit machen für den Tag, für das aktive Leben, das die Menschen dieser Gesellschaft führen. Wenn wir gemeinsam frühstücken, haben wir teil an der Wärme und Sicherheit des Hauses, die uns das Rückgrat stärkt.« Dies wird auch dadurch garantiert, dass man immer wieder dieselben Dinge isst.

Hier wird auch eine wesentliche Funktion von Haushalten deutlich, die dafür sorgen müssen, dass ihre Mitglieder für die Außenwelt gerüstet werden. Am Morgen müssen sie mit Energie geladen und am Abend, ebenfalls durch Mahlzeiten, wiederhergestellt werden. Der Haushalt leistet also in gewissem Sinn auch eine Produktions- und Reproduktionsarbeit.

Dem Frühstück, als der ersten Mahlzeit vor dem Eintritt in die soziale Außenwelt, entspricht die erste Mahlzeit, wenn man von der Außenwelt wieder in die Welt des Hauses eintritt. Dies kann für den Mann das Abendessen sein, für die Schulkinder das Mittagessen. Beide Male erwartet man von dieser Mahlzeit, dass sie entspannt und beruhigt, man will daher nicht lange warten. Die Mahlzeit soll nicht fremdartig sein, nicht überraschend, nicht sonderlich stimulierend. Sie soll uns versichern, dass alles in Ordnung ist, dass die Dinge ihren gewohnten Gang gehen, wiederkehren, dass man ein bisschen verwöhnt wird.

Dies genau sind die Leistungen der Alltagsküche, die bewusst immer gleiche und gewohnte, oft traditionelle Speisen in einem erkennbaren Rhythmus wiederholt. Wie eine Frau in einem Interview erzählte: »Ich probiere gern etwas Neues, aber mein Mann ist furchtbar, gestern sagte er: ›Ich hatte heute schon so viel Stress im Büro, und jetzt noch Nasi Goreng!‹«

Das Businessessen

Das Businessessen signalisiert, dass wichtige Personen der leistungsorientierten Gesellschaft einen wichtigen Kontakt herstellen, dass sie an ihren Netzwerken bauen, dass sie um das für diese Gelegenheit Angemessene wissen, dass sie wissen, wie sie wen beeindrucken können. Sie demonstrieren ihr finanzielles, ihr kulturelles und ihr soziales Kapital. Ganz offensichtlich ist das Businessessen ein zentrales Event der individualistischen Kultur, das dazu dient, strategische Allianzen aufzubauen.

Mit einem Geschäftspartner essen zu gehen, erfordert diffizile protokollarische Überlegungen. Wo soll das Essen stattfinden, wen trifft man dort an, welchen Tisch bekommt man, was wird bestellt, wie und wie viel wird gegessen? Es gibt viele Fehlerquellen, aber auch viel zu gewinnen.

Amüsant zu lesen sind die Berichte über die Einladungen Ludwigs XIV., die von seinen Gästen gut dokumentiert wurden. Eine Einladung bedeutete einen ungeheuren Zuwachs an sozialem Kapital; Adelige investierten oft ihr Vermögen, um »an den Hof« geladen zu werden. Entsprechend wichtig war es, von wem man beachtet und begrüßt wurde, wo man saß, ob man die richtige Kleidung trug, die richtigen Bemerkungen zu der richtigen Person machte, ob man sich adäquat benahm, ob man als Gastgeber eindrucksvolle Speisefolgen servierte. Die Ressourcen, von denen diese Gesellschaft lebte, waren also nicht Waren und Geld, Business in unserem Sinn; ihr Business war vielmehr das Herstellen von sozialem Kapital, das man durch Geburt besaß, in Grenzen aber auch erwerben und verspielen konnte.[17]

Unsere Businessessen verknüpfen unsere Hauptressource, eben Geschäft, mit dem Erwerb von sozialem Kapital, sie lassen Gemeinschaften von Menschen entstehen, die, zumindest bei diesem Anlass, durch einen gemeinsamen Lebensstil vereint sind. Sehr oft erstreckt sich diese Gemeinsamkeit der Lebensstile aber noch weiter in die Freizeitaktivitäten der arbeitenden urbanen Eliten hinein, so über exklusive Tennisklubs oder Golfklubs.

In der Mehrzahl sind diese Gruppen männlich dominiert, es handelt sich um eine männlich orientierte Kultur. Männliche Essensgemeinschaften gab es schon immer. Das berühmteste Beispiel sind die exklusiven englischen Klubs, in denen sich Männer treffen, um zu essen und zu trinken und an ihren sozialen Netzwerken zu bauen. Auch viele Stammesgesellschaften kennen Gruppen von Männern, die zusammen essen und dadurch soziales Kapital erwerben, das Frauen nicht zur Verfügung steht. Frauen sind in unserer Gesellschaft nicht von diesen Businessessen ausgeschlossen, aber sie verfügen selten über die ausgedehnten sozialen Netzwerke, die sich Männern dadurch eröffnen.

Weiter aber zum Businesslunch. Er findet natürlich nicht zu Hause statt, sondern in einem Lokal. Gewählt werden muss ein Lokal, das »in« ist, das eine gewisse Hochrangigkeit verspricht, das aber kein Luxusrestaurant im eigentlichen Sinn ist, ebenso wenig wie ein Volksrestaurant. Man kann nicht jemanden zum Schnitzelwirt einladen, der dafür bekannt ist, dass er ein unglaublich großes Schnitzel zu einem unglaublich niedrigen Preis liefert, oder in ein Lokal, das für seine deftigen, volkstümlich traditionellen Speisen berühmt ist. Dies würde signalisieren, dass es nicht um Lebenskunst, sondern um triviale Nahrungsaufnahme geht.

Meist ist das Restaurant eher modern, vor allem aber ist wichtig, dass alle relevanten Personen der sozialen Gruppe dorthin gehen. Genau dies dient der Stammesbildung: Das Restaurant gilt deshalb als adäquat, weil alle wichtigen Personen hingehen und weil man sicher sein kann, dort von anderen wichtigen Personen gesehen zu werden. Medien berichten daher bei diesen Restaurants nicht nur über die Speisen, sondern auch darüber, wer hingeht und wo er sitzt.

Im Folgenden ein Beispiel aus einer Serie von Restaurantbeschreibungen einer Wiener Tageszeitung, dem »Kurier«.

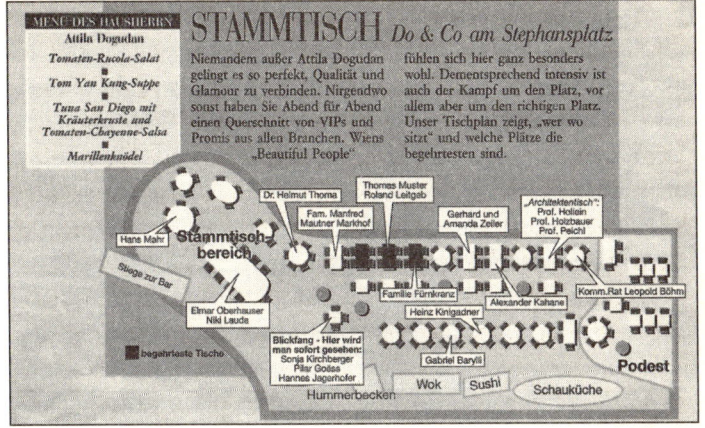

Bild und Beschreibung machen bereits klar, worum es bei diesem Restaurant eigentlich geht: sekundär um die Speisen und ihren Wohlgeschmack, primär um die Tatsache, wer dort Gast ist und wo er sitzt. Der Speisenbeschreibung ist wenig Raum gewidmet, der Beschreibung der Sitzordnungen ein großer. (So hätte man früher berichtet, wer welchen Platz in der Kirche hatte.)

Entscheidend ist ferner, ob man vom Besitzer oder Ober namentlich gekannt und begrüßt wird, ob man auch bei großem Gedränge noch einen Tisch – und zwar den richtigen – erhält. Amerikanische Lokale verfügen dabei über den so genannten Powerraum, einen Raum, der nur wenigen, eben den wirklichen VIPs, zugänglich ist: Dorthin eingeladen zu sein oder einladen zu können bedeutet einen beträchtlichen Prestigegewinn.

Uns interessiert nun aber der Essstil, der sich als Mischung von leicht, fein, klein, stimulierend, überraschend, neuartig charakterisieren lässt. Das geforderte Wissen über diesen Essstil beginnt bereits bei den Getränken.

So wird heute beim Businesslunch, der ja meist am Mittag stattfindet, sehr wenig Alkohol getrunken. Es gilt eher als feiner Stil, eine Flasche sehr guten Wein zu bestellen, aber sie dann nicht auszutrinken. Stattdessen trinkt man Mineralwasser, das ja in diesen Restaurants ebenfalls in elitären Marken oder zumindest in einem elitären Design angeboten wird.

Der neueste Trend ist im Augenblick Mineralwasser völlig ohne Kohlensäure, also Mineralwasser, das Leitungswasser gleicht, aber zu eminenten Preisen in sehr schönen Flaschen angeboten wird (Evian, Tyran). Es geht hier darum zu wissen, dass man dieses und kein anderes bestellen muss.

Beim Essstil gelten die Regeln der Hochküche, der elitären und der ornamentalen Küche, weniger jedoch die der traditionellen, großbürgerlichen Küchen. Charakteristisch ist, dass die Speisen aus sehr hochwertigen, frischen Zutaten bestehen, die kurz behandelt werden. Es dominieren oft helle Fleischsorten: Fisch, Kalb, Geflügel. Lachsfilet mit Gemüsen und im Augenblick Rucola wären die kulinarischen Ikonen dieses Typs von Essen.

Die Speisen selbst beziehen fast immer die Küchen ferner Länder mit ihren charakteristischen Nationalspeisen mit ein, gegenwärtig sind es vor allem asiatische Küchen.

Nebenstehend die Speisekarte eines Wiener Restaurants, Do & Co, das sich über Jahre und gegen eine ganze Reihe von Konkurrenten genau in dieser Funktion als Businesslokal behauptete. Das Restaurant befindet sich im Zentrum von Wien, gegenüber dem Stephansdom, im obersten Stock eines sehr modernen Hauses in angemessener Lage.

Das Speisenangebot enthält nationale Spezialitäten (Wiener Schnitzel, Tafelspitz), warme Wiener Mehlspeisen, internationale Spezialitäten (argentinisches Rind), sehr viele Fischgerichte, eine große Auswahl an asiatischen Gerichten, so neuerdings auch Gerichte, die frisch und vor den Augen der

Original Thai   ## Unsere Klassiker

TOM YAM KUNG   **95,-**
die berühmteste Suppe Thailands!
Klare Fischsuppe mit Crevetten, Austernpilzen
& Zitronengras

YELLOW CHICKEN CURRY   **195,-**
Filetstreifen vom Huhn mit dreierlei Paprika
in pikanter Currysauce

PAY CA PAW   **215,-**
Sautierte Rindsfiletspitzen in Sojasauce mit
thailändischen Basilikumblättern & Chilischoten;
dazu: gedämpfter Reis

PHUKET SATAY   **195,-**
Schweinsfilet-, Hühnerbrust- & Crevettenspießchen
gegrillt; mit Peanut- und Spicysauce;
dazu: Gurkensalat und Reis

SKIPPER „DO & CO"   **245,-**
frischer Lachs, Seezunge, Angler & Crevetten gebraten,
in Limonenbutter geschwenkt; Spinat-Lauch Gemüse

RIESENCREVETTEN „DANIELI"   **245,-**
ein DO & CO Klassiker

HUMMER „THERMIDOR"   **245,-**
überbacken mit Sauce Mornay; Reis

WIENER SCHNITZEL   **195,-**
mit Erdäpfel-Vogerlsalat

ALTWIENER TAFELSPITZ   **215,-**
mit Röstkartoffeln, Cremespinat, Apfelkren
und Schnittlauchsauce

KALBSBUTTERSCHNITZEL   **195,-**
mit Erdäpfelpürée, gebackenen Zwiebelringen
& kleinem Blattsalat

JÄNNER 1998

FRISCH EINGEFLOGEN

**LOUP DE MER -
NACH TOSKANISCHER ART**   **245,-**
gegrillt mit frischem Thymian; serviert auf
Zucchini-Tomatengemüse mit schwarzen Oliven

BABY-STEINBUTT „GRILLÉ"   **245,-**
mit Sauce Bearnaise, Broccoli und Butterkartoffel

**THON ROUGE & BROCHETTE
DE COQUILLES „GRILLÉ"**   **245,-**
frischer Atlantik Thunfisch & Jakobsmuscheln auf
gegrilltem Gemüse mit frischen Kräutern
der Provence, dazu Reis

**SALTIMBOCCA
VON DER ROTBARBE**   **245,-**
gegrillte Rotbarben-Filets mit Prosciutto di Parma
und Pesto Spaghettini

GEBACKENER SEETEUFEL   **225,-**
auf Mayonnaise-Vogerlsalat, mit einem
Schuß steirischem Kernöl

URUGUAY-BEEF WILD & LAMM

**FILET VOM URUGUAY-BEEF
& SALSA VERDE**   **245,-**
auf Polenta, gegrilltem grünen Spargel und
Sauce Madeira

**MEDAILLONS VOM
HIRSCHKALBSRÜCKEN**   **245,-**
in Schwammerlsauce; serviert mit Kohlsprossen
und Serviettenknödel, Preiselbeerbirne

MILCHLAMMRÜCKEN   **245,-**
im Ganzen rosa gebraten, auf Thymianjus;
Elsäßer Zwiebel-Speck Törtchen & Ratatouille

GARTENFRISCHE SAISONSALATE

Bitte wählen Sie aus:

Italian-, Balsamico-Nußöl-, French-,   **55,-**
Roquefort- oder Thousand-Islanddressing

189

Gäste im Wok zubereitet werden. Diese Gerichte sind fleischlos und zeigen fast ausschließlich die amorphe Komposition, nicht die traditionelle Zusammenstellung A + 2b. Das Speisenangebot folgt der uns schon bekannten Maxime: long ago and far away.

Ebenso wie das Staatsbankett etwas über unsere Auffassung der höchsten Repräsentationsinstanz im Staat ausdrückt, sagt auch diese Inszenierung etwas über unser Verständnis von »Business« aus, über den Lebensstil arbeitender urbaner Eliten, über die individualistische Kultur: Sie gibt sich weltoffen, experimentierfreudig, modern, neuartig, leicht, nicht belastend, fantasievoll, auf das Authentische ausgerichtet, sei es regional oder international, elitär, aber nicht protzig. Ferner ist hier alles auf Leistung abgestimmt: Es geht hier nicht darum, in Genüssen zu schwelgen, sondern darum, sein soziales und kulturelles Kapital zu vermehren – eine Angelegenheit, bei der man nüchtern, leistungsfähig und alert bleiben muss.

Auch die Bewirtung bei geschäftlichen Besprechungen im Unternehmen selbst und die Einladungen, die Firmen geben, folgen diesem Stil. Einladungen von Firmen und Unternehmen nehmen inzwischen den Platz ein, den im vorigen Jahrhundert die privaten Diners besetzten, also Essenseinladungen, die die großbürgerlichen und die aufsteigenden Mittelschichten in ihren Privathäusern veranstalteten und die ganz klar dem Zweck dienten, Verbindungen zu schaffen und zu intensivieren. Elitegruppen unserer zeitgenössischen Gesellschaft bewirten auch heute noch in dieser Form zu Hause, aber dabei handelt es sich um eine kleine Gruppe. Feste und Essenseinladungen von Unternehmen nehmen aber von Jahr zu Jahr zu. Sie stellen ein exzellentes Mittel dar, um den Rang und die Position des Unternehmens zu dokumentieren, zu beeindrucken, die Plattform für Beziehungen zu bieten. Diese Essen werden meist in Form von Buffets abgehalten, und Kenner können aus der Art, wie ein Buffet arrangiert ist, welche Speisen es dort gibt, wie viel wovon vorhanden ist, exakt den Rang und die Position des Unternehmens beschreiben.

Ein wichtiges Mittel dazu ist die Wahl einer bestimmten Cateringfirma. Es gibt berühmte und bekannte, die dies auch über Gestaltungsdetails signalisieren, sodass die Gäste sofort den Ausrichter erkennen und gebührend beeindruckt sind (Käfer, Do & Co), und es gibt einfache und unbekannte, die in einem altertümlich anmutenden Stil ausrichten: schlichte, eher fette und traditionelle Speisen vom Typ Russische Eier und Trockenblumen als Dekor. Die Cateringfirmen übernehmen dabei die Funktion der berühmten Köche bei den Diners des 19. Jahrhunderts. Auch damals galt eine Einladung als besonders eindrucksvoll, wenn die Hausfrau dafür einen berühmten Koch engagierte.

Bei kleineren Bewirtungen in der Firma gibt es meist Kaffee und Kekse. Dieses Muster ist obligatorisch: Man wäre erstaunt, wenn man überhaupt nichts angeboten bekäme, aber auch, wenn man zu einer geschäftlichen Besprechung mit Bratwurst und Sauerkraut oder mit Sahnetorte empfangen würde.

Wie wir wissen, bewirtet man mit Kaffee und Keksen Personen, mit denen man keinen besonders intimen Umgang wünscht, denen man aber doch einen gewissen Respekt erweist und die man in einer eher formellen Situation trifft. Diese Beziehung kommt gut in dem Typ der Speise zum Ausdruck, den Kekse repräsentieren: trocken, klein, genormt, außer Haus hergestellt, aber doch sehr kultiviert und zivilisiert, kurz eine Speise, die auf kleinem Raum die Regeln der ornamentalen Küche beachtet und in ihrer Art auch eine kulinarische Ikone darstellt. Außerdem kann man, wie wir gesehen haben, mit der Wahl einer bestimmten Sorte genau die gewünschte soziale Position ausdrücken und den Rang von Situationen und Personen präzise kennzeichnen.

Derselben Botschaft dient natürlich auch die Tischausstattung, vor allem das Geschirr. Es muss modern sein, ein gutes Design haben, das aber weder Luxus signalisiert noch Romantik oder Verspieltheit, es muss funktional sein und ein bisschen cool.

Die Werte, die bei diesen Businessessen inszeniert werden, sind also Funktionalität, Leistung, das Neue, das Fortschrittliche, nicht die Vergangenheit, das Kühle, nicht die Emotionalität, der sehr disziplinierte Genuss, nicht der schwelgerische Hedonismus, das Nüchterne, nicht das Verspielte. Es sind eher die Werte der männlichen als einer weiblichen Kultur.

Dies wird besonders deutlich, wenn wir in eine andere Esswelt wechseln, die man dem sozialen Stereotyp nach eher mit Frauen als mit Männern verbindet: die Konditorei und den Eissalon. Wir sagten schon, Frau M. hatte vor, sich mit ihren Freundinnen nach der Arbeit dort zu treffen.

Die Konditoreibesucherinnen

Konditoreien sind in der Regel nicht allzu große Lokale, mit kleinen Tischchen und Stühlen. In ihrer Einrichtung folgen sie im Allgemeinen traditionellen Stilen oder dem Stil des bürgerlichen Salons: Lüster, vergoldete Spiegel, Biedermeiertischchen und -stühle, schwellende Vorhänge, Blumendekors, Quasten, Maschen, Spitzendeckchen – erzielt werden soll ein Eindruck von traditioneller Eleganz, Luxus, Behaglichkeit.

Auch Geschäfte, die sich auf den Verkauf von Süßigkeiten und Pralinen spezialisiert haben, sind oft so eingerichtet. Ihr Zentrum ist die Theke mit den Kuchen und Torten und mit all den süßen Angeboten, die die ornamentale Küche repräsentieren – luxuriös dekoriert bzw. überdekoriert, farbig, weich, genussvoll. Alles, was angeboten wird, enthält viel Fett und

Katja Mutschelknaus

Zucker, die sündig genussvollen Bestandteile unserer Nahrung. Die Welt, die als der adäquate Rahmen für diese Speisen gesehen wird, besitzt dieselben Merkmale des Dekorierten, Üppigen, Überdekorierten bis hin zum Kitsch, sie zitiert adelige, feudale Traditionen.

Diese Welt der Konditorei ist nun eine erkennbar weibliche Welt. Selbstverständlich besuchen auch Männer Konditoreien und lieben Torten, aber sie empfinden diese Welt nicht als einen genuin männlichen Bereich, sie geben auch kaum zu, dass sie ihn schätzen. In allen sozialen Stereotypen, die sich etwa in Witzen und Karikaturen niederschlagen, ist die

Konditorei ein belächelter weiblicher Bereich, der übrigens auch durch eine bestimmte Gesprächskultur gekennzeichnet ist. Es ist der Ort des »Kaffeeklatsches«, von Gesprächen, in denen Privates verhandelt wird, Überflüssiges, Nichtssagendes, in denen es um Beziehungen, Verdächtigungen, boshafte Sticheleien geht, nie um etwas Ernsthaftes, Nützliches oder gesellschaftlich Wichtiges.

Lässt man Menschen diesen »Kaffeeklatsch« beschreiben, so sehen sie meist eine Damenrunde vor sich: dickliche Damen in konservativen oder spießigen Kleidern, elegant bzw. pseudoelegant hergerichtet, mit Perlenkette und kleinen Hündchen, Hausfrauen oder jedenfalls Frauen, die keinen gesellschaftlich anerkannten Beruf ausüben. Eine Ausstellung in Stuttgart zum Thema Kaffee wählte als Titelbild für ihren Katalog einen solchen »Kaffeklatsch«.[18]

Dieser Bereich besitzt also die Merkmale: süß, weiblich, weich, kitschig, überdekoriert, vergangen, feudal, traditionell, unfunktional, sozial irrelevant. Eine seiner kulinarischen Ikonen ist der Eisbecher, der als letzte Speise die im 19. Jahrhundert üblichen Prinzipien der Überdekoration und der sprechenden Bilder beibehält. Diese Welt ist der männlich geprägten Businesswelt genau entgegengesetzt.

Warum fühlt sich Frau M. eigentlich in dieser Welt wohl? Warum wählt sie sie als Treffpunkt mit ihren Freundinnen? Sie ist doch eine moderne, hart und erfolgreich arbeitende Frau, und sie müsste einen Abscheu vor den weiblichen Rollenbildern haben, die hier inszeniert werden. Aber erinnern wir uns, wir sind in der postmodernen Küche. Vielleicht ist eben auch in Frau M. ein Weiblichkeitsbestandteil, der einfach in Fett und Zucker schwelgen möchte, der lustvoll in diese Welt der ganz ihren privaten Gelüsten hingegebenen Spießbürgerinnen eintauchen möchte, getreu der Maxime: »Ich bin es nicht, ich tu nur so.«

Kantinenessen

Von einem Stamm der Kantinenesser lässt sich nicht leicht sprechen. Wenn Frau M. an das denkt, was sie in der Kantine ihres Unternehmens erlebt, hat sie nicht den Eindruck, dass hier ein Gefühl der Gemeinsamkeit geschaffen wird – ganz im Gegenteil, sie fühlt sich isoliert und als anonymes Wesen behandelt.

Sie hat zunächst anhand einer Tafel zu entscheiden, was sie heute essen möchte und kann dabei zwischen drei feststehenden Menüs wählen. Sie muss sich allerdings mit ihrem Entschluss beeilen, da sie sich von Anfang an in eine Schlange einreihen muss, die in einem bestimmten Rhythmus vorrückt und die der Einzelne nicht einfach durch Zögern aufhalten darf – sie befindet sich also auf einem »Fließband«. Sie wählt das Essen dann aus einer Art Kasten, in dem die einzelnen Bestandteile in Schälchen präsentiert werden, stellt sie auf ein Tablett und dieses auf ein Band. Die Kassiererin tippt einen Betrag ein, und Frau M. überreicht ihr ihre Essensmarken, sie trägt das Tablett an einen freien Platz an irgendeinem Tisch, und nach dem Essen stellt sie es wieder auf ein Fließband. Wenn sie nicht möchte, braucht sie mit niemandem ein Wort zu wechseln und ist in kürzester Zeit fertig. Sie ist satt, aber sie fühlt sich nicht gut, sie ist »abgespeist«, aber nicht emotional aufgebaut.

Hier werden Prinzipien der Industrialisierung und der Massenproduktion auf die Bewirtung angewandt: Das Essen wird hinter den Kulissen produziert, der Einzelne hat eine beschränkte Wahlmöglichkeit, er findet keinen persönlichen Ansprechpartner. Das Essen wird ihm zugeteilt, der Prozess ist straff organisiert, Zeit und Raum werden funktional gehandhabt. Die Zeit zerfällt in kurze, gleichmäßige Intervalle, in denen das Essen ausgesucht, gegessen und wieder entsorgt wird.

Es gibt keinen Raum, an dem sich eine Tischgemeinschaft bilden könnte. Der Esser ist isoliert und auf sich allein gestellt – dahinter steht die Metapher des Fließbands, das in manchen dieser Plätze auch physisch präsent ist.

Diese Art des Arrangements findet sich nicht nur in Kantinen, sondern auch in Schnellimbissen, an Bahnhöfen, Flughäfen und in Einkaufsstraßen. Die Besucher wissen meist, was sie erwartet, sie zahlen dafür einen bestimmten, und zwar meist recht niedrigen Preis. So zu essen ist kein beglückendes Erlebnis, aber man fühlt sich auch nicht frustriert.

In Situationen, in denen man eine solche Lokalität aber nicht freiwillig aufsucht, sondern gezwungen ist, sie zu benützen, entstehen beträchtliche Irritationen: in Kantinen eben, aber auch bei der Verpflegung im Krankenhaus, in Heimen, bei Essen, das von sozialen Institutionen ins Haus geliefert wird, so in der Altenbetreuung. Diese Situationen sind insgesamt schwer erträglich: Man ist isoliert und allein und würde sich ein bisschen Fürsorge und Gemeinschaft wünschen, und nun kommt gerade über das Essen das gegenteilige Signal. Die Reduktion auf die Rolle des völlig Passiven, einer Institution Ausgelieferten, der versorgt wird, ohne dass sein Bedürfnis nach Individualität und Autonomie beachtet wird, fällt schwer, und immer weniger Menschen sind bereit, diese Rolle zu akzeptieren. Unternehmen, die heute Kantinen einrichten, gehen auch tatsächlich nach anderen Prinzipien vor und beachten weit stärker die Wünsche ihrer Mitarbeiter.

Aus einer Untersuchung, die wir zu diesem Thema durchführten, ergab sich, dass die Mittagspause für Mitarbeiter eine große Bedeutung hat: Sie ist die Zeit, in der man kurz aus den Zwängen und dem Stress der Arbeit heraustreten kann, in der man sich als Mensch und Individuum fühlen kann, da man sich seinem Körper und seinen natürlichen Wünschen zuwendet. Man möchte daher das Gefühl haben, ein bisschen verwöhnt und umsorgt zu werden, und man möchte auch ein individuelles Gericht bekommen. Ebenso will man beim Essen nicht isoliert sein, sondern man möchte eine kleine Tischgemeinschaft bilden, mit den Arbeitskollegen, die man schätzt. Man will sich mit ihnen an einen hübsch gedeckten Tisch setzen, plaudern, sich erholen, man will auch den neuesten Klatsch hören und informelle Informationen austauschen.

Das Essen selbst sollte vielfältige Wahlmöglichkeiten bieten, man möchte sich seinen Teller selbst zusammenstellen, am liebsten mit den gewohnten und vertrauten Lieblingsspeisen. Wenn möglich, sollte das Essen frisch vor den eigenen Augen zubereitet und von jemandem ausgegeben werden, bei dem man einen individuellen Wunsch oder auch Kritik anbringen kann. Mit einem Wort: Das Kantinenessen sollte sich, so gut es ging, der häuslichen Mahlzeit annähern.

Auch hier zeigt sich, dass die strikte Trennung zwischen Privatwelt und Arbeitswelt verschwimmt. Die meisten Menschen möchten auch in ihrer Arbeitswelt private Werte wiederfinden, und umgekehrt ziehen natürlich Werte der Arbeitswelt in den Haushalt ein, so Zeitkalkül, Arbeitsersparnis durch Maschinen etc.

Popkonzert, Rockkonzert, Großereignisse

Seit den ersten Auftritten der Beatles und der Rolling Stones ähneln sich die Bilder von Pop- und Rockkonzerten: Fans, die völlig außer sich sind, und eine ekstatisch schwingende Menge, die für die Dauer der Vorführung gleich fühlt und handelt. Ähnliches kennen wir inzwischen von der Techno Love Parade, von den Auftritten der Backstreet Boys, der Spice Girls, aber natürlich auch von Fußballgroßereignissen.

Stammesgesellschaften kennen rituelle Anlässe, die zu einer kollektiven Ekstase der Stammesmitglieder führen, und auch in unserer eigenen Gesellschaft können wir Feste weit in die Geschichte zurückverfolgen: Ein meist religiöser Anlass führte Menschenmengen an einem Platz zusammen, das Fest selbst sah eine kollektive Entgrenzung vor (durch berauschende Getränke, opulente Mahle, Gesang, Vorführungen etc.), und nach einer gewissen Zeit ging man wieder auseinander. Das Besondere an diesen Situationen ist das Erlebnis, Teil einer menschlichen Gemeinschaft zu sein, in einer Menge aufzugehen, vielleicht auch, jenseits der Alltagswelt das Sakrale zu erfahren.[19]

In unseren Beispielen geht es nun nicht um sozial hochrangige Ziele, sondern um Begeisterung schlechthin und um das Gefühl, sich einer Gruppe zugehörig zu fühlen. Bis in die jüngste Vergangenheit hatte das der Nationalstaat geleistet: Wenn die Hymne erklang, wenn die Fahne wehte, konnte man sehr gut Gefühle der Identifikation und des Aufgehens in einem Ganzen entwickeln. Diese Gefühle bringen wir nicht mehr wirklich auf, doch geblieben ist die Sehnsucht, sich in einen »Stamm« zu integrieren und ihn nach Belieben wieder zu verlassen.

Das Interessante ist nun, dass bei diesen Gelegenheiten quasi rituell bestimmte Nahrungsmittel gegessen werden. Viele Gesellschaften begleiten rituelle Gelegenheiten, in denen es um das Zelebrieren der sakralen Gemeinschaft geht, mit besonderen Speisen und Getränken. Eine Menge, die gemeinsam dieselbe Speise isst, wird schon im Akt des Essens und Trinkens zu einer Gemeinschaft, in deren Körpern sich dasselbe befindet.

Die Produkte, die wir bei unseren rituellen Großveranstaltungen vor allem wählen, sind Popcorn, Cola, Chips.

Popcorn spielt eine besondere Rolle. Lässt man Personen die Eindrücke und Gefühle beschreiben, die sie mit dem Ablauf eines solchen Konzerts verbinden, so gehört dazu fast immer der Geruch, der von frisch geröstetem Popcorn ausgeht: Man betritt den Ort des Events, riecht Popcorn, kauft sich eine Tüte, geht hinein und kauft sich dann in der Folge noch mehrere Tüten, die man zur Musik isst. Anbieter wie Kelly's verkaufen bei diesen Ereignissen Unmengen von Popcorn, indem sie in den Vorräumen Popcornkanonen aufstellen, in denen in den Pausen Popcorn frisch geröstet wird, sodass sich ein intensiver Geruch entwickelt.

Das zweite entsprechende Produkt sind Chips, die besonders bei Sportereignissen bzw. Fußballspielen gegessen werden. So stieg der Chips-Verkauf in Österreich während der Übertragung der Fußballmeisterschaft 1998 um 30 Prozent.

Auch die Art, wie diese Nahrungsmittel gegessen werden, spiegelt die Rolle wider, in die man hier versetzt wird: die des Angehörigen einer Masse, wie ihn Le Bon in seiner Psychologie der Massen, gestützt auf Freud, beschrieb: vorkulturell, ohne Regulierung durch das Über-Ich, regredierend. Man isst diese Dinge ohne Mühe und Aufmerksamkeit, informell, ohne Bewusstsein, fortlaufend, giergetrieben, in einem atavistischen Essakt. Ebenso wäre es undenkbar, Cola aus einem Glas zu trinken, man trinkt es natürlich, wie auch Bier, aus der Flasche oder Dose.

Die Marken, die in diesem Zusammenhang eine Rolle spielen, sind im Wesentlichen amerikanischen Ursprungs oder benützen das amerikanische Wertfeld, wie Kelly's in Österreich, eine zu Bahlsen gehörige Marke, die aber nach außen genuin amerikanisch auftritt. Hier wird also eine globale Gemeinschaft installiert, eine Gemeinschaft von jungen Menschen, die bestimmte Marken und ihre Wertfelder schätzen: jung, fröhlich, zukunftsorientiert, ohne soziale Unterschiede.

McDonald's

Es macht einen wesentlichen Teil der Markenstärke von McDonald's aus, dass diese Marke nicht nur für bestimmte Nahrungsmittelangebote steht, sondern ebenso für ein ideologisches Angebot: McDonald's verkörpert auch eine Weltsicht, die sich ihren Fans und Konsumenten auf der ganzen Welt mitteilt.

McDonald's hat eine der bekanntesten kulinarischen Ikonen geschaffen, den Hamburger, den Big Mac, der in einer auf der ganzen Welt gleich bleibenden Qualität und völlig gleich im Aussehen angeboten wird und als Zeichen die Mc Donald's Welt abruft – zweckmäßig, sicher, effizient, sauber, sättigend, leicht zu essen, jung, demokratisch, egalitär.

Um diese kulinarische Ikone wurde eine prägnante, unverwechselbare Markenwelt gebaut, die alle Prinzipien erfolgreicher Markenbildung beachtet, nämlich eine konstante und auf jeder Zeichenebene wiederholte Botschaft sowie Einheitlichkeit und Kontinuität aller visuellen und verbalen Zeichen: die goldenen McDonald's-Bögen, die Farben, die Architektur der Restaurants, das Logo, die Uniform des Personals, die immer gleich bleibenden Sprachrituale, mit denen die Speisen übergeben werden.[20]

Diese global verbreitete Marke steht nun für wesentlich mehr als für eine einfache, schnelle, zweckmäßige Art zu essen. Betrachten wir McDonald's noch etwas genauer: McDonald's ist eine Marke, die immer wieder mit ethischen Argumenten in Verbindung gebracht wird. Sie wird geliebt und angegriffen, und sie hat eine komplexe Bedeutung.

Ein McDonald's Restaurant stellt für Kinder den Ort dar, an dem kulinarische Standards verwirklicht werden, die der Hausmacherküche völlig fremd sind, der ihnen eine intensive Idee davon vermittelt, was gutes, lustiges Essen ist, ein Ort auch, an dem sie ernst genommen werden, an dem sie ihren Geburtstag feiern. Für Jugendliche ist der Big Mac eine Speise, die sie als charakteristisch für ihre Altersgruppe empfinden, und McDonald's ist oft das erste Lokal, das sie selbstständig aufsuchen, in dem sie ihre Freunde treffen und sich von den Erwachsenen abgrenzen können. Wenn ein Erwachsener zugibt, dass er gern einen Big Mac isst, so weist ihn dies für die einen als einen kulinarischen Barbaren aus, für die anderen aber als jemanden, der jung geblieben ist, locker, weltoffen.

Die Werte, die McDonald's selbst für sich reklamiert, sind die eines Unternehmens, dem die Familie und die Gemeinschaft, letztlich die globale Gemeinschaft, wichtig sind.[21] Viele Werbespots zeigen McDonald's in der Rolle des fürsorglichen, freundlichen Ernährers, eigentlich in der Rolle der Mutter. Die Familien selbst, die in den McDonald's-Spots auftreten, sind jedoch oft mutterlose Familien. McDonald's setzt sich so an die Stelle der Mutter und propagiert damit eine Idee, die Feministinnen eigentlich begrüßen müssten: Wenn sich Frauen nicht mehr über ihre Rolle als Ernährerin der Familie definieren wollen, kann eine industrielle Instanz an ihre Stelle treten.

Genau hier setzt aber auch die Kritik des öffentlichen Diskurses an: McDonald's, so heißt es, zerstört die Familie – gewissenlose Mütter kochen nicht länger frisch, sondern schieben ihre Kinder zu McDonald's ab, der sie mit viel zu Fettem, nicht Frischem, mit Fleisch und weichem Brot voll stopft, der sie ungesund ernährt (was ernährungsphysiologisch widerlegt ist), sodass ihre Leistungsfähigkeit sinkt und sie ungesunde Essvorlieben entwickeln. Wie weit eine solche Kritik gehen kann und welche Werte sie zueinander in Beziehung setzt, macht das folgende Zitat eines Kritikers deutlich: »Wenn wir alle lernen, einen wirklichen Geschmack zu entwickeln, werden wir weniger fast food haben, mehr geruhsame Unterhaltungen, weniger Krieg, mehr Frieden, weniger gescheiterte Ehen, mehr Familien, die an einem Tisch sitzen, weniger unmoralische Filme und TV-Serien und mehr ehrliche Arbeit und Kreativität.«[22]

In internationalen Kampagnen geht McDonald's noch einen Schritt weiter und stellt sich als eine Instanz dar, der an der allgemeinen Verbrüderung gelegen ist, an dem globalen Zusammenschluss von Gruppen, an Gemeinsinn und Bürgersinn.[23] So zeigt eine Kampagne Szenen, in der nacheinander ein italienisches Mädchen, ein mexikanischer Jugendlicher und Soldaten auf dem Roten Platz zu sehen sind, wo sie jeweils Hamburger essen. All dies geschieht zur Musik des Beatles-Songs »Come together«, und der Hamburger erscheint hier als das Zeichen, das weltweit Gruppen eint; sie behalten ihre nationale Eigenart bei, bilden aber eine globale Gemeinschaft. Gerade in seinem Verhältnis zu lokalen Kulturen wird McDonald's andererseits sehr ambivalent beurteilt. Das Unternehmen selbst rühmt sich, lokale Produzenten zu stärken und Teilzeitarbeitsplätze zu schaffen, Kritiker werfen ihm dagegen gerade die Zerstörung lokaler Kulturen und die Ausbeutung von Arbeitskräften vor. Diese von moralischen Argumenten geprägte Diskussion weist noch einmal darauf hin, dass der Hamburger weit mehr ist als ein Nahrungsmittel. Mit unserer Akzeptanz oder Ablehnung stimmen wir auch über einen Zustand der Gesellschaft ab.

Nun ist noch etwas weiteres bemerkenswert: McDonald's ist weltweit verbreitet, und McDonald's sowie Coca Cola und Pepsi Cola sind amerikanische Marken, die auch für amerikanische Werte und ein amerikanisches Lebensgefühl stehen. Es gibt weltweit kaum ein Land, in dem diese Produkte nicht erfolgreich sind und schnell zu Bestandteilen der Alltagskultur werden – die USA sind also auch hier eine Weltmacht. Die

Eröffnung eines McDonald's-Restaurants in Peking steht nicht für eine praktische Möglichkeit zu essen, sondern sie stellt ein Zeichen dar, dass es neben der chinesischen Realität noch eine andere gibt.

Kulturelle Hegemonie drückt sich fast immer auch in kulinarischer Hegemonie aus, ein politisch-kultureller Führungsanspruch wird kulinarisch untermauert. So wurden die kulturell wichtigsten Nahrungsmittel der Römer, Weizen beziehungsweise weißes Mehl, Öl und Wein, praktisch von allen Oberschichten der unterworfenen Länder übernommen und schließlich von der katholischen Kirche in äußerst geschickter Weise als sakrale Speisen etabliert. Die germanischen Küchen erschienen demgegenüber als barbarisch. Ab der Renaissance haben die italienischen Küchen Gemüse und Obst, Eis und Konfekt in die damaligen französischen Hochküchen eingeführt, und im 19. Jahrhundert hat sich schließlich die Hegemonie der französischen Küche etabliert, die auch heute noch als Musterbeispiel der Hochküche gilt. Alle diese Küchen vermittelten nicht nur Kulinarik, sondern auch charakteristische Werte und Ideologien.

Die amerikanische Küche hat keinen besonderen Ruf, sie gilt zumindest in Europa als relativ primitiv, und es gibt wenig Speisen, die sich in den häuslichen europäischen Küchen durchgesetzt haben – im Wesentlichen sind dies nur Barbecue und gebackene Folien-Kartoffeln. Industriell hergestellte Nahrungsmittel beziehungsweise Marken wie McDonald's oder Coca Cola und Pepsi sind jedoch global verbreitet, und sie sind es eigentlich, die die evidente wirtschaftliche und politische Hegemonie Amerikas durch eine kulinarische Hegemonie untermauern. Sie transportieren Werte, die Amerika gern für sich beansprucht: Jugend, Gleichheit, Einfachheit, Ehrlichkeit.

Restaurants

Restaurants als Marken und Restaurants als »Gesamtkunstwerk«

Man könnte sagen, dass wir den Typ des gehobenen Restaurants der Französischen Revolution verdanken. Exquisite Bankette und Menüs konnte man bis zum Beginn der Französischen Revolution im Allgemeinen nicht kaufen, man konnte nur zu ihnen eingeladen werden, von einem Adeligen oder einem hohen Würdenträger. Diese verfügten über exzellente Köche, Musiker, Dekorateure, die eine Einladung zu einem außergewöhnlichen Erlebnis machten. Leider verloren alle diese Fachleute durch die Französische Revolution ihren Job: Ihre Auftraggeber wurden größtenteils guillotiniert.

Die findigsten Köche eröffneten daraufhin in Paris die ersten gehobenen Restaurants, in denen sie zu Höchstpreisen genau die Gerichte und raffinierten Speisefolgen anboten, die sie vorher für ihre adeligen Herren gekocht hatten. Diese Restaurants waren von Anfang an ein großer Erfolg – die Bürger, die für Freiheit, Gleichheit, Brüderlichkeit gekämpft hatten, liebten es, nun genauso zu speisen wie ihre adeligen Opfer.

Die Kulturtechniken der adeligen Küche des 18. Jahrhunderts überlebten also, indem sie zu Marktgütern wurden, die jeder erwerben konnte, der genug Geld hatte. In dieser Form kennen wir Restaurants heute. Sie bilden einen wichtigen Bestandteil unserer Lebenswelten, und ihre Zahl nimmt zu: Immer mehr Menschen essen außer Haus, weil sie sich nicht die Mühe machen wollen, zu Hause zu kochen, oder weil es ihnen Vergnügen bereitet, in ein Restaurant zum Essen zu gehen. Schließlich stellen Restaurants auch eine Möglichkeit dar, sich mit anderen Menschen außerhalb der Berufswelt zu treffen, ohne sie zu sich nach Hause einzuladen.

Mit der Zahl der Restaurants nimmt auch ihre Vielfalt zu. Es gibt das Dorfgasthaus, das immer noch ein soziales Zentrum darstellt, mit seinen Stammtischen, an denen sich die einzelnen Clans des Dorfes versammeln, an denen strenge Regeln herrschen und Gemeindepolitik gemacht wird. Es gibt das schicke In-Lokal in der Stadt, in dem sich alle in ihren neuesten Outfits drängen und man zuerst nie einen Platz bekommt, bis es dann plötzlich mega-out wird. Es gibt das gutbürgerliche Gasthaus – gepflegt, ruhig, ein bisschen dunkel, sehr konservativ, mit einer liebevollen bürgerlichen Küche, das Schnellrestaurant, die Lokale der so genannten Erlebnisgastronomie, den Biergarten, den Chinesen um die Ecke etc.

Alle diese Restaurants sind in ihrem funktionalen Nutzen gleich: Man kann dort essen, aber sie sind höchst unterschiedlich in ihren Preisen und in den Gegenwerten, die sie für diese Preise bieten. Diese Gegenwerte bestehen nicht nur in der Quantität und Qualität des Essens, sondern auch in dem Erlebnis, das sie dem Besucher versprechen. Wie kommt dieses Erlebnis zustande?

Restaurants stellen Essen als Marktgut, als »Produkt« her. Sie unterliegen damit der Gesetzmäßigkeit von Märkten, und erfolgreiche Restaurants sind als Marken ausgeformt. Wenn man ein Restaurant betritt, so betritt man eine spezifische Welt, einen besonderen sozialen Raum, der wie in einem Theater eine Inszenierung bietet. Die Stücke, die darin gespielt werden, sind höchst unterschiedlich, aber um zu wirken, müssen sie konsequent durchinszeniert sein. Alles in diesem kleinen Raum muss zusammenwirken, um ein bestimmtes Thema darzustellen. Wir wollen im Folgenden einige dieser »Stücke« oder »Gesamtkunstwerke« analysieren.

Gehen wir zuerst etwas näher auf den Gesichtspunkt »Restaurants als Marken« ein. Märkte sind immer von Wettbewerb gekennzeichnet, von Freiwilligkeit und von Offenheit. Von

Märkten spricht man nur dann, wenn zwischen mehreren Angeboten gewählt werden kann; niemand kann auf einem Markt gezwungen werden, etwas anzubieten oder zu kaufen, der Markt muss allen offen stehen, die das Geld haben, am Handel teilzunehmen.

Auf einem Markt geht es für einen Anbieter deshalb darum, sein Angebot besser und reizvoller zu präsentieren als sein Mitbewerber, sodass es dem Konsumenten einen hohen Gegenwert für den gezahlten Preis verspricht. Dies gelingt im Allgemeinen dann, wenn er nicht nur den funktionalen Nutzen hervorhebt, sondern an das appelliert, was man sich wünscht: Prestige, Vergnügen, Verwöhnung, Respekt, Abenteuer, Individualität etc.

Nun haben wir gesehen, dass Individualität für uns ein wichtiger Wunsch ist, der Märkte ganz wesentlich vorantreibt: Wir stellen immer mehr Produkte her, die von immer kleineren Gruppen gekauft werden, unsere Märkte sind daher übervoll. In dieser Situation gewinnen Marken eine hohe Bedeutung.

Der Begriff Marke stammt aus der Konsumgüterindustrie. Marken stellen für Unternehmen ein wichtiges Kapital dar: Nivea, Persil, Mercedes, Coca-Cola sind Marken von außerordentlichem Wert.

Marken verbinden Gebrauchsprodukte mit einer bestimmten Bedeutung: Nivea ist nicht nur eine Creme, sondern sie steht für Sanftheit und Pflege, für mütterliche Fürsorge, für Natürlichkeit und Verlässlichkeit. Diese Bedeutung umfasst Werte, die sich Menschen wünschen und/oder die in einer Gesellschaft zu einem bestimmten Zeitpunkt als besonders wünschenswert betrachtet werden. Es sind im Allgemeinen diese Werte, die eine Marke von der anderen unterscheidet und die sie für Konsumenten wertvoll macht.

Marken übersetzen diese Werte konsequent in alle Zeichen, die in der Kommunikation verwendet werden: Namen,

Packung, Farben, Optik, Konstruktion und Duft des Produkts, Werbung etc. Erfolgreiche Marken verwenden diese Zeichenausstattung über einen langen Zeitraum und sehr konsequent, um immer wieder ihre Botschaft zu vermitteln. Entsprechend bilden die Konsumenten feste Erwartungen aus. Eine Marke gibt ihnen ein Gefühl der Sicherheit, man weiß, was man von ihr zu erwarten hat, und muss nicht jedes Produkt im Einzelnen überprüfen. Marken schaffen auch Individualität, sie lassen Produkte unterschiedlich und individuell erscheinen, auch wenn der Sache nach kein Unterschied vorliegt. Marken vermitteln ferner das Gefühl, ein Produkt zu benützen, das exakt der eigenen Weltsicht entspricht, es erscheint »wie für mich gemacht«. Ich gehe diesen Gesichtspunkten näher in meinem Buch »Produkte als Botschaften« nach.[24]

All dies gilt auch für Restaurants: Sie müssen im Vergleich zu anderen ihre eigene Position finden, und sie müssen auch eine Botschaft und eine Bedeutung vermitteln: einen Wert, etwas Wünschenswertes, ein kulturelles Ideal. Sie müssen »aus dem Ding an sich das Ding für mich« machen, wie das Marx als Funktion von Konsumgütern formulierte. Ferner müssen sie die Bedeutung konsequent in Zeichen übersetzen, und zwar so, dass auf jeder Ebene immer wieder dieselbe Botschaft vermittelt wird: Name, Architektur, Einrichtung, Ausstattung, Geschirr, Blumen, Personal, Gäste, Musik, Gestaltung der Speisekarten, Speisenauswahl, Typ der Küche etc. All dies formt dann den kleinen sozialen Kosmos eines Restaurants. Ein konsequent durchgestaltetes Restaurant stellt so auch eine Art von »Gesamtkunstwerk« dar.

Doch für welche Bedeutungen stehen Restaurants eigentlich? Was inszenieren sie, und wie gehen sie dabei vor? Wir können diese Frage natürlich nicht erschöpfend beantworten, aber wir können doch einige Möglichkeiten beschreiben.

Zunächst einmal können wir nach Preisklasse und »standing« in Luxus- bzw. teure Restaurants, mittlere und billige Restaurants unterscheiden. Andererseits besetzen Restaurants auch bestimmte Themen, die nicht unmittelbar sozial eingeordnet werden können: das Bierhaus, das Gartenrestaurant, das großstädtische Café etc. Alle diese Restaurants erzielen ihre Wirkung, indem sie bestimmte Regeln und Zeichensysteme konsequent anwenden, auf der Ebene der Küche wie auf der Ebene der Ausstattung, und zwar ohne dass sie oder ihre Gäste sie explizit kennen. Die Lokale sind exakt und konsequent durchkomponiert; man bemerkt dies allerdings nur dann, wenn ein Fehler auftritt.

Es gibt Menschen, die weiße Lilien lieben, sie genießen einen weißen Lilienstrauß in einer silbernen Vase in einem schönen Restaurant als etwas sehr Ästhetisches und Erfreuliches. Wenn sie aber den gleichen Lilienstrauß in einem Dorfgasthaus, in dem sie einen großen Bauernschmaus bestellen, als Tischdekoration sehen, erleben sie ihn als lächerlich und seltsam störend. Warum eigentlich genau? Wir wollen im Folgenden dieser Frage näher nachgehen.

Ein Teil der beschriebenen Beispiele stammt wieder aus dem süddeutschen und österreichischen Raum. Selektionen sind natürlich immer schwierig: Aus der Fülle von Restaurants einige spezifische herauszusuchen, ist schwer zu begründen, und in einem bestimmten Sinn wird eine solche Auswahl immer beliebig sein, welches Lokal man auch wählt. Die im Folgenden besprochenen Restaurants stehen daher exemplarisch für einen bestimmten Typ der Küche, den es in dieser Form, jedenfalls in seinen strukturellen Merkmalen, auch anderswo gibt. Ob sie gut ausgesucht sind, das heißt, ob sie einen relevanten Typ darstellen, möge der Leser entscheiden, der in seiner Umgebung sicher Lokale dieses Typs kennt.

Wofür Restaurants stehen können: Paradiesgärtlein, Bierpaläste, Salons, gute Stuben

1997 wurde in München eine Ausstellung gezeigt, die auch in einem sehr schönen Katalog dokumentiert wurde: »Wirtshäuser in München um 1900«. Geschildert wird die Entwicklung, die die alten kleinen, einfachen Wirtshäuser in München und seinen Vororten im Zuge der Industrialisierung und allmählichen Umstrukturierung der Gesellschaft erfuhren. Anstelle der oft eher schmutzigen kleinen Wirtshäuser, die dennoch als sozialer Treffpunkt fungierten, entstanden nun die Bierpaläste, die Automatencafés, die Ausflugsrestaurants, die idyllischen Gastgärtchen – eine große Erweiterung des Angebots, aber auch ganz neue Formen.

So stellten die Bierpaläste in der Innenstadt riesige Bauwerke dar, mit Sälen, die bis zu 3 000 Menschen Platz boten, sowie einer Fülle von Nebenräumen, die in historischen Stilen eingerichtet waren, vor allem im altdeutschen Stil, der Bürgersinn und Gemütlichkeit gleichzeitig anzitierte.

In diesen Bierpalästen verkehrte nun auch das Bürgertum, zwar, soweit rekonstruierbar, räumlich etwas getrennt von den unteren Schichten, aber dennoch geeint im Ritual der berauschenden Zusammenkunft. Die Errichtung dieser Bierpaläste, die von den großen Brauereien betrieben wurden, erforderte beträchtliches Kapital ebenso wie neue Techniken des Bierbrauens, der Logistik, der Arbeitsteilung – Techniken also der beginnenden Industrialisierung. Über ihre Architektur, ihre stilistische Ausrichtung, ihre Größe, ihr Getränke- und Speisenangebot stellen sie aber auch ein besonderes Zeichensystem dar. Von ihrer Größe und ihrer Tendenz zu beeindruckender Pracht sind sie wohl mit den damals ebenfalls neu errichteten Kaufhäusern und Prachthotels zu vergleichen, den Prunkbauten der neu sich formierenden Bürgerkultur. Während diese aber die adelige Palastarchitektur zitierten, stützten sich die Bierpaläste auf Zeichen einer anderen Bürgerkultur, und zwar vor allem der des Spätmittelalters. Diese »altdeutsche« Kultur, die man exemplarisch mit Heimat, mit Bürgersinn, mit guter Tradition, aber auch mit Gemütlichkeit gleichsetzte, bildete den ideologischen Bezugspunkt für diese neuen öffentlichen Räume, die dazu bestimmt waren, Menschenmassen aufzunehmen und in eine gemeinsame Stimmung einschwingen zu lassen. Dies ist im Übrigen ein Phänomen des süddeutschen, speziell des Münchener Raums, in dem sich die Schichten wesentlich stärker mischten als in anderen Gegenden – bezeichnenderweise rund um Bier, das im Spektrum der Getränke genau für diese Position steht.

Ein neues kulturelles Ideal inszenierten auch die Automatenrestaurants, die genau zur selben Zeit wie die Bierpaläste entstanden und als der letzte Schrei galten: Lokale, in denen man aus buffetartigen Aufbauten gegen Geldeinwurf kleine Speisen und Getränke entnehmen konnte – schnell, technisch gesteuert, jederzeit verfügbar, hygienisch, ohne menschliche Intervention –, die ersten Beispiele einer Esskultur, die in der Folge die Gesellschaft eroberte und die wir vom Typ her heute sehr gut kennen.

Dies gilt auch für die neuen Ausflugslokale, in denen Bürger zum ersten Mal in größerem Stil die Natur erfuhren und bewunderten, und es gilt für die romantischen Gastgärten, die sich damals zu bilden begannen. Die Biergärten in München, Heurigenlokale in Wien, aber auch alle Restaurants am Wasser oder in einem grünen Garten oder in einem romantisch bewachsenen Innenhof gehören zu diesem außerordentlich beliebten Typ. Seine Faszination könnte darin liegen, dass hier ein ganz altes kulturelles Ideal inszeniert wird, das Paradiesgärtlein. Von mittelalterlichen Klosteranlagen kennen wir diesen Typ: den Kräuter- und Blumengarten, den die Mönche anlegten, mit einer Wasserquelle, ruhig, geborgen, friedlich – ein Abglanz des Paradiesgartens eben.

Das Luxusrestaurant: die feinen Unterschiede

Diese Restaurants bieten für die höchsten Preise auch das Elitärste, was sich derzeit finden lässt. Wir können sie also als Beispiel für unsere Inszenierung von Luxus, Eleganz, elitärem Essen betrachten.

Die Strategien, die sie anwenden, kennen wir bereits – wir haben sie anhand des Silvestermenüs des Restaurants Obauer beschrieben. Beim Vergleich von Speisekarten zeigt sich, dass in Luxusrestaurants ein ganz ähnliches Verständnis von Eliteessen herrscht, dass sie, bei allen individuellen Unterschieden in der Küche, alle denselben Code ausbilden. Dies ist nicht selbstverständlich: Eines könnte doch eine völlig überraschende und andere Sprache sprechen, um sich deutlich zu unterscheiden. Natürlich geschieht das auch von Zeit zu Zeit, jedoch immer nur in einer kleinen Variation. Die Merkmale, die für uns Elite signalisieren, sind keinesfalls zufällig gewählt, wir können sie also auch nicht beliebig außer Kraft setzen.

Alle Luxusrestaurants bieten Menüs mit den bekannten differenzierten Speisefolgen an, mindestens vier-, sechs- oder achtgängig. Den Menüs sind Weinempfehlungen zugeordnet. Vorher und nachher werden als Geschenk des Hauses Amuse-gueules beziehungsweise kleine Pralinen und Süßigkeiten gereicht.

Alle Speisen werden nach den Regeln der ornamentalen Küche angerichtet: farblich abgestimmt, schön arrangiert, kunstvoll und leicht dekoriert. Alle Portionen sind klein. Die

Weinempfehlungen harmonieren mit den jeweiligen Speisen und wechseln bei jedem Gang, es gibt eine eigene Person, den Sommelier, der bei der Auswahl des Weines berät und den Weinconnaisseurs unter den Gästen Gelegenheit gibt, mit ihren Kenntnissen zu brillieren.

Das Prinzip des Wechsels und der meisterhaften Koordination bestimmt auch sonst die Verhältnisse am Tisch. Es gibt verschiedene Tellergrößen, Platzteller und Gläser bei jedem Gang, im Pfefferschiff werden auch die Muster des Geschirrs auf die jeweilige Speise abgestimmt. Wenn also drei Personen etwas Unterschiedliches bestellen, erhalten sie dies auf Tellern von unterschiedlichem Muster, das genau auf die Anordnung und den Typ der Speise abgestimmt ist. In einem Wiener Spitzenrestaurant, dem Steirereck, und im Pfefferschiff wechselt das ganze Geschirr im jahreszeitlichen Ablauf: Ab dem 6. Januar (Dreikönigsfest in Österreich) wird z.B. nicht mehr das Weihnachtsgeschirr verwendet und mit Frühlingsbeginn nicht mehr das Wintergeschirr.

Der Tisch ist mit frischen Blumen geschmückt, mit seltenen Blumen oder mit höchst kunstvoll arrangierten. Selbstverständlich gibt es Stofftischtücher, meist aus Damast, und Stoffservietten, die zu Beginn der Mahlzeit kunstvoll gefaltet auf den Tellern liegen. Die Bedienungen tragen Schwarzweiß, die Männer im Allgemeinen etwas Frack- bzw. Smokingartiges oder ein weißes Dinnerjacket.

Die Speisen werden koordiniert serviert: Bei jedem Gang erhalten alle Gäste ihre Speisen zum selben Zeitpunkt, wobei die Bedienungen wissen, was wer bestellt hat, sie müssen also nicht eigens nachfragen. Bei manchen Gängen wird in sehr zeremonieller Art serviert, etwa wenn die Bedienungen Teller mit großen silbernen Deckeln bringen, die sie alle zur selben Zeit lüften. Auch die Zeitdauer, in der serviert wird, folgt bestimmten Gesetzmäßigkeiten, es gilt als unhöflich, zu schnell

AUBERGINE

Heute empfehle ich Ihnen
fischweise serviert à 175.--

gebratene Gänseleber mit getrüffelten Hühnerleberparfait
Gelée mit Räucheraal, *oder* Baliklachs u. Renke

Languste u. Jacobsmuscheln auf Erbsenpurée
oder
Lammessenz mit Basilikum

Délice von der Seezunge mit Gurken in Senfsauce

Limettensorbet

Wachtelbrüstchen mit Maultaschen u. frischen Morcheln

gefüllter Kaninchenrücken mit Spargeln u. Karoten

Käse

Dessert Teller

UNSERE TÄGLICH FRISCH ZUBEREITETEN
FINDEN SIE AUF DER SPEZIELLEN DESSERTS-KARTE.

FÜR IHREN GENUSS ZU HAUSE KÖNNEN SIE UNSERE
HAUSGEMACHTE GÄNSELEBERTERRINE VORBESTELLEN.

3.5. 1986

Speisekarte des »Aubergine«

213

hintereinander zu servieren, aber auch die Gäste zu lange warten zu lassen. Alle beachten den Einschnitt in der Speisefolge, der vor dem Servieren des Desserts liegt: Der Tisch wird mit einem kleinen Besen abgekehrt, sodass das Dessert auch nicht im Entferntesten mit den Resten der vorangegangenen salzigen Speisen in Berührung kommt.

In den meisten Restaurants sind die Besitzer anwesend, sie begrüßen die Gäste und verabschieden sie, wobei sie großen Wert darauf legen, die Gäste mit ihrem Namen anzusprechen. Meist existiert ein Starkoch, über den auch in den Medien berichtet wird.

Ein solches Restaurant wird nicht ohne einen spezifischen Anlass aufgesucht. Man geht also nicht hin, weil man am Abend einfach etwas Warmes essen möchte. Vielmehr werden dort Geburtstage gefeiert, Hochzeitstage, wichtige Anlässe also, oder man macht jemandem den Besuch zum Geschenk, um ihm eine Freude zu bereiten oder um ihm Respekt zu erweisen, oder man besucht es, um nachher seinen Bekannten davon berichten zu können. Entsprechend kann man auch erwarten, dort Menschen zu treffen, die speziell für diesen Anlass angezogen und hergerichtet sind, die zu essen verstehen, die nicht zu laut sind – es herrscht eine gepflegte, leise, kultivierte Atmosphäre.

Die Merkmale dieses Stils sind also: elitär, ornamental, verschwenderisch, ästhetisch, differenziert, regelhaft im Ganzen, kreativ im Einzelnen. Die Zubereitung und Präsentation des Essens erfolgt durch ein wohl organisiertes, hierarchisch geordnetes Team, dahinter werden Starpersönlichkeiten sichtbar.

In diesem Kosmos werden dem Besucher relativ rigide Regeln auferlegt, er hat bestimmte Voraussetzungen und Fähigkeiten zu besitzen, er muss finanzielles, soziales und kulturelles Kapital investieren. Er wird dafür aber auch mit einer Fülle von Erlebnissen belohnt, Geschmackserlebnissen in einem doppelten Sinn: Sowohl das Essen wie die Umgebung signalisieren, dass wir uns hier im Reich des guten Geschmacks befinden. Der Gast wird dabei in einer sehr persönlichen Weise behandelt, die deutlich macht, dass er als unverwechselbares Individuum wahrgenommen wird, mit Namen, mit Biografie, mit persönlichen Besonderheiten.[25]

Eine solche Inszenierung, die auf jeder Ebene das Feinste und das Exquisiteste bietet, erlaubt uns, eine menschliche Beziehung oder eine Gelegenheit als besonders und unterschiedlich vom alltäglichen Lauf der Dinge abzuheben, und sie bietet auch das Instrumentarium, mit dem sich elitäre Gruppen vom »Volk« und dem Mainstream abheben können.

Die bürgerliche Mitte

Die Restaurants, die diesem Typ angehören, zeigen eine wesentlich größere Variationsbreite als diejenigen am oberen und am unteren Ende der Skala. Wir wollen aus dieser Vielzahl einen Typ herausgreifen, der sich vom Preis, aber auch von seinen charakteristischen Merkmalen her eher im oberen Abschnitt befindet und im Allgemeinen als gutbürgerliches Restaurant bezeichnet wird.

Hier werden in wesentlich größerem Umfang traditionelle Speisen mit festen Kombinationsmöglichkeiten angeboten, der Grad der kreativen Neuschöpfungen ist gering. Wenn überhaupt Menüs angeboten werden, haben sie nicht mehr als vier Gänge; meist gibt es auch keine vom Haus geschenkten Süßigkeiten oder Amuse-gueules, serviert wird dagegen zu Beginn Brot und Butter. Die Portionen sind auf jeden Fall deutlich größer als in den Luxusrestaurants, wenn auch meistens nicht so groß wie in der nachfolgend beschriebenen Gruppe.

Teller und Gläser werden zwar entsprechend den Anforderungen gewechselt, es gibt jedoch keine besonders differenzierten Arrangements oder jahreszeitlichen Variationen. Die Tische sind mit Blumen geschmückt, es gibt Stofftischtücher und Servietten. Bei Eckel in Wien tragen die Bedienungen die schwarzweiße offizielle Kleidung, nur der Wirt trägt Straßenkleidung, beim Schlosswirt in München finden wir eine Art von Fantasieuniform.

Die Einrichtung ist gediegen, gepflegt, gemütlich, mit liebevollen kleinen Details, aber nicht einem bestimmten Designniveau verpflichtet. Ein Teil dieser Restaurants neigt jedoch zu wahren Orgien von Überdekoration oder zur Imitation feudaler Stile – eine Gefahr, die beim bürgerlichen Stil immer nahe liegt.

Auch hier bemühen sich die Besitzer oder ein lange dem Hause angehörender Oberkellner persönlich um den Gast. In diese Restaurants geht man durchaus zur Unterhaltung, also nicht nur, weil man schnell etwas Warmes essen will, man kann sie zu festlichen Anlässen besuchen, aber sie sind nicht nur diesem Zweck vorbehalten.

Es herrscht ein gehobener, aber nicht elitärer Stil; getilgt sind alle Charakteristika des Verschwenderischen, Aufschwellenden, Seltenen. Die Speiseangebote folgen bekannten Regeln – in etwa denen, die wir beim Staatsbankett kennen gelernt haben. Der Kleidercode, der Code für Geschirr, Dekoration, Einrichtung ist gehoben, aber nicht luxuriös – dies wäre »Sonntag« im Vergleich zu »Wochentag« oder im Vergleich zu »Fest«. Auffallend ist die sehr persönliche, fürsorgliche Behandlung des Gastes und die liebenswürdig gemütliche Ausstattung der Räume.

Die Merkmale sind also: gehoben, aber nicht verschwenderisch, die gute Mitte zwischen Luxus und Notwendigkeit, traditionell, geregelt, strukturiert, diszipliniert, gefühlvoll.

Dieser »Raum« lässt den Gast Ordnung, Vernunft, Gefühl erleben – klassische bürgerliche Werte also.[26]

Der Stil der Notwendigkeit

Der Kastenwirt ist ein Gasthaus, das sich in einem kleinen Ort am Irrsee bei Salzburg befindet. Wenn hier von einfach und unten gesprochen wird, so bedeutet das in keiner Weise eine Herabsetzung dieses Lokals. Es ist vielmehr ein in seiner Art sehr reizvolles und gutes Lokal, das viele Leute schätzen. Dennoch verkörpert es einen bestimmten Stil, und um diesen Stil geht es hier. Er findet sich auch in Vorstadtgasthäusern und in Städten, wie der Metzgerwirt in München demonstriert.

Angeboten werden österreichische Klassiker: Wiener Schnitzel, Beuschel, Rostbraten, Speisen also, die der deftigen bäuerlichen Küche entstammen, wie etwa ein kaum zu bewältigender Bauernschmaus (Schweinsbraten, Selchfleisch, Würste, Sauerkraut, Knödel); Gerichte der bürgerlichen, etwas altmodischen Sonntagsküche (Cordon bleu). Die Speisenangebote variieren über eine lange Zeit nicht, man kann über Jahre sicher sein, Beuschel und Cordon Bleu zu bekommen. Wenn Menüs angeboten werden, so meist dreigängige Mittagsmenüs in der Abfolge Suppe – Hauptgericht – Dessert. Die Preise sind erstaunlich niedrig, die Portionen riesig.

Es wird kein sonderlicher Aufwand bei Gläsern oder Geschirr getrieben, es gibt Papierservietten, und Besteck und Servietten liegen auf einem Teller in der Mitte des Tisches, von dem sich die Gäste selber versorgen.

Die Bedienungen tragen Alltagskleidung, manchmal Schürzen. Gäste wählen im Allgemeinen keine besondere Kleidung für diese Restaurants, und es muss auch kein besonderer Anlass bestehen, sie aufzusuchen.

Der Stil, in dem dieses und ähnliche Restaurants eingerichtet sind, ist zweckmäßig, mit konservativen und kleinbürgerlichen Dekoransätzen. Tische, Stühle, Fußböden sind einfach zu reinigen, strapazierfähig, keinem erkennbaren Stil zuzuordnen, sie zeigen weder verspielte Ländlichkeit noch Nostalgie, wie man sie bei mittleren Restaurants findet. Dafür gibt es hier Zeichen, die einerseits auf ein funktionierendes Gemeinwesen hindeuten, andererseits auf religiöse Traditionen: Das Lokal hat einen Herrgottswinkel mit Kruzifix und einen Stammtisch, der durch eine Aufschrift, aber auch durch Ausstattungsdetails als solcher gekennzeichnet ist: eine schwere schmiedeeiserne Lampe etwa, ein großer schmiedeeiserner Aschenbecher.

Dieser Stammtisch wird auch häufig benützt, man sieht hier immer Gruppen von Karten spielenden und trinkenden Männern, und wenn die Bedienungen Pause machen, so setzen sie sich meist zu einem kleinen Gespräch an diesen Stammtisch.

Dieser besondere Tisch würde dem Power-Tisch und den Prominententischen entsprechen, die die elitären Restaurants am oberen elitären Ende der Skala aufweisen. Nur ist hier die obere, besonders markierte Gruppe eine ganz andere: eine Männergruppe aus dem Ort, die sich regelmäßig trifft und feststehende Regeln des Zusammenkommens entwickelt hat, eine besondere Kultur des Sprechens und Trinkens.

Das Dekor, besonders die Tischdekoration, imitiert meist Arrangements der Hochkultur: künstliche Blumensträuße, die immer schön bleiben, die nie gewechselt werden müssen, die extrem praktisch, wenn auch nicht authentisch sind. Hier stehen auch keine Kerzen, sondern kleine Lämpchen, die Kerzen imitieren.

Menü 1: 105,-

Fleischstrudelsuppe

Tiroler Gröstl,
gemischter Salat

Menü 2: 128,-

Fleischstrudelsuppe

Cordon bleu Preiselbeeren
und Pommes frites

Tagesgerichte:

Rumpsteak vom Angus, Gemüse, Bratkartoffeln 170,-
und Kräuterbutter

Grillteller, Gemüse Pommes frites, Kräuterbutter 152,-

Zanderfilet gebraten in Kräuterbutter mit 145,-
Petersilienkartoffeln

Filetspieß in Pfefferrahm sauce, Gemüse, Röstinchen 160,-

Kalbsrahmschnitzel, Reis, gemischter Salat 142,-

Farchiertes Butterschnitzel gebacken, Kartoffeln, 98,-
gemischter Salat

Hühnerschnitzel in Ei und Parmesan gebacken, 98,-
mit Rahm nudeln

Gekochtes Rindfleisch in Schnittlauchrahmsauce, 118,-
mit Kartoffeln

Gemüse mit Nudeln in Kräuterbutter 78,-

Schweine braten, Knödel, gemischter Salat 98,-

Bauernschmaus 115,-

Knödelteller mit Sauerkraut 92,-

Topfenknödel mit Zwetschken röster 28,-

Speisekarte des »Kastenwirts«

Roxy, das Lokal der postmodernen Flaneurs

Alle bisher besprochenen Lokale variieren einen Grundtyp; das nun folgende zeigt dagegen eine völlig andere Struktur. Es ist typisch für den postmodernen Stil.

Das Roxy befindet sich in München in der Leopoldstraße. Es ist den ganzen Tag geöffnet, und man kann dort von früh bis spät in der Nacht immer etwas Warmes essen, man muss sich also nicht wie in den anderen Restaurants an bestimmte Küchenzeiten halten.

Das Publikum ist jung und urban, mit vielen Passanten. Man sucht das Roxy nicht aus einem besonderen und festlichen Anlass auf, man lädt auch nicht unbedingt jemanden gezielt dorthin ein, man geht vielmehr hin, weil man beim Umhergehen einen kleinen Hunger spürt und schnell einen Happen essen will, oder einfach, um dort zu sitzen, den anderen Leuten zuzuschauen, das Leben draußen auf dem Boulevard auf sich einwirken zu lassen.

Das Bemerkenswerte an der Speisekarte ist das Frühstücksangebot: Im Roxy gibt es den ganzen Tag Frühstück. Die Bindung einer Mahlzeit an einen bestimmten Zeitpunkt, die für die traditionelle Küche wichtig ist, ist hier also aufgegeben. Hier legt niemand fest, wann die angemessene Zeit für ein Frühstück ist, sondern der Kunde bestimmt allein, wann er es haben möchte. Dies kann praktisch immer sein, um den vielen wechselnden »jetzt, hier, sofort« gerecht zu werden. Man könnte also sagen, dass dieses Frühstück mit dem bürgerlichen Frühstück nur noch den Namen gemeinsam hat, aber nicht mehr den sozialen Kontext.

Auch ein zweites Merkmal dieses Frühstücksangebot ist typisch für den postmodernen Stil: die Ästhetisierung. Es gibt hier nicht einfach ein Frühstück oder wie sonst üblich, die Wahl zwischen einem *continental breakfast* und einem Früh-

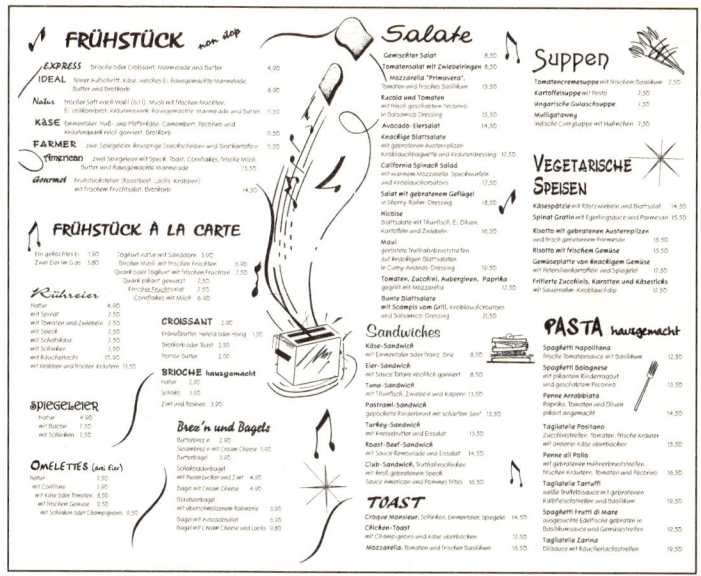

stücksbuffet, sondern ein ganzes Spektrum von Frühstücken – jedes mit einem eigenen Etikett, das über den Namen eine kleine Frühstückswelt anbietet: »Gourmet«, »Farmer«, »Natur«, »American«, »Express«, »Ideal«, »Freudenhaus Special«. Die einzelnen Bestandteile werden auf das jeweilige Thema abgestimmt: Speckscheiben und Kartoffeln beim »Farmer«; Lachs, Krabben, Roastbeef beim »Gourmet«; Kräuterquark, Vollkornbrot, Müsli bei »Natur«; Spiegeleier, Bacon, Karottensaft bei »Freudenhaus Special«.

Das sonstige Speisenangebot lässt zunächst keinen Schwerpunkt erkennen. Es ist reichhaltig und vielfältig, und es enthält fast alle bekannten Positionen: vegetarische Küche, Pasta, Burger, Chicken and Turkey, Steaks, Pfannkuchen, Bagels, jedes Angebot wiederum in einer breiten Auswahl. Dazu gibt es eine wechselnde Tageskarte.

Sowohl im Typ der Speisen als auch in der Zusammenstellung mischen sich regionale mit internationalen Ansätzen, was sich bis in die Sprache hinein verfolgen lässt: Englische, italienische und deutsche Bezeichnungen sind fast wahllos kombiniert. Es gibt also sowohl traditionelle bzw. regional orientierte Gerichte (Rehschäuferl in Preiselbeerrahm und Butterspätzle, Kalbsrahmgulasch mit Brezenknödel, Wiener Schnitzel) wie sehr exotische (Thailändischer Vorspeisenteller mit gebackenen Shrimps, gefüllte Teigtaschen, Hühnerbällchen mit zweierlei Soßen), aber auch Zusammenstellungen aus den beiden Welten: Räucherlachsscheiben mit Reiberdatschi, Blaubeerbagel mit überschmolzenem Rahmbrie. Eine Rubrik nennt sich »Brez'n und Bagels«.

Die Prinzipien, die die Auswahl und Kombination der Speisen beim Roxy leiten, erinnern an die Strategien, die bei Sweety von Knorr geschildert wurden. Sie leben von der freien Kombinierbarkeit, von der Überraschung, von der Integration des Globalen in das Lokale.

Das Roxy unterwirft seine Gäste keinerlei besonderen Regelungen, der Service ist freundlich, aber eher unpersönlich. Es gibt keine Prominententische oder Stammtische, die Einrichtung ist urban, modern, zweckmäßig, es werden keine besonderen Dekoranstrengungen sichtbar.

Dieses Arrangement zeigt die Merkmale: frei kombinierbar, überraschend, stimulierend, unpersönlich, schnell, jederzeit verfügbar, sozial unspezifisch, unverbindlich – Merkmale einer postmodernen Welt also.

Was besagen diese Stile?

Der Leser wird sich fragen, warum man diese Restauranttypen überhaupt so eingehend beschreiben muss. Es ist doch schließlich klar, dass Menschen, die wenig Geld haben, in ein anderes Restaurant gehen als Menschen mit viel Geld und dass das zweite entsprechend luxuriöser ist.

Das stimmt natürlich, erklärt aber nur einen Teil unserer Beobachtungen. Zunächst lagern sich Restaurants ja auch um ganz andere Themen; und außerdem gehen Menschen, die Geld haben, in alle möglichen Typen von Restaurants, also auch zum Schnitzelwirt, und genießen das auch. Was sie dabei genießen, ist das Gefühl, in eine ganz eigene, einheitlich gestaltete Welt einzutreten.

Ein solches durchkomponiertes und wohl organisiertes Ganzes entspricht einem tief liegenden Bedürfnis von Menschen; man bezeichnet es auch als Diderot-Einheit.

Über den französischen Philosophen Diderot wird folgende Geschichte erzählt. Diderot hatte die Angewohnheit, im Schlafrock am Schreibtisch seiner Bibliothek zu arbeiten. Eines Tages erhält er von seinen Freunden einen neuen Schlafrock geschenkt. Er zieht ihn an, setzt sich an seinen Schreibtisch, aber er fühlt sich nicht wohl und kann nicht arbeiten.

Nach langem Grübeln kommt er auf den Grund. Der Schreibtisch erscheint ihm abscheulich alt – in so einem schönen Schlafrock kann er nicht an einem so alten Schreibtisch arbeiten. Er legt sich also einen neuen Schreibtisch zu, worauf er feststellt, dass die Vorhänge erneuert werden müssen, dann der Teppich, dann die Lampe, dann die Büchereinbände etc. etc. Nach einiger Zeit hat er ein ganz neues Zimmer, in dem jeder Gegenstand neu, komfortabel und modisch ist. Diderot soll sich dann im Übrigen sehr nach seiner alten Studierstube gesehnt haben.

Diese Diderot-Einheit, also ein Ensemble, in dem alle Elemente um ein Thema gruppiert sind und ähnliche Merkmale aufweisen, entspricht einer Eigenheit der menschlichen Gedächtnisorganisation. Wir legen Inhalte im Gedächtnis nicht Element nach Element ab, sondern bündeln sie rund um ein

Thema, sodass sie eine sinnvolle Einheit bilden – dies sind die MOPs, die Memory Organisation Packages.[27]

Der Geschmack paart die Dinge und Menschen, die zusammengehören

In dem Wiener Innenstadtrestaurant Do & Co wird eine thailändische Fischsuppe angeboten, die Tom Yam Kung heißt und 15 DM kostet. In einer qualitativen Untersuchung, in der wir mit Angehörigen verschiedener sozialer Gruppen diskutierten, welche Restaurants sie gern und weniger gern besuchen würden, äußerten sich einfache Menschen besonders abfällig über diese Fischsuppe: Niemals würden sie in ein Restaurant gehen, das so etwas Seltsames anbietet, und wenn sie sich aus Versehen dahin verirren und auf diese Fischsuppe stoßen würden, so würden sie zueinander sagen: »Karli, das ist nichts für uns, da gehen wir wieder.«

Diese Abscheu ist nun keineswegs nur durch die Tatsache bedingt, dass die Suppe 15 DM kostet. Die Befragten empfanden auch Widerwillen, ein so seltsames Gericht zu sich zu nehmen – diese Fischsuppe war für sie ein ganz deutlicher Indikator, dass das nicht ihre Welt war, dass sie sich hier nicht wohl fühlen würden.

Wir treffen hier auf das Muster, das der Aufgliederung von Restaurants und Essstilen zugrunde liegt. Die Unterschiede, die sich finden, sind nicht zufällig, und es sind nicht nur Unterschiede in der Art zu kochen oder mit Geld verschwenderisch oder sparsam umzugehen, sondern vielmehr Unterschiede im Geschmack.

Geschmack ist nun aber nicht etwas Zufälliges und Subjektives, im Sinne von: über Geschmack lässt sich nicht streiten, sondern Geschmack bedingt einen bestimmten Lebensstil, und diese Unterschiede sind es, die die einzelnen sozialen Milieus voneinander abheben. Diesen Gedanken hat der französische Soziologe Pierre Bourdieu eindrucksvoll in seinem Buch »Die feinen Unterschiede« (1984) dargelegt, aus dem auch die Überschrift dieses Abschnitts stammt: Der Geschmack paart die Dinge und Menschen, die zusammengehören.

Geschmack wird hier in einem sehr weiten Sinn verstanden: als Habitus, als Lebensstil, als eine charakteristische Art zu wohnen, zu essen, zu sprechen, sich anzuziehen, seine Freizeit zu verbringen, ästhetische Angebote zu nutzen etc. Die einzelnen Gruppen in einer Gesellschaft entwickeln auch einen unterschiedlichen Geschmack. Sie finden den ihren normal und richtig und den der anderen barbarisch, unverständlich, unmoralisch, verschwenderisch, spießig, je nach Standpunkt. Auf diese Weise, so Bourdieu, werden alle Mitglieder der Gesellschaft auf ihren Plätzen gehalten.

Zwar glauben viele Menschen, dass man über Geschmack nicht streiten kann und dass ein Geschmacksstandpunkt so gut wie der andere ist – in der sozialen Realität stimmt das aber keineswegs. Wenn man in der Gesellschaft vorankommen will, wenn man zu den Eliten gehören möchte, muss man sehr wohl über den richtigen Geschmack verfügen: Man muss richtig essen, muss das Richtige schön finden, muss die richtigen Kleider tragen und an den richtigen Plätzen Urlaub machen etc. Und wer bestimmt, was richtig ist? Nach Bourdieu sind das die herrschenden Klassen, die bestehenden Eliten. Sie diktieren und setzen durch, was guter Geschmack ist, und genau dadurch verteidigen sie ihre Position. Dies können sie umso leichter, als man ihren Geschmack und ihre Lebensart gar nicht so einfach erlernen kann; viel auf diesem Gebiet wird über Erziehung und Herkunft vermittelt.

In der wissenschaftlichen Diskussion wurde an diesem Ansatz kritisiert, dass er stark von Unterschieden in den sozialen

Gruppen ausgehe, die als relativ unveränderlich gedacht würden. Essstile werden dadurch aber gut erklärt, und von Bourdieu stammt auch die schon erwähnte Unterscheidung zwischen finanziellem, sozialem und kulturellem Kapital. Jeder Mensch in einer Gesellschaft besitzt diese drei »Kapitalsorten« in unterschiedlichem Ausmaß, und dies bestimmt seinen Platz in der Gesellschaft.

Man braucht in unserer Gesellschaft im Allgemeinen Geld, also finanzielles Kapital, um einen adäquaten Platz einzunehmen, um an dem normalen Leben der Gesellschaft teilzunehmen. Wenn man ohne Geld zu den Eliten gehören möchte, muss man einen beträchtlichen Überschuss an einer anderen Kapitalsorte aufweisen, nämlich an kulturellem Kapital. Dies würde z.B. für einen jungen Künstler am Beginn seiner Karriere gelten. Finanzielles Kapital allein reicht aber auch nicht aus, um zu den wirklichen Eliten zu gehören; damit gelangt man höchstens in die Gruppe der »Neureichen«, der Protzer – man braucht vielmehr die Verbindung mit sozialem und kulturellem Kapital. Soziales Kapital ist der Wert von Beziehungen und sozialen Netzwerken. Man besitzt es durch Herkunft oder Beruf, es kann aber auch gezielt erworben werden, man kann in diese Kapitalsorte bewusst investieren. Kulturelles Kapital schließlich bedeutet, dass man »weiß, wie die Dinge zu geschehen haben«, im eigentlichen Sinn, dass man über die Geschmacksausbildung und die Fähigkeiten verfügt, die eine Person »von Rang und Geschmack« ausmachen. Es ist besonders schwer zu erwerben.

Die Verbindung und Besetzung dieser drei Kapitalsorten prägt die verschiedenen Milieus und Lebensstile in einer Gesellschaft, die jeweils einen unterschiedlichen »Habitus« entwickeln. Wer wann welchen Stil pflegt, ist keineswegs von Geburt an festgelegt, aber auch hier gilt eine Regel: Oberen Gruppen sind mehrere Stile zugänglich, unteren wenigere.

Oberschichtsangehörige besuchen gern eine breite Gruppe von Restaurants. Sie genießen alle Stile und fühlen sich überall wohl, ähnlich wie sie sowohl im Dialekt wie in der Hochsprache sprechen können und alle Arten von Kleidercodes verwenden. Unterschichtsangehörige beherrschen nicht die oberen Codes, sie können gewissermaßen Dialekt sprechen, aber nicht Hochsprache, und sie fühlen sich in den elaborierten Kontexten der Eliten auch nicht wohl. Sie werden also »freiwillig« an ihren Plätzen gehalten.

Natürlich weist unsere Gesellschaft inzwischen noch wesentlich differenziertere Lebensstile auf, als wir bei der Beschreibung von typischen Restaurantstilen kennen gelernt haben.

Der deutsche Soziologe Schulze hat in seinem Buch »Erlebnisgesellschaft« die Typologie von Bourdieu weitergeführt und um eine Aufgliederung nach Erlebnisstilen ergänzt (Schulze 1992). Er spricht u.a. vom »Perfektionsstil« (klassisch, ruhig, edel, gegen alles Triviale und Grelle eingestellt), dem »Actionstil« (schnell, laut, schrill, grenzt sich von allem Langweiligen und »Gestelzten« ab) und dem »Trivialstil« (Bevorzugung des Gewohnten, Vertrauten, Gemütlichen, Abgrenzung gegen alles Fremde und Anstrengende). Auch für diese Stile lassen sich zweifellos Restaurantbeispiele finden.

Der Ansatz der Cultural Theory

Die Kultur erschafft sich den Menschen, den sie braucht: Hierarchisten, Individualisten, Egalitäre, Fatalisten

Wir haben inzwischen viele Beispiele kennen gelernt, die zeigen, wie unterschiedlich Menschen essen und kochen. Wir haben aber auch gesehen, dass nicht jeder Mensch einen ganz individuellen Kochstil hat, sondern dass sich Stile unterscheiden lassen, die für bestimmte Gruppen charakteristisch sind. Auch Geschmack ist weitgehend durch die soziale Herkunft und Umgebung geformt und dient dazu, soziale Gruppen voneinander abzugrenzen.

Wir können nun noch einen Schritt weitergehen: Essen und Kochen sind keine isolierten Tätigkeiten, sondern in den gesamten Lebensstil einer Person eingebettet, und dieser Lebensstil oder diese Lebensart ist Ausdruck einer bestimmten Kultur. Diese Kulturen, die unsere Lebensstile bestimmen, wollen wir jetzt näher betrachten.

Bei Kultur denken viele Menschen an das Gute, Schöne und Wahre, an das, was wir, auch in einem ästhetischen Sinn, im Sinne eines kultivierten Verhaltens anstreben sollten. Wir wollen unter Kultur hier aber Überzeugungen darüber verstehen, was ein gutes und richtiges Leben ist, wie man in Gemeinschaften zusammenlebt, welche Werte man verteidigen möchte – all dies führt zu einer bestimmten Art, das Leben zu führen, zu einer Lebensart oder einem Lebensstil. Menschen einer gemeinsamen Kultur verfügen über eine gemeinsame Art, die Welt zu sehen.

Menschen haben sehr unterschiedliche Meinungen zu diesen Fragen, und dementsprechend entwickeln sie ganz unterschiedliche Lebensstile: Die einen sind überzeugt, dass man immer und in allen Lebenslagen strikte Regeln und Vorschriften braucht, die anderen plädieren für Deregulierung um jeden Preis. Die einen schätzen ein einfaches Leben, in dem materielle Güter keine Rolle spielen, die anderen lieben Luxus. Die einen teilen jeden Bissen und achten darauf, dass jeder etwas bekommt, die anderen wollen ihren persönlichen Nutzen maximieren, auch wenn es ihrem Nachbarn schlecht geht, es macht ihnen nichts aus, wenn in ihrer Gemeinschaft übergewichtige Kinder neben unterernährten und Reiche in abgeschirmten Häusern neben Slums leben. Jeder wird seine Lebensart als die einzig richtige betrachten und die der anderen als völlig falsch abwerten.

Nun ist dies natürlich keine ganz subjektive Einzelentscheidung: Man wird in eine Gesellschaft hineingeboren, die eine bestimmte Lebensart grundsätzlich vorsieht oder vorschreibt, man wird in einer sozialen Gruppe und damit in einem bestimmten Lebensstil aufgezogen und begegnet in verschiedenen sozialen Umfeldern verschiedenen Kulturen: in der Berufswelt, in der Familie, im Sportverein etc. Die Unterschiedlichkeit ist jedoch nicht grenzenlos, sie lässt sich auf einige Grundmodelle reduzieren, nämlich vier.

Wir wollen dazu eine sehr interessante Theorie betrachten, die von der bekannten englischen Anthropologin Mary Douglas stammt und im englischsprachigen Raum unter der Bezeichnung »Cultural Theory« bekannt geworden ist. Diese Theorie geht davon aus, dass sich all die unterschiedlichen Anschauungen zu vier Kulturen ordnen lassen: die hierarchische, die individualistische, die egalitäre und die fatalistische Kultur. Mary Douglas und ihre Forschergruppe untermauern diese Gliederung mit Beispielen aus der ganzen Welt und ganz unterschiedlichen Organisationsformen: Unternehmenskulturen, Parteien, Haushaltsstrukturen, Nationalstaaten, Religionen, Stammesgesellschaften.[28]

Zur Charakterisierung einer Kultur dienen zwei Grundfragen: Wie viel Gewicht haben die Ansprüche des einzelnen Individuums in einer Gesellschaft, und wie viel Gewicht hat die Gruppe oder die Gemeinschaft? Geht es primär darum, dass jedes Individuum seine Bedürfnisse befriedigt, oder primär um das Wohl des Ganzen beziehungsweise der Gemeinschaft? Und zweitens: In welchem Maße sind die Mitglieder einer

Gesellschaft frei, die Spielregeln ihres Verhaltens individuell und immer wieder neu auszuhandeln, inwieweit sind sie durch Regeln gebunden?

Ferner: Werden die Mitglieder einer Gesellschaft grundsätzlich als gleich betrachtet oder als verschieden klassifiziert und je nach Klassifikation anders behandelt? Wenn diese zwei Grundsatzentscheidungen einmal getroffen sind, ergeben sich daraus automatisch weitere Überzeugungen: über die Natur des Menschen, über die Gefährdung oder Unerschöpflichkeit der Natur, über die richtige Kindererziehung oder Haushaltsführung etc.

Wir haben die vier Kulturen im Lauf des Buches schon mehrfach erwähnt und wollen sie jetzt etwas näher beschreiben:

- die hierarchische Kultur / Typ »Bürokratie«: Die Gruppe hat großes Gewicht, es existieren viele Regeln und Einschränkungen des Verhaltens.
- die individualistische Kultur / Typ »Markt«: Der Einzelne hat großes Gewicht, es gibt wenig Regelungen.
- die egalitäre Kultur / Typ »Clan«: Die Gruppe hat ein hohes Gewicht, es gibt wenig Regelungen.
- die fatalistische Kultur / Typ »Isolierte«: Es existiert keine Integration in eine Gruppe, der Einzelne ist aber starken Regelungen unterworfen.

Diese Kulturen stellen ein zusammenhängendes System von Überzeugungen bereit: Sie haben eine unterschiedliche Kosmologie, das heißt, sie stellen sich Natur unter ganz verschiedenen Bildern vor, sie haben andere Vorstellungen von der Natur des Menschen, seinen Wünschen und Bedürfnissen, sie entwickeln andere Zeit- und Raumvorstellungen, gehen anders mit Autorität um, nehmen andere Risiken in Kauf, entwickeln andere Vorstellungen darüber, was gerecht und wünschenswert ist. Sie gehen anders mit Raum und Zeit um, mit Ressourcen, mit Arbeit, mit Objekten, mit Informationen. Sie besitzen vor allem andere Institutionen. Alle Annahmen des Systems stützen sich dabei gegenseitig und rechtfertigen die Art, wie man lebt.

Hierarchische Kulturen gehen immer davon aus, dass die individuellen Ansprüche dem Gemeinwohl oder den Anforderungen des Gesamtsystems untergeordnet werden müssen, und sie glauben, dass Gruppen und Gemeinschaften dann am besten funktionieren, wenn jeder seinen festen Platz hat, wenn es möglichst viele und je nach Stellung des Einzelnen unterschiedliche Regelungen gibt. Sie sehen nicht vor, dass die Mitglieder der Gemeinschaft gleich sind, aber sie achten darauf, dass jeder, auch der Geringste, an den Gütern der Gruppe teilhat, wenn auch nur in geringem Ausmaß.

Bürokratien funktionieren nach diesen Prinzipien: Sie behandeln den Einzelnen nicht als Individuum, sondern als Funktionsträger, für den bestimmte Regeln gelten. Er ist Fürsorgeempfänger oder Oberamtsrat, und das bestimmt seine Handlungsmöglichkeiten. Innerhalb der Kategorien gibt es zahlreiche Abstufungen. Traditionelle Familien gehören ebenfalls zum hierarchischen Typ: Den älteren Geschwistern ist etwas anderes erlaubt als den jüngeren, Buben etwas anderes als Mädchen, dem Mann etwas anderes als der Frau. Ein weiteres Beispiel wäre das Militärwesen des 19. Jahrhunderts: Zuoberst stand hier die Ehre des Regiments, das die Wünsche eines Einzelnen nie auch nur zur Kenntnis nahm und genaue Abstufungen kannte, das aber auch wechselseitige Verpflichtungen förderte.

Eine hierarchische Kultur braucht Autorität und Kontrolle, sie verteidigt im Allgemeinen strikt ihre Grenzen, sie versucht, das Bestehende zu sichern, sie schätzt Tradition, Ordnung, Bewahrung. »Alles an seinem Platz und für alles seinen Platz«, ist ihre Maxime. Die Vorteile dieser Kultur liegen darin, dass sie nicht verschwenderisch mit Ressourcen umgeht, dass sie einteilen und sparen kann, dass sie auf das Gemeinwohl achtet, dass sie keinen übermäßigen Eigennutz zulässt, dass die Mitglieder zwar unter Umständen wenig erhalten, dass sie aber Schutz und Sicherheit genießen. Ihre Nachteile sind natürlich die Kontrolle, die sie ausüben muss, die Starrheit des Systems, die oft krassen und relativ unveränderlichen Unterschiede zwischen ihren Angehörigen.

Diese hierarchische Kultur, die die Ständegesellschaft des 19. Jahrhunderts bestimmte, ist nicht mehr die Kultur, die wir heute unserer Gesellschaft zugrunde legen. Wir können den Gedanken, dass es prinzipiell Unterschiede zwischen Menschen gibt, nicht mehr legitimieren, sondern gehen davon aus, dass die Menschen gleich sind und als Mitglieder der Gesellschaft gleiche Chancen haben müssen. Dennoch kennen wir Lebensstile, Lebenswelten und Bereiche, die von der hierarchischen Kultur bestimmt sind.

Dies gilt auch für die Küche. Küchen haben im Kern immer etwas mit Hierarchie zu tun: Sie schaffen ein Gruppenbewusstsein, eine Gemeinschaft, sie sehen Klassifikationen und Unterschiede vor. Essen und Kochen in Familien ist kein Marktprozess, sondern Ausdruck wechselseitiger Verpflichtungen und gemeinsamer Traditionen. Dennoch haben wir gesehen, dass die gesellschaftliche Entwicklung von einer hierarchischen Kultur zu einer individualistischen Kultur auch die Küche ergreift. Regeln und Gemeinschaften werden aufgelöst.

Wir führten im Jahr 1997 in Österreich eine Untersuchung durch, die Haushalte nach ihrer kulturellen Orientierung klassifizierte. Dabei zeigte sich, dass der Typ des hierarchischen Haushalts sehr wohl noch existierte (etwa 30 Prozent der

Haushalte waren diesem Typ zuzurechnen). Diese Haushalte zeigten auch ein spezifisches Verhalten im Bereich der Küche. Sie folgten klassischen Geschlechterrollen, nach denen die Frau für die Küche zuständig ist; sie kannten regelmäßige Mahlzeiten, zu denen möglichst alle anwesend sein sollten; sie schätzten traditionell strukturierte Mahlzeiten und Gerichte und waren nicht sonderlich an Neuerungen interessiert; sie sahen für die einzelnen Mitglieder andere Lebensmittel vor: andere Säfte und Kekse für die Kinder als für die Erwachsenen, andere Weine für Männer und Frauen, anderes für ältere und jüngere Kinder, Buben und Mädchen, wichtige und unwichtige Gäste. Sie unterschieden strikt zwischen Alltag und Sonntag, Jahreszeiten, mehr oder weniger wichtigen Anlässen, familiären Traditionen.[29]

Die individualistische Kultur nimmt genau die entgegengesetzte Haltung ein: Hier steht das Individualwohl über dem Gemeinwohl. Wenn jeder nach seinen individuellen Interessen handelt, nach Eigennutz, so die Theorie, wird es dem Gesamtsystem am besten gehen.[30] Die Ansprüche des Individuums sollen so wenig wie möglich eingeschränkt werden, weder durch Forderungen der Gemeinschaft noch durch die Zugehörigkeit zu einer bestimmten Gruppe. Jeder hat dieselben Chancen und schafft sich seinen eigenen Platz in der Gesellschaft, indem er in Wettbewerb mit anderen tritt und sich selber seine Netzwerke baut. Er kann also schnell Allianzen schließen, und er kann sie schnell wieder verlassen, wenn sie ihm nicht mehr nützlich scheinen.

Das Modell für diese Kultur ist der Markt: Jeder ist frei zu bieten, zu wählen, seine individuellen Spielregeln auszuhandeln, die Autonomie des Individuums darf so wenig wie möglich eingeschränkt werden. Die Werte dieser Kultur sind individuelle Leistungsbereitschaft, Risikobereitschaft, Innovation und Mobilität. Sie toleriert keine Grenzen und keine stabilen und unveränderlichen Klassifikationen; sie lebt in der Gegenwart, die Berufung auf Traditionen gilt wenig. Natur wird als eine Ressource gesehen, die unbegrenzt zur Nutzung bereitsteht, man betrachtet sie als robust und regenerationsfähig.

Unsere gegenwärtige westliche industrielle Kultur ist eine im Kern individualistische Kultur. Die Vorteile dieser Kultur sind, dass sie die Autonomie des Individuums achtet, dass sie wenig Kontrolle und Zwang kennt, dass sie gut Ressourcen für sich nützen kann, dass sie durch technische und wissenschaftliche Neuerungen einen beträchtlichen Wohlstand schaffen kann, dass sie keine natürlich gegebenen Privilegien duldet und zumindest prinzipiell allen die gleichen Chancen einräumt. Ihre Nachteile sind das Kurzzeitdenken, das Zulassen krassen Eigennutzes, die Tatsache, dass sie Menschen, die nicht dem gesellschaftlichen Ideal entsprechen, rigoros an die Peripherie drängt.

Individualistische Haushalte praktizieren eine andere Form der Haushaltsführung und eine andere Form der Küche. Sie lösen die festen Essensordnungen auf und erlauben ihren Mitgliedern, sich ihre subjektiven Vorlieben zu erfüllen. Sie lieben Luxus, das Stimulierende, das Spektakuläre; bei Einladungen versuchen sie, durch Weltoffenheit und die Kenntnis des jeweils Neuesten und Raffiniertesten zu beeindrucken.

In der egalitären Kultur hat die Gemeinschaft, die Gruppe großes Gewicht, das Individuum gilt wenig. Im Unterschied zur hierarchischen Kultur kennt die egalitäre Kultur aber keine Autoritäten und keine Abstufungen in der Gruppe. Sie sieht alle ihre Mitglieder als gleich an und will diese Gleichheit unter allen Umständen erhalten. Jeder darf im Namen der Gruppe sprechen und ihre Regeln festlegen.

Egalitäre Gruppen grenzen sich meist deutlich gegen ihre soziale Umwelt ab und zwar mit einer moralischen Argumentation; sie erheben mahnend ihre Stimmen und warnen vor drohenden Katastrophen. Der Eigennutz, den die individualistische Kultur zulässt, und die hierarchischen Abstufungen der hierarchischen Kultur erscheinen ihnen gleichermaßen unmoralisch und gefährlich. Sie bauen um sich eine »Mauer der Tugend«. Sekten funktionieren nach diesem Prinzip. Clans, alternative Gemeinschaften oder Parteien, insgesamt Gruppen und Organisationen, die innere Werte gegen eine materialistische oder hierarchische Auffassung verteidigen.

Die Vorteile dieser Kultur sind, dass sie wenig Wert auf materielle Werte legt, dass sie äußerst sparsam mit Ressourcen umgeht, dass sie in Langzeitkategorien denkt, dass sie die moralischen Defizite der anderen Kulturen anprangert. Ihre Nachteile sind die rigide moralische Kontrolle, die sie über den Einzelnen ausübt, sowie ihre mangelnde Effizienz im Handeln. Egalitäre Haushalte funktionieren meist nicht gut, sie brauchen für alle Tätigkeiten sehr lange: Alles muss gleichberechtigt ausdiskutiert werden, alle Aufgaben werden immer wieder neu verteilt. Ihre Küche favorisiert das Einfache, Natürliche, Raue, Asketische; sie lehnen für sich Produkte ab, die ihnen industriell behandelt erscheinen oder luxuriös wirken.

Jede Kultur stößt Mitglieder aus, die sich in ihr nicht bewähren: die individualistische diejenigen, die nicht oder nicht mehr leistungsfähig und tüchtig sind, die hierarchische alle, die sich gegen ihre Regeln auflehnen, die egalitäre diejenigen, die sich letztlich als Sünder in ihren Reihen erwiesen haben. Diese Personen fallen damit auch aus ihren sozialen Netzwerken, und sie finden sich in der fatalistischen Kultur wieder, als Isolierte, die in ihren Handlungsmöglichkeiten stark eingeschränkt sind. Sie haben also nicht mehr den Rückhalt einer Gruppe, aber sie können auch nicht viel für sich aushandeln. Ein Arbeitsloser gehört z.B. in diese Gruppe, eine alte Rentnerin, viele zu kurz Gekommene. Diese Kultur wählt man also nicht freiwillig, man wird vielmehr in sie gestoßen.

Die Angehörigen dieser Kultur können ihre Lage besser ertragen, wenn sie die Überzeugung entwickeln, dass der Einzelne sowieso nicht viel tun kann, um sein Leben zu steuern; er ist vielmehr vom Schicksal abhängig, Spielball unbegreiflicher Mächte, die über sein Leben entscheiden. Er kann es nur so nehmen, wie es kommt: Das Leben ist eine Lotterie.

Fatalistische Kulturen sind daher oft vom Glauben an überirdische, irrationale Mächte beherrscht. Es sind im Wesentlichen stumme Kulturen, die kein Interesse an Kommunikation und den Überzeugungen anderer haben. Die Haushaltsführung dieser Personen ist sprunghaft, wenig koordiniert, unstrukturiert, Ähnliches gilt für ihre Küche. Schmutzer definiert Fatalisten auch als Personen, die sich bewusst nicht in die Gesellschaft integrieren wollen beziehungsweise in dieser Organisationsform wie in einem »Wartesaal« verharren: Sie mussten ihre eigene Kultur verlassen und haben noch keinen Anschluss an eine neue gefunden.[31]

Jede lebendige Gesellschaft zeigt eine tendenzielle Grundausrichtung auf eine Kultur, aber sie kennt alle vier Kulturen. Jede Kultur löst dabei andere Aufgaben, und jede zieht die Personen an, die diesen Typ von Kultur als den relevanten für ihre Ressourcen und Möglichkeiten betrachten.

Unsere gegenwärtige individualistische Kultur geht davon aus, dass alle Menschen gleich sind, dass alle gleiche Chancen haben müssen, dass das Individualwohl wichtig ist, dass wir unsere Regeln selber aushandeln können, dass der Markt eine gute Institution ist. Wir schließen aber auch Allianzen mit anderen Kulturen, so insbesondere mit der hierarchischen. Die hierarchische Kultur stellt die bewahrende Ordnung, die gut funktionierenden abgestuften Gruppen bereit, die die Individualisten brauchen, um ihre ehrgeizigen Ziele zu verfolgen – sie sorgt gewissermaßen für die stabilen Rahmenbedingungen, die der Markt benötigt: soziale Marktwirtschaft.

Wir sind aber natürlich auch eine hochdifferenzierte Kultur: Tatsächlich sind alle vier Kulturtypen in ihr anzutreffen. Wir müssen uns jedoch immer darüber im Klaren sein, dass Kulturen gewissermaßen im Paket kommen; man kann nicht die Vorteile einer Kultur nutzen, ohne ihre Nachteile in Kauf zu nehmen. Wir können uns nicht das Ideal der selbstgenügsamen Gemeinschaft erträumen, in der Eigennutz keinen Platz hat, ohne zu bedenken, dass wir dann auch Kontrolle und Unfreiheit des Einzelnen in Kauf nehmen müssten. Und wir müssen andererseits wissen, dass uns eine absolut gesetzte Marktwirtschaft mit ihrem Ideal des autonomen Individuums zwar Wohlstand und Fortschritt bringt, die nicht so Tüchtigen aber auch an den Rand gedrängt werden, letztlich also in der Kultur der Fatalisten enden – ein Prozess, den wir im Augenblick beobachten können, mit all den Tendenzen zum Irrationalen, die für diese Kultur charakteristisch sind.

Für jede Kultur bedeutet nun Konsum etwas anderes, und jede stellt sich unter einem guten Produkt etwas anderes vor.

Die individualistische Kultur ist konsumfreundlich, ihre Mitglieder erzielen über Konsum, Marken und Produkte die individuellen Unterschiede, die für sie wichtig sind. Produkte, die die Wertewelt dieser Kultur transportieren, sind faszinierend, glamourös, neu, spektakulär, luxuriös. Ein gutes Produkt in einer hierarchischen Kultur beruft sich dagegen auf Tradition, auf Sicherheit, auf Solidität; es ist nicht sonderlich luxuriös, sondern für eine bestimmte Person und für einen bestimmten Anlass angemessen. Die egalitäre Kultur ist eine im Wesentlichen konsumfeindliche Kultur, da es ihr um innere Werte und die Gleichheit ihrer Mitglieder geht. Produkte müssen moralisch angemessen erscheinen, und sie müssen sich von den Produkten der anderen Kulturen abheben: regional, nicht fremd, nicht industriell und ohne Tierversuche hergestellt, ohne künstliche Zusätze. Sehr oft sind dies Produkte, die über eine Anmutung des Simplen, Natürlichen, Asketischen die Mauer der Tugend sichtbar machen, die für diese Kultur wichtig ist.

III

DIE BOTSCHAFTEN DER WERBUNG: WAS VERKAUFEN WIR EIGENTLICH?

Die Mythen und Riten unserer Produktkulturen

Einleitung

Wir haben in den ersten beiden Kapiteln eine Reihe von Produkt- und Werbungsbeispielen kennen gelernt, die die Bedeutungen unseres kulinarischen Codes differenziert ausnützen. Ich habe auch dargelegt, dass ich Werbung nicht von einem Geschmacks- oder kulturkritischen Standpunkt aus bewerten möchte, sondern dass ich sie als Beispielsammlung für unsere Alltagskultur und für die Art benütze, wie wir in unserer Gesellschaft denken, speziell dafür, wie wir Ernährung sehen: Was scheint uns wünschenswert? Was normal? Was barbarisch? Was sehen wir zusammen? Was halten wir auseinander?

Werbungen für Produkte liefern gute Beispiele, weil sie gezwungen sind, kollektive Vorstellungen auszunützen: Um positiv für ein Produkt zu argumentieren, müssen sie Gedanken ansprechen, die möglichst vielen Menschen überzeugend erscheinen. Da unsere Märkte übervoll sind, unterscheiden sich viele Produkte nicht mehr durch ihren funktionalen Nutzen, ihren Gebrauchswert, sondern nur noch durch ihren Tauschwert. Sie müssen also so aufgeladen werden, dass sie Konsumenten möglichst wertvoll erscheinen – erinnern Sie sich an das Beispiel Sheba.

Um Werbung und Produktargumentationen zu planen, muss man also das System der Ernährung und den kulinarischen Code gut kennen und raffiniert mit seinen Bedeutungen spielen. Dies geschieht, wie gesagt, keineswegs immer bewusst – auch Produzenten von Werbung sind Angehörige dieser Gesellschaft und handhaben unseren kulinarischen Code oft, ohne ihn bewusst zu kennen.

Werbung kann es also gelingen, ein Produkt wertvoll erscheinen zu lassen und von anderen abzuheben, indem sie die Bedeutungen ausnützt, die wir mit Nahrungsmitteln, Kochen und Essen verbinden. Sie muss aber noch etwas weiteres leisten: Sie muss diese Bedeutungen in Zeichenwelten übersetzen. Werbung setzt Produkte also in Bilder um, in poetische Aussagen, Musik etc.; sie benutzt dazu Vergleiche und Metaphern, allegorische Figuren, Symbole: den Esso-Tiger, Meister Proper, das Schiff mit den grünen Segeln, das, begleitet von dem Lied »Dream your dream«, für Becks Bier über die Meere fährt – simple Gebrauchsprodukte werden also in ein symbolisches Universum eingefügt. Werbung wendet sich damit auch an die Fähigkeit von Menschen, symbolische und zeichenhafte Äußerungen zu verstehen und in Bedeutungen zu übersetzen, eine Fähigkeit, die sie auch beim Betrachten von Kunst aktivieren.

Nehmen Sie die bekannte Aussage für Esso: »Pack' den Tiger in den Tank«. Kein Konsument hat diese Aussage in ihrem expliziten Wortlaut verstanden, im Sinne von: »Verständigen Sie sofort den Tierschutzverein, hier möchte jemand einen Tiger in den Benzinbehälter eines Autos stecken«; jedem war vielmehr klar, dass mit »Tiger« »Benzin« gemeint war. Damit wird auf einer nicht voll bewussten Ebene eine weitere Operation in Gang gesetzt: Man fragt sich, was Tiger und Benzin gemeinsam haben, und das ist schnell klar: Es ist das Merkmal der Kraft. Der Trick dieser Konstruktion ist nun, dass man nicht nur das Merkmal Kraft registriert, sondern weitere Merkmale des Konzepts Tiger auf Esso-Benzin überträgt: Geschmeidigkeit, Schnelligkeit, Natürlichkeit, Ästhetik etc. Wir befinden uns hier im Bereich der rhetorischen Figuren: Eine solche Verbindung von zwei Konzepten nennt man eine Metapher.[1] Es gibt noch viele weitere rhetorische Figuren, die Werbung ist voll davon. Diese Verbindungen können besser oder schlechter gewählt sein; sind sie gut gewählt, so wird eine Bedeutung übertragen, die man explizit gar nicht äußern könnte: »Nehmen Sie Esso-Benzin, es ist kraftvoll, geschmeidig, schnell, natürlich, schön – Sie fühlen sich, als ob Sie ein Raubtier im Tank hätten.«

Etwas Ähnliches geschieht in anderen Werbebeispielen. Iglo Tiefkühlgemüse zeigt auf der Packung ein Zwerglein mit einer grünen Mütze vor einem idyllischen Tal. Der begleitende Film stellte dar, dass Iglo-Gemüse aus dem Tal der grünen Küche stammt, wo es fern von Menschen von Zwergen aufgezogen und geerntet wurde. Oder betrachten Sie die Abbildungen auf den folgenden Seiten.

Stellen Sie sich vor, Besucher aus einer anderen Kultur, die das Phänomen der Werbung nicht kennen, etwa die bekannten Marsmännchen, würden mit diesen Abbildungen konfrontiert. Welche Schlüsse würden sie daraus über unsere Kultur ziehen? Doch offensichtlich, dass sie hier auf ein Volk gestoßen sind, das an die magisch-mystischen Kräfte von Nahrungsmitteln glaubt und Nahrungsmittel als wertvoll betrachtet, die von kleinen Naturwesen behütet und hergestellt werden. Ebenso würden sie einen Glauben an mythische Figuren unterstellen, die bei der Hausarbeit helfen, und auf einen ziemlich primitiven Stand der Medizin schließen, die davon ausgeht, dass Darmbeschwerden von komischen kleinen Lebewesen verursacht werden.

Sie wären wohl einigermaßen verblüfft, wenn sie Produktionsanlagen von Tiefkühlgemüse oder Haushaltsgeräten sehen oder mit heutigen Konsumenten sprechen würden, die die Existenz von Zwergen, die Gemüse anbauen, oder von Frauen mit feurigem Atem rundheraus verneinen. Ebenso würden ihnen Mediziner erklären, dass sie nicht an die Existenz von kleinen Lebewesen mit Schuhen und Rucksäcken glauben, die den Darm bevölkern – obwohl diese Anzeige in einem medizinischen Fachblatt erschienen ist.

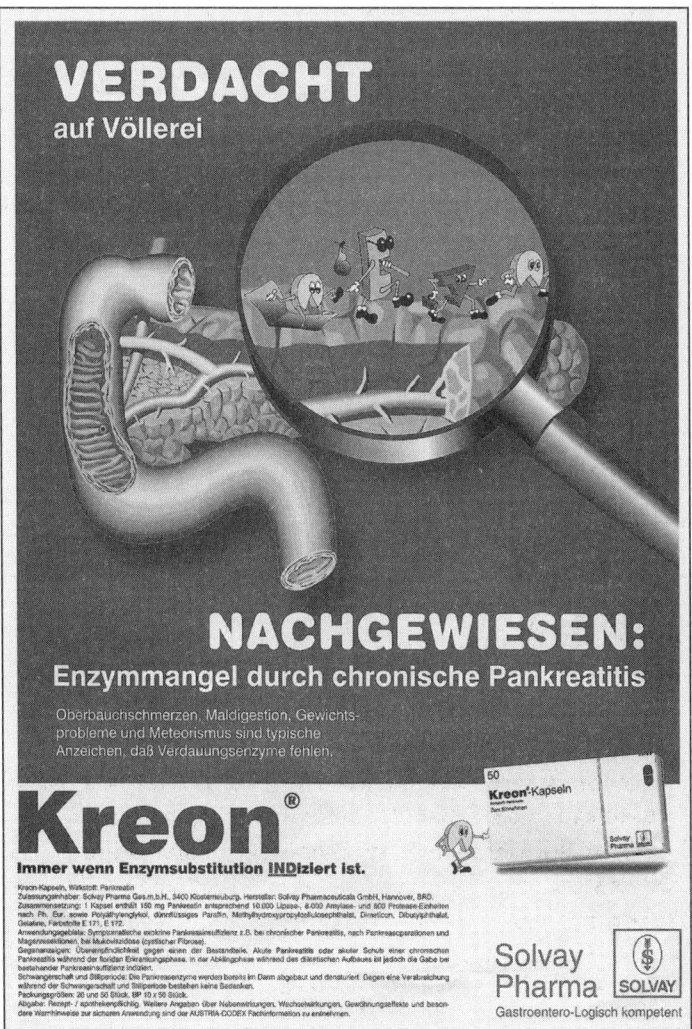

Dieses Auseinandergehen von Realität und Darstellung in der Werbung wird von Kulturkritikern oft negativ kommentiert: Sie finden, dass Werbung lügt, dass sie Unmögliches behauptet und darstellt und entsprechend zur Verdummung der Menschen beiträgt.

Kein Rezipient wird aber eine solche Werbung für die Abbildung von Realität halten. Sie wird ihm als Darstellung vielleicht nicht gefallen, aber er wird sofort begreifen, was damit ausgedrückt werden soll: Das Gemüse ist so natürlich, als ob es Zwerglein aufgezogen hätten, was für manche Menschen eine nette Vorstellung ist – ebenso wie ihnen das Pfefferkuchenhaus in »Hänsel und Gretel« gefällt, obwohl sie wissen, dass es in der Realität von Regengüssen längst zerstört worden wäre, die Hexe also gar nicht darin wohnen könnte.

Wir wollen im Folgenden also untersuchen, welche Bedeutungen Werbung für Nahrungsmittel aufbaut, mit welchen Bildern und Zeichenfeldern sie sie verbindet, und was dadurch bewirkt wird. Wir können dabei natürlich nicht alle Bedeutungen behandeln, sondern müssen eine Auswahl treffen. Diese Auswahl orientiert sich an einer weiteren Funktion von Werbung, die wir bisher nicht erwähnt haben.

Werbung gelingt es oft, aus einem simplen Gebrauchsgegenstand ein Objekt zu machen, das für seine Benützer eine emotionale Bedeutung annimmt: mein Auto, mein Computer, meine Biermarke, das Eis meiner Kinderzeit. Auch in diesem Punkt könnte Werbung nicht erfolgreich sein, wenn nicht eine Neigung von Menschen bestünde, materielle Objekte mit genau diesen Bedeutungen auszustatten und sehr emotionale Beziehungen zu ihnen zu unterhalten. Dies ist für viele Soziologen und Psychologen eine unangenehme Vorstellung. Sie untersuchen im Allgemeinen die Beziehungen, die Menschen zu anderen Menschen oder Institutionen haben, aber nicht ihre

TRÄUME VOM FEINSTEN

HERDE UND KOCHSTELLEN

In der Welt von Whirlpool sind Herde und
Kochstellen so, wie Sie es sich erträumen.

Die einzigartigen Herde sorgen für effiziente
Nutzung der Energie. Sind jeder kulinarischen
Herausforderung gewachsen. Und unterstützen Sie
mit vielen Funktionen beim Braten, Backen,
Dünsten, Kochen oder Grillen.

Die Herde und Kochstellen in der Welt von
Whirlpool. Unglaublich, aber wahr.

Beziehungen zu Objekten – diese erscheinen ihnen vielmehr unangemessen und tadelnswert.[2]

Tatsächlich finden wir aber diese Neigung von Menschen, zu Dingen und Plätzen eine sehr emotionale Beziehung zu unterhalten, in vielen Gesellschaften, und in unserer in einem hohen Ausmaß. Viele Objekte unserer Alltagskultur sind mit solchen Bedeutungen aufgeladen: die Wohnzimmerstühle, die wir lieben, weil es die ersten waren, die wir uns gekauft haben, mein neues Auto, in dem es aufregend nach Leder und Unbenutztheit riecht und von dem ich weiß, dass mich die Leute an der Ampel darum beneiden werden, mein Computer, der mich tückischerweise dann im Stich lässt, wenn ich etwas besonders Eiliges zu tun habe, er »riecht das förmlich«, die Essigmarke, die in meiner Küche steht und schon in der Küche meiner Mutter stand, das Parfüm, das mich an meine erste Liebe erinnert.

Dinge sind eng in das persönliche Leben von Menschen eingebunden. In ihnen verdichten sich Erinnerungen, sie stehen für wichtige Ereignisse, sie tragen dazu bei, Identitäten auszubilden, Botschaften auszusenden, sie sprechen Hoffnungen an, sie erlauben Wunscherfüllungen, sie zerstreuen Ängste. Dinge werden begehrt: das Boot, das in einem Katalog abgebildet ist, der schnellste Computer, die neuen Kleider, eine Speise, die so dargestellt ist, dass einem das Wasser im Munde zusammenläuft. Begehrt wird hier eigentlich Modernität, Schnelligkeit, das Neue, das makellos und unberührt ist, die Verführung, der Genuss – wir sagten schon, Dinge stehen auch für Konzeptionen des Wünschenswerten. Dies gilt prinzipiell für alle Dinge, aber natürlich nützt Werbung unsere Neigung in diese Richtung aus, sie verstärkt den emotionalen Charakter von Produkten und stellt sie so dar, dass wir eine möglichst emotionale Beziehung zu ihnen aufbauen können.

Zum Erfolg von Produkten und Werbung trägt schließlich auch bei, dass es ihnen gelingt, Konflikte zu lösen, Forderungen zu versöhnen, die unsere Gesellschaft an Menschen stellt und die man nicht gleichzeitig erfüllen kann. Wir geraten unweigerlich in Konflikte, wenn wir uns bemühen, alles zu erfüllen, was der öffentliche Diskurs von uns fordert.

Lassen Sie uns einige Konflikte betrachten: Wir sollen nicht undiszipliniert essen, sonst werden wir dick und erfahren soziale Ablehnung. Wir sollen uns aber auch nicht dauernd frustrieren, sondern auf unseren Körper hören und uns ein bisschen verwöhnen, sonst werden wir hart und verlieren die Lebenslust. Wäre es nicht schön, etwas zu haben, das uns Lust verspricht und gleichzeitig gesund und leicht ist?

Oder: Als Frau muss man der Forderung genügen, liebevoll und verantwortungsbewusst für Partner und Familie zu sorgen, was Zeit und Mühe kostet. Andererseits sollen wir aber auch unsere eigenen Wünsche nicht zurückstellen, uns selbst verwirklichen – wir brauchen also etwas, das uns die Sicherheit gibt, liebevoll und zugleich modern und effizient zu sein. Ähnlich verhält es sich mit der Forderung, Traditionen nicht leichtfertig aufzugeben, aber auch flexibel und aufgeschlossen gegenüber allem Neuen zu sein, die Gemeinschaft zu achten, aber individuelle Wünsche nicht zurückzustellen. Der englische Autor Allan Warde stellt dazu die These auf, dass unsere Gesellschaft bewusst Konflikte dieser Art schürt, damit Marktkulturen oder Sachverständige Hilfe bringen können.[3]

In Werbung und Produktgestaltung wird jedenfalls umfangreich von der Argumentation Gebrauch gemacht, dass das jeweilige Produkt unlösbare Gegensätze aufhebt, dass es für einen wünschenswerten Zustand der Welt steht, dass Probleme, Gefahren, Bedrohungen, Ungerechtigkeiten, die in der sozialen Welt bestehen, in diesem Bereich aufgehoben sind. Dies

ist mit der Funktion zu vergleichen, die Mythen in Stammesgesellschaften haben.

Wie Mythen behandeln Werbungen die Produkte, die sie
darstellen, auch manchmal als sakrale Objekte: Sie erscheinen
in einer Lichtaura, sie scharen Menschen um sich, die mit ihnen die Riten ihrer Alltagskultur praktizieren.

Sehen wir uns einige dieser Riten und Mythen näher an.

Convenience und Liebesarbeit:
Als die Frauen noch sanft und engelsgleich waren,
gab es keine Convenienceprodukte

Convenienceprodukte sind Produkte, die beim Kochen Zeit,
Mühe und Nachdenken ersparen: ein Nudelgericht in einer
Tüte, über das man Wasser gießt und das in fünf Minuten fertig ist, Tiefkühlpizza, Fertigsoßen, Suppen, vorgeschnittenes
Gemüse; Mischungen für Pasta, Töpfchen mit kleinen Gerichten, die man in einer Minute im Mikrowellenherd aufwärmen
kann – das Angebot und der Markt wachsen jedes Jahr. Dennoch verwendet nicht jeder Konsument diese Produkte, und
gerade zu Convenienceprodukten gibt es in der Bevölkerung
unterschiedliche Meinungen, die mit großer gefühlsmäßiger
Beteiligung verfochten werden, und zwar besonders von Frau-
en: Etwa ein Drittel sind begeisterte Fans, ein Drittel lehnt sie
vehement ab, und ein Drittel steht diesen Produkten ambivalent gegenüber – sie würden sie eigentlich ganz gern verwenden, trauen sich aber nicht.

Die Argumente, mit denen man Convenienceprodukte verteidigt oder ablehnt, beziehen sich zunächst einmal auf den Geschmack, die Natürlichkeit und die Zeitersparnis: Fans lieben
sie, weil sie ihnen viel Zeit in der Küche ersparen, sie finden sie

wohl nicht herausragend, aber doch akzeptabel im Geschmack, andere lehnen sie wegen ihres Mangels an Natürlichkeit und ihres künstlichen Geschmacks ab. Geht man diesen Argumenten aber etwas weiter nach, so zeigt sich, dass dahinter eine ganz andere Diskussion ausgetragen wird: eine Diskussion um die Rechte und Pflichten von Frauen, um den Erhalt der Familie, um eine bestimmte Lebensart, letztlich um die Frage, in welcher Gesellschaft wir leben wollen und welche Lösungen für die sozialen Probleme dieser Gesellschaft wir finden wollen.

Die Fans, meist junge Frauen, schätzen Convenienceprodukte auch deshalb, weil sie einen Beitrag zu ihrer Identität leisten. Sie finden, dass diese Produkte das Richtige für moderne, selbstbewusste Frauen sind, die sich ihre Zeit einteilen müssen, und lachen über traditionelle Hausfrauen, die sich stundenlang an den Herd stellen, worauf die Familie das Essen mit einem vagen »Danke, Mutti« in fünf Minuten hinunterschlingt.

Auch die Kritiker benutzen Convenienceprodukte zur Abgrenzung: Sie finden Frauen, die ihre Familie »aus der Tüte« ernähren, verantwortungslos – Kinder, die von ihren Müttern mit dieser Art von Nahrung versorgt werden, nehmen Schaden an ihrer Gesundheit, weil sie nicht genügend Nährstoffe und frische Nahrung bekommen. Sie werden aber auch nicht liebevoll genug versorgt: Ein Kind braucht eine ordentliche und frisch gekochte Mahlzeit, wenn es von der Schule nach Hause kommt, ebenso wie der Vater nach der Arbeit. Wenn die Mutter ihrer eigenen Karriere hinterherjagt und einfach eine Tüte aufmacht, ein kaltes Wurstbrot auf den Tisch stellt, Fastfood erlaubt und begünstigt, so braucht sie sich nicht zu wundern, wenn die Kinder schlecht in der Schule sind und der Mann nicht gern nach Hause kommt, sich vielleicht sogar eine liebevollere Freundin sucht.

Nun ist es auf einer rationalen Ebene nicht ganz einsichtig, warum sich an der simplen Frage, ob man ein Nudelfertiggericht nimmt oder nicht, Fragen der Identität und der Stellung der Frau in der Gesellschaft entzünden.

Werfen wir einen kurzen Blick in die Geschichte, um zu sehen, was hier eigentlich verhandelt wird. 1996 wurde in Münster eine Ausstellung über Biedermeierporträts von Frauen gezeigt. Sie trug den Titel: »Als die Frauen noch sanft und engelsgleich waren«. Das Titelbild des Katalogs zeigt gut die Ausprägung des damaligen Weiblichkeitsideals: sanft, kindlich, passiv, ergeben, gefühlvoll. Zitate aus zeitgenössischen Texten begleiten die Porträts der Frauen:

»Ihr seid geschaffen …, um beglückende Gattinnen … zu werden; Gattinnen, die der ganzen zweiten Hälfte des menschlichen Geschlechts, der männlichen, welche die größern Beschwerden, Sorgen und Mühseligkeiten zu tragen hat, durch zärtliche Theilnahme, Liebe, Pflege und Fürsorge das Leben versüßen sollen …« (Joachim Heinrich Campe, Väterlicher Rath für meine Tochter, Braunschweig 1796)

»Nimm jederzeit, wenn er von seinen anstrengenden Geschäften zurückkommt, ihn mit dankbarer Freude auf, und suche ihn für seinen Arbeitseifer recht zu erquicken. Sorge nicht nur für seine Gemächlichkeit, sondern auch für seinen sinnlich-angenehmen Zustand, und scheue dafür keinen Aufwand … Klage ihm nicht unnöthig vor, am wenigsten von jeder kleinen Unbehaglichkeit, die deinem Körper oder sonst dir äußerlich zustößt. Umgib ihn heiter und unterhalte ihn mit munteren und trauten Gesprächen über beliebte Gegenstände …« (C.F. Sintenis, Der Mensch im Umkreise seiner Pflichten, 2 Theile, Leipzig 1804-07)

Die in dem Katalog abgedruckten Texte argumentieren wieder und wieder, dass dies die Eigenschaften sind, die echte Frauen von Natur aus besitzen, und dass dies ganz natürlich die Rolle bestimmt, die sie im Verhältnis zu Männern und in der Gesellschaft einnehmen: Sie sind der Engel des Hauses, ihre Aufgabe ist es, für die Bequemlichkeit und das körperliche und emotionale Wohlergehen aller Familienmitglieder zu sorgen. Wie in vielen Argumentationen wird die Natur bemüht, um soziale Verhältnisse zu rechtfertigen.

Der Außenraum, der öffentliche Raum, wurde als der Raum der Männer gesehen. Hier wurden soziale Positionen erkämpft und verteidigt. Im privaten, weiblichen, spirituellen, kulturellen Innenraum herrschten dagegen die Gesetze der Ordnung, aber auch der Liebe. Frauen erbrachten ihre Leistungen in diesem Raum, ohne je mit ihrer Zeit und ihrem Arbeitseinsatz zu rechnen – ihre Arbeit war kostenlos, es war Liebesarbeit.[4] Eine Frau konnte ihre Liebe demnach umso mehr unter Beweis stellen, je mehr Zeit und Mühe sie in eine Arbeit oder ein Produkt des Hauses investiert hatte. Unvorstellbar, dass diese Frau eine Tüte Nudeln geöffnet hätte, und in fünf Minuten wäre das Essen fertig gewesen.

Nun kann man argumentieren, dass dieses Beispiel wenig besagt: Natürlich sind wir in jeder Beziehung unendlich weit von dieser Biedermeierzeit entfernt. Betrachten wir die Verhältnisse, die wir heute haben, aber ein bisschen genauer, so sehen wir, dass sich weibliche Rollen und Möglichkeiten einerseits sehr deutlich verändert und verbessert haben, andererseits aber, dass Essenbereiten, Kochen, Einkaufen weiterhin die Sache der Frauen ist und dass es auch heute noch sehr unterschiedliche Selbstbilder von Frauen gibt. Nach einer Statistik der Europäischen Kommission von 1998, die auf Befragungen von 5 000 Frauen in ganz Europa beruht, sind:

- 70 Prozent aller Frauen – sowohl berufstätige wie Hausfrauen – für den täglichen Einkauf allein zuständig.
- 72 Prozent für Kochen und 80 Prozent für Putzen,
- 57 Prozent der befragten Frauen gaben an, mit der Mithilfe des Partners äußerst unzufrieden zu sein.

Noch immer sind es die Frauen, die einen großen Teil der unbezahlten Arbeit in der Hauswirtschaft leisten, eine Arbeit, ohne die unsere Gesellschaft wohl auch nicht bestehen könnte, ökonomisch und sozial gesehen: Diese Arbeit umfasst auch jene emotionalen Leistungen, die man nicht kaufen kann, das »what money can't buy«. Warum aber spielen Frauen mit, warum übernehmen immer noch mehr als zwei Drittel diese weibliche Selbstdefinition des Engels im Haus? Warum ist Frau sein immer noch so eng an die Rolle der Mutter und Ernährerin gebunden?

Zum einen scheint die Rolle für viele ganz verlockend: Sie erfordert Mühe, enthebt sie aber auch der Anstrengung, sich in der Außenwelt des Berufs zu bewähren; sie gibt ihnen Befriedigung, Selbstbestätigung, sie sehen sie aber auch als ihre Pflicht an: Wer, wenn nicht sie, soll sich dieser Aufgaben annehmen?

Es ist nicht zu übersehen, dass der allgemeine gesellschaftliche Diskurs in diesem Punkt ambivalent ist. Auf der einen Seite fordert er von Frauen Bewährung im Beruf, auf der anderen Seite wird eine weibliche Natur postuliert, die Frauen als Spezialisten für das Emotionale ausweist: Sie und nur sie können sensible soziale Aufgaben am besten bewältigen. Und schließlich gehören auch Angstmachen und Disziplinieren in diesen Zusammenhang: Was geschieht, wenn eine Frau sich zu weit von ihrer Rolle als Mutter und Ernährerin wegbewegt? Sie zerstört die Familie und damit die Grundlage unseres Zusammenlebens – die Argumentation gegen Convenienceprodukte.

Convenienceprodukte sind also mit einem sozial sensiblen und konfliktreichen Gebiet verbunden. Wenn sie größere Gruppen ansprechen wollen, müssen sie daher eine ganz spezifische Argumentation führen, nämlich: »Das spart dir Mühe, Zeit, Denken, aber es ist zugleich äußerst liebevoll und verantwortungsbewusst.« Eine andere Möglichkeit wäre natürlich, das Geld, das in der Entwicklung von Nudelschnellgerichten steckt, in die Entwicklung von Lernprogrammen für Männer zu investieren, die sie dazu aktivieren, durch Mithilfe die Kochzeiten im Haushalt zu reduzieren. Eine Gesellschaft, die das beschließt, müsste entsprechende Institutionen bereitstellen und sie mit Ressourcen ausrüsten – dies wäre dann aber mit großer Wahrscheinlichkeit keine Marktgesellschaft mehr.[5]

Sehen wir uns die Angebote noch genauer an. Convenienceangebote gibt es in verschiedenen Stufen der Verarbeitung: von Tiefkühlgemüse, das nur geputzt und vorgeschnitten ist, das aber von der Hausfrau individuell weiterverarbeitet werden kann, bis zu fertig gekochten Gerichten bzw. zu Gerichten, die man nur mit etwas kochendem Wasser aufgießen muss.

Die erste Kategorie von Angeboten ist weitgehend akzeptiert – hier hat die Haufrau das Gefühl, nichts von ihrer Souveränität abzugeben, abgenommen sind ihr nur die »Sklavenarbeiten«, die Vor- und Nachbereitung. Bei den Fertiggerichten ist jedoch klar, dass die Hausfrau keine Zeit mehr investiert und die gesamte Kompetenz an einen außerhäuslichen Hersteller abgegeben hat.

Genau an diesem Punkt scheiden sich die Geister. So führte eine junge Frau in einer Gruppendiskussion aus: »Also, ich gehöre zur Mikrowellenherdgeneration. Ich werde Ihnen sagen, was mein Ideal beim Essen ist: ›Mikrowellentür auf, Gericht in einem Plastikschälchen rein, drei Minuten, Plastikschälchen raus, Tür zu, essen, Schälchen in den Kübel, fertig.‹« Die Gruppe der traditionellen Hausfrauen erstarrte – dies war genau die Haltung, von der sie meinten, dass sie zur Auflösung unserer Gesellschaft führt, indem die Angehörigen mit einer falschen Nahrung gleichsam »vergiftet« werden.

Hier liegt im Grunde ein altes Argumentationsmuster vor, das sich in vielen Stammesgesellschaften findet: Wird ein Nahrungstabu gebrochen, so steht dahinter eine moralische Verfehlung des Handelnden, und die Konsequenz sind schwere negative Folgen für die ganze Gemeinschaft oder zumindest für den, der in Kontakt mit diesen »falschen Speisen« kommt.[6] So dürfen in manchen Stämmen menstruierende Frauen nicht in der häuslichen Gemeinschaft bleiben und auf keinen Fall die Speisen für ihre Männer zubereiten; tun sie es doch, so wird der Betreffende krank, oder das Jagdglück bleibt für die ganze Dorfgemeinschaft aus. Nur wenn jeder an seinem Platz bleibt und die Regeln der Gemeinschaft achtet, können die wesentlichen Institutionen einer Gesellschaft erhalten und geschützt bleiben. Diese Diskussion wird auch immer dann geführt, wenn es darum geht, häusliche Kochkompetenz abzugeben.

In dieser Form argumentierten z.B. auch Kindergärtnerinnen, die wir in einer Studie zum Außer-Haus-Essen befragten. Sie bezogen von einer Lieferfirma Menüs, die sie den Kindern, die von ihren Müttern nicht zum Mittagessen abgeholt wurden, servierten. Die Mütter, die ihre Kinder abholten und für sie jeden Tag frisch ein Mittagessen kochten – was sie natürlich von jeder einigermaßen anspruchsvollen Berufstätigkeit ausschloss –, bedauerten die Kinder, die im Kindergarten bleiben und irgendwelche aufgewärmten Mahlzeiten essen mussten. Die Kindergärtnerinnen betrachteten sich jedoch selbst ebenfalls als die Hüterinnen der traditionellen Küche und guter Esssitten. Sie bestellten bei der Lieferfirma ausschließlich Hausmannskost, ließen die Kinder bei der Vorbereitung des Essens mitwirken und achteten darauf, dass mit Manieren, mit lustigen Gesprächen, in einer Gemeinschaft gegessen wurde – zu Hause, so waren sie überzeugt, mussten die Kinder alleine essen, und sie bekamen ausschließlich ungesunde Conveniencegerichte beziehungsweise Fastfood, das heißt, nichts Vernünftiges.

Die Argumente, mit denen wir über Conveniencefood verhandeln, sind also eigentlich Argumente über die Rechte und Pflichten von Menschen in dieser Gesellschaft, und damit sind sie auch von der kulturellen Orientierung eines Menschen abhängig.

Frauen, die der individualistischen Kultur zuneigen, benützen in großem und steigendem Umfang das Angebot an Convenienceprodukten, und zwar in allen Arten der Konservierung und in allen möglichen Bereichen. Die hierarchistischen Frauen grenzen sich gegen diese Kultur ab, im Sinne von: Niemals würde ich das tun – ich bin keine Frau, die einfach eine Tüte aufmacht.[7] In ein großes Problem kommen die egalitären Frauen: Sie bestehen auf der Gleichheit von Mann und Frau, gleichzeitig sind sie überzeugt, dass industrielle Nahrungsangebote zutiefst unnatürlich und ungesund sind und langfristig schweren Schaden anrichten. Eigentlich muss man alles selbst und alles frisch machen, in der Küche vorwiegend Gemüse und Obst verwenden, auf die alten und einfachen Nahrungsmittel – was einen schrecklichen Arbeitsaufwand bedeutet. Natürlich hätten auch sie gern Hilfe, und natürlich hat sich die Industrie auch für sie etwas einfallen lassen: vorbereitete Gemüsevollwertgerichte, Tofulaibchen, Säfte, Tiefkühlgemüse – die aber nur unter der Voraussetzung gekauft werden, dass die Anbietermarke glaubwürdig und vertrauenswürdig wirkt und jede Anmutung an industrielle Herstellungsprozesse und konzernhafte Strukturen meidet.

Unsere steigenden Ängste vor dem Zustand unserer Nahrungsmittel sind ein weiterer Ausdruck dieses Konflikts. Noch nie hatten wir so viel Angst vor schädlichen Nahrungsmitteln, da wir eben die Ernährung mehr und mehr aus dem Haus verlagern, weg von Personen, denen wir vertrauen können wie der Frau als Mutter und Ernährerin, die Mitglied unserer eigenen kleinen Gemeinschaft ist, hin zu entfernten industriellen Herstellern, über deren Gesinnung wir wenig wissen und die wir nicht kontrollieren können.

Nun zu den Strategien, die der Markt entwickelt, um die Konflikte zu lösen, die diese Entwicklung mit sich bringt. Zunächst zu der Lösung, die man für die Gruppe der Frauen zwischen den Lagern gefunden hat, also der Frauen, die ihrer Familie eine »selbst gemachte Speise« präsentieren wollen, die also keineswegs Kochsouveränität und Kontrolle aufgeben wollen, aber dennoch ein hohes Maß an Convenience wünschen.

Hier setzen Basis- oder Fixprodukte an, eine ebenfalls sehr erfolgreiche Produktkategorie. Es gibt sie für eine ganze Reihe von beliebten Speisen, auch für sehr traditionelle Gerichte: Pastabasis, Gulaschfix oder -basis, Faschierbasis etc. Die Basis enthält die Würzung, Bindung und die Zwiebeln, man fügt nur noch Fleisch und Wasser hinzu und kocht die Speise fertig. Zum Schluss bestehen viele Frauen auf weiteren kleinen Aneignungspraktiken: Sie geben z.B. ein bisschen Petersilie und einen Löffel Rahm dazu – dann aber haben sie das Gefühl, selber ein Essen hergestellt zu haben.

Bei jungen Frauen geht nun nicht nur die Kochwilligkeit verloren, sie haben auch weniger Kocherfahrungen und -kenntnisse. Auch für dieses Problem gibt es Abhilfe. Soßen (Sauce Hollandaise etwa zur Spargelzeit), Aufläufe, Gratiniertes muss man durchaus zuzubereiten verstehen – nimmt man aber Basisprodukte, zu denen man nur die Hauptzutat hinzufügt, haben auch ungeübte Köchinnen ein Erfolgserlebnis. Diese ganze Produktgattung basiert darauf, dass ein gesellschaftlich nicht ganz erwünschter Vorgang hinter die Kulissen verlagert wird, dass geholfen wird, aber so, dass die Kochende nach außen ihr Gesicht wahrt.

Das Wichtigste bei der Werbung für Convenienceprodukte ist nun aber, ihre Verwendung zu legitimieren, das heißt, das Kochen mit ihnen als besonders liebevollen Akt darzustellen oder ein besonderes Esserlebnis in Aussicht zu stellen. Betrachten wir dazu einige Beispiele.

Miracoli von Kraft ist ein Nudelgericht, das in fünf Minuten fertig ist. Im Werbefilm sieht man zwei Familien, in denen Mütter ihre Kinder zum Essen rufen. Wie man später erkennt, serviert die eine Mutter Miracoli, die andere nicht. Bei der »Nicht-Miracolifamilie« kommen die Gerufenen langsam, sie essen lustlos, es herrscht eine traurige Stimmung. Ganz anders bei der »Miracolifamilie«: Die Kinder stürzen zum Essen, und es herrscht eine ausgelassene, lustvolle Stimmung, alle lachen und fühlen sich wohl. Durch ihr Fenster beobachtet die »Nicht-Miracolimutter« neidvoll das lustige Treiben – so schön ist es in ihrer Welt bei weitem nicht. Die Botschaft des Spots ist klar: Spaß, Leben, Lust, Freude, Miteinander sind da, wo Miracoli ist, und es gibt zwei Klassen von Frauen: Frauen, die das erkannt haben, und Frauen, die das (noch) nicht erkannt haben.

Andere Werbungen bemühen sich, Convenienceangebote mit hochrangigen oder sehr emotionalen Esssituationen zu verbinden. So essen in einem Film für Oetker-Pizza Mann und Frau ganz ineinander versunken, zu italienischer Opernmusik, in wunderschöner Abendkleidung, im Sinne eines Liebesmahls eine Tiefkühlpizza.

Alle diese Werbungen sparen ein Argument völlig aus: Sie bringen nie als explizite Begründung das eigentliche Convenienceargument, dass diese Speise also sehr schnell zuzubereiten ist und keine Mühe macht. Dies erschließt der erfahrene Rezipient aus der Tüte, dem Karton, den Aufschriften – ein Film, der sich ausschließlich auf dieses Argument stützen würde oder die volle Argumentation bringt: »Sie wollen sich doch nicht so viel Arbeit antun, hier haben Sie etwas, das auch der Ungeschickteste in fünf Minuten fertig bringt«, wäre jedoch völlig inakzeptabel. Es geht vielmehr darum zu signalisieren, dass ein Angebot genussreich ist und für liebevolle Situationen die angemessene Speise darstellt.

Noch weiter geht Oetker in einem Film für Altdeutschen Napfkuchen, der für eine fertige Backmischung wirbt. Eine Mutter schildert in der Rückblende, dass die Kindheit ihres Sohns von sehr liebevollen Mahlzeiten begleitet war; besonders verwöhnt wurde er von ihr mit selbst gebackenem altdeutschem Napfkuchen. Dieses Backwerk kennzeichnet also eine besondere Beziehung und eine besondere Mahlzeit in der Geschichte von Mutter und Kind. Nun ein Sprung in die Gegenwart: Man sieht den Sohn, der als Erwachsener seine Mutter besuchen kommt, und was serviert sie ihm? Altdeutschen Napfkuchen, nur diesmal aus einem Fertigteig von Dr. Oetker.

Wir kommen hier natürlich an die Grenzen der Glaubwürdigkeit. Das Problem, das alle diese Werbespots zu bewältigen haben, ist es, den Hersteller besonders positiv erscheinen zu lassen: Er ist ja nun die Instanz, der man vertrauen muss. Faktisch ist dies die Industrie, im Film wird aber jemand anderer gezeigt: die Frau als liebevolle Mutter und Ernährerin, die Geliebte – traditionelle Kochinstanzen also, die signalisieren: Das schmeckt so und ist so, als ob es eine liebevolle Familienmutter gekocht hätte.

Einen anderen Weg wählt die Firma Koppenrath und Wiese, die ebenfalls fertige Tiefkühltorten und -backwaren anbietet. Sie zeigt in der Werbung nicht eine häusliche Kochinstanz, sondern einen kleingewerblichen Hersteller. Der Film erzählt, dass Koppenrath und Wiese ein kleiner Konditoreibetrieb war, der so hervorragende Torten herstellte, dass alle Welt danach verlangte – gut, sagten sich die beiden, dann machen wir sie eben tief gekühlt, aber mit derselben Sorgfalt und Liebe. Aus der Reihe »industrieller Hersteller« bis »traditionelle, weibliche Köchin« im Haus wird hier eine mittlere Position gewählt: nicht modern und industriell, aber auch nicht traditionell häuslich, sondern sowohl industriell wie auch klein und nach liebevollen nostalgischen Herstellungsprinzipien produzierend.

Geschickt geht auch Maggi vor, das seine Produkte in einer ganz eigenen Situation vorstellt: dem Kochstudio, in dem Gruppen von Frauen und manchmal auch Männern zusammen kochen und dann auch gemeinsam die Speisen essen. Alles geht höchst lustvoll, schnell, dynamisch und heiter zu, alle scheinen ungeheuren Spaß zu haben. Das Auffällige daran ist, dass hier Werte modernen Essens aufgenommen werden, dass sie aber nicht mit traditionellen Essensgemeinschaften und Anlässen verknüpft werden.

Gewählt wird vielmehr die Gruppe, als Freundes- oder Kochgruppe gedacht, also als Gruppe, die durch gemeinsame Interessen zusammengehalten wird. Dies ist die Position, die Convenienceangebote in der Skala der Speisen, aber auch der sozialen Gruppierungen einnehmen: Es ist nicht die »Masse«, die bei Außer-Haus-Essen leicht mitschwingt, nicht die Familie, die eigentlich ein strukturiertes, geregeltes und selbst gekochtes Essen verlangt, sondern die Freundesgruppe, die genau zwischen diesen beiden liegt.

Bemerkenswert ist ferner der Wert, der hier wie auch in dem Miracolifilm für diese Esswelt postuliert wird: Es ist Spaß. Hier geht es nicht um das liebevolle Miteinander, um die Wärme und Fürsorglichkeit, die eine traditionelle Tischgemeinschaft auszeichnet, sondern um Spaß, um das momentane Erleben, Sich-Amüsieren, die Speisen sind eigentlich sekundär – eine sehr adäquate Konzeption modernen Essens.

Eine weitere Strategie entwickelt der Film über Maggi Asia Nudelsnack: Er zeigt kaum das Produkt selbst, sondern die Welt, die man sich mit diesem Produkt kauft. Asia Nudelsnack stellt ein extrem ausgeformtes Convenienceangebot dar: Es handelt sich um ein Einpersonengericht aus Reisnudeln, dem kleine Gewürzpäckchen beigegeben sind; man übergießt das Ganze mit heißem Wasser und lässt es kurz ziehen. Die Packung liefert eine recht kleine Portion, die bekannte amorphe Konstruktion mit einem »asiatischen« Geschmack.

Der begleitende Film stellt nun in eindrucksvoller Weise die Welt dar, aus der dieses Gericht kommt: optisch opulente und wunderschöne Szenen chinesischen Lebens, die zeigen, dass Nudeln in dieser Kultur hochrangige Feste, so die Hochzeit begleiten. Die Reduziertheit dieser Speise auf der kulinarischen Ebene wird hier also durch eine ungeheuer reichhaltige Welt auf der Zeichenebene ausgeglichen: Man holt sich damit eine ferne und hoch attraktive Welt ins Haus.

Was Natur für uns bedeutet:
von Mutter Erde auf Muttis Tisch

»Das ist reine Natur« ist ein Versprechen, das uns immer begeistert: natürliche Landschaften, natürliche Heilverfahren, Naturkosmetik, Betten, bei denen jeder Bestandteil aus natürlichen Rohstoffen besteht, natürliche Aromen, natürliche Farben etc. Im Gegensatz zu Kultur scheint uns Natur meist unhinterfragt als das wesentlich Wertvollere. Dies ist auch bei Nahrungsmitteln offensichtlich: Wenn Konsumenten über das ideale Nahrungsmittel oder über die ideale Art, sich zu ernähren, sprechen, so spielen Natürlichkeit und Naturbelassenheit eine große Rolle.

Nun scheint das zunächst völlig selbstverständlich: Gibt es denn andere als natürliche Nahrungsmittel? Nahrungsmittel stammen aus der Natur, und wir eignen sie uns durch Bearbeitung und durch Kulturtechniken an, so wie jede Gesellschaft auf der ganzen Welt. Wir tun das mit großer Effizienz, sodass wir ganz das Gefühl dafür verloren haben, dass wir von der Natur als Quelle unserer Lebensmittel auch abhängig sind. Wenn wir an Natur denken, so kaum in dieser Basisfunktion, sondern meist in anderer Bedeutung: als das Gute im Vergleich zur schlechten oder gefährlichen Zivilisation, als das Sakrale gegenüber dem Profanen, als das Gesunde und Heilbringende.

Dass Natur für uns ein so hoher Wert ist, hängt nun einmal damit zusammen, dass wir uns nicht mehr so sicher sind, ob wir beim Essen überhaupt noch reine Natur zu uns nehmen; zum anderen damit, dass wir Natur im Sinne eines mythischen Werts besetzen: Was aus der Natur kommt, hat ganz besondere, geradezu sakrale Qualitäten. Wir können sogar feststellen, dass wir Natur umso höher bewerten, je mehr wir sie faktisch zurückdrängen.

Nun ist Natur ein sehr komplexes Konzept: Jede Gesellschaft und jede Epoche verbindet mit Natur andere Vorstellungen, und auch in unserer Gesellschaft gibt es zumindest vier unterschiedliche Auffassungen von Natur.

Stammesgesellschaften, deren Überleben meist unmittelbar von den Verhältnissen ihrer natürlichen Umwelt abhing, betrachteten Natur mindestens in zwei Funktionen. Sie mussten sicherstellen, dass die natürlichen Grundlagen ihrer Umwelt nicht zerstört wurden; zum anderen mussten die Erträge angemessen verteilt werden, um die soziale Ordnung des Stammes nicht zu gefährden. Zahlreiche Rituale dienten dazu sicherzustellen, dass die Ressourcen nicht ausgingen, dass also das Wild den Wald nicht verließ, der Mais im nächsten Jahr wieder wuchs, weshalb man sich bei einem getöteten Wild entschuldigte und seine Knochen bestattete, damit die Göttin des Wildes sah, dass man ihren Geschöpfen die notwendige Achtung bezeugte. Ebenso forderten manche Stämme für Jäger oder die Menschen, die den Boden bearbeiteten, die richtige Gesinnung: Nur wer sich moralisch richtig verhielt, konnte damit rechnen, dass ihm die Natur die richtigen Lebensmittel zur Verfügung stellte.

Auch unserer Gesellschaft ist die Vorstellung, dass man sich der Natur mit der richtigen Gesinnung zu nähern hat, keineswegs fremd. Die Antwort auf die Frage, wie Natur eigentlich beschaffen ist und wie man sie daher behandeln soll, hat nun wieder etwas mit der kulturellen Ausrichtung zu tun. Lassen Sie uns daher kurz die Naturauffassung der vier Kulturen betrachten.

Die erste Anschauung lässt sich unter die Maxime stellen: »Die Natur ist uns untertan«. Die Natur enthält reiche Ressourcen, die wir unbedenklich nutzen können, sie ist robust und verfügt über große Selbstheilungskräfte. Sie stellt uns die Elemente bereit, die wir für Fortschritt, Wachstum und ein gutes Leben brauchen. Sie ist nicht perfekt, aber man kann sie durch Wissenschaft und Technik korrigieren und verändern, etwa durch den Einsatz von Düngemitteln, Gentechnologie etc.

Die individualistische Kultur favorisiert diese Vorstellung. Individualistische Marktkulturen argumentieren entsprechend, dass sich ein Staat nicht von den Entwicklungen der Biotechnologie und Gentechnologie abkoppeln könne, da sonst Fortschritt und Wettbewerbsfähigkeit gefährdet seien. So argumentieren weite Teile der Industrie, auch der Nahrungsmittelindustrie, und jeder, der die Herstellung, Bearbeitung und Vermarktung unserer Lebensmittel kennt, kann sehen, dass diese Maximen in vielen Fällen ihre Produktion leiten. Wir werden im Folgenden sehen, dass Werbung diese Anschauung von Natur niemals inszeniert – dies genau ist die Prämisse, die sie verschleiert.

Die zweite Anschauung sieht die Natur als verletzlich, sensibel, anfällig für Störungen von außen. Natur ist unter allen Umständen gut, man muss sie bewahren, so wie sie ist; schon ein kleiner Eingriff kann schwerwiegende Folgen haben und zu Katastrophen führen. Dies ist der Standpunkt der Egalitären, also jener Kultur, der es um die Gleichheit der Mitglieder einer Gesellschaft geht. Angehörige dieser Kultur sind nicht bereit, auch nur ein kleines Risiko einzugehen, sie sind überzeugt, dass schon kleine Störungen zu ungeahnten Katastrophen führen können: »tread lightly on earth« ist ihre Maxime. Diese Kultur geht auch davon aus, dass der Mensch von Natur aus gut ist und dass es die Gesellschaft ist, die ihn verdirbt. Was sie also anstrebt, ist die Rückkehr zu einem einfachen und natürlichen Leben, in dem die inneren Werte zum Ausdruck gebracht werden, um die es eigentlich geht. Wir werden im Folgenden zeigen, dass es die Wertewelt dieser Kultur ist, die die Werbung bevorzugt inszeniert.

Die Naturanschauung der Hierarchisten geht davon aus, dass uns die Natur zur Verfügung steht, sie ist gnädig und wohlwollend, aber nur in bestimmten Grenzen und bis zu einem bestimmten Ausmaß. Wenn dieses überschritten wird, ist mit schweren Störungen zu rechnen. Es muss daher Experten und Autoritäten geben, die diese Grenzen festsetzen und ihre Einhaltung kontrollieren. Diese Sicht zeigt sich im gesamten Bereich der offiziellen und staatlichen Diskussion um Verordnungen zum Anbau von Lebensmitteln, zu Hygiene, zu Nahrungsmittelzusätzen.

Die Fatalisten schließlich gehen davon aus, dass die Natur unberechenbar ist, sie hat ihren eigenen Willen, ihre eigenen Gesetze. Sie ist teils zerstörerisch, so wie sich dies in Naturkatastrophen manifestiert, teils magisch und geheimnisvoll. Diese Sicht wird in der zunehmenden Bedeutung von Angeboten und Produkten deutlich, die mit kosmischen Wirkungen argumentieren: dem Einfluss der Mondphasen, der Heilwirkung von Steinen, Bachblüten etc.

Der Markt liefert jeder dieser Kulturen die Produkte, die sie sich wünscht. Werbung stellt aber immer die Naturauffassungen dar, die uns besonders attraktiv erscheinen: Sie inszeniert wichtige kulturelle Ideale, sie bearbeitet die Hoffnungen und Ängste der vier Kulturen und stellt eine Lösung für Widersprüche und Konflikte bereit. In dieser letzten Funktion ist Werbung wieder mit der Funktion eines Mythos vergleichbar: Sie hebt Gegensätze auf, sie stellt das Ideale dar, sie verschleiert die soziale Praxis, oder sie lässt soziale Klassifikationen als natürliche erscheinen.

Werbung hat wie besprochen unter anderem die Aufgabe, ein Produkt als besonders wertvoll darzustellen.

Um den Wert eines Objekts zu begründen, gibt es nun drei Möglichkeiten: Der Wert kommt entweder aus den Bestandteilen oder aus bestimmten Herstellungs- oder Bearbeitungsverfahren, oder dem Objekt wird per se ein symbolischer Wert zugeschrieben. Bestandteile, mit denen eine besondere Qualität begründet wird, haben meistens die Merkmale: selten, in besonderer Beziehung zu Zeit und Raum, das heißt, extrem flüchtig oder extrem dauerhaft, oder sakral, aus einem besonderen Raum stammend. So gelten Objekte aus Edelmetallen oder seltenen Mineralien als wertvoll: Gold, Edelmetalle, Edelsteine, Diamanten. Sie zeichnen sich gleichzeitig durch eine extreme Dauerhaftigkeit und Beständigkeit, geradezu Unzerstörbarkeit aus. Genauso kostbar sind aber seltene Stoffe von extremer Flüchtigkeit, Weihrauch oder Parfüm etwa. Die besonderen Räume, aus denen die Stoffe ihren Wert beziehen, sind entweder sakrale oder ferne Räume: Denken wir an Gewürze im Mittelalter oder an Tropenhölzer.

Als Beispiel für den Wert, der aus der Bearbeitung kommt, kann eine Holzschnitzerei dienen. Sie kann sehr wertvoll sein, obwohl Holz kein wertvoller Stoff ist – hier ist es die kunstvolle Bearbeitung, die den Wert begründet.

Jede Gesellschaft kennt ferner Objekte, die einen symbolischen Wert haben, obwohl sie weder aus besonderen Stoffen bestehen noch besonders bearbeitet sind. So waren die kostbarsten Gegenstände im Bereich des Kula Ringes, der von Malinowski beschriebenen Kultur pazifischer Gesellschaften, Muscheln, die in dieser Gegend in großer Menge vorkommen. Die Muscheln galten dann als Kostbarkeiten, wenn sie von berühmten Männern auf weiten und gefahrvollen Reisen mitgeführt und an wichtige Personen verschenkt worden waren: Jede Muschel hatte eine Geschichte, und man konnte sie auch niemals kaufen oder gegen Alltagsobjekte tauschen, sondern nur verschenken oder vererben oder Töchtern als Mitgift mitgeben. Sie zirkulierten also in wichtigen Familien und kennzeichneten deren soziale Stellung.[8]

Auch die Werbung für Nahrungsmittel, die ihren Wert über ihre »Natürlichkeit« zu dokumentieren versuchen, benützt alle drei Argumentationsformen. Es wird also argumentiert: Das ist wertvoll, denn es besteht ausschließlich aus natürlichen Bestandteilen, oder es kommt aus einem ganz besonderem Raum, einem Naturraum. Oder: Dieses Nahrungsmittel ist nicht in Kontakt mit technisierten Herstellungsverfahren gekommen, jeder industrielle Eingriff ist getilgt. Oder: Dieses Produkt verweist auf eine Natur, die einen geradezu sakralen Status hat.

Wir müssen uns noch einmal klar machen, dass die hohe Überzeugungskraft, die für uns Natur als Demonstration eines besonderes Wertes hat, ein sehr neues Phänomen ist: 1950 wäre die Behauptung, dass eine bestimmte Hirse aus organischem Anbau stammt, noch nicht als besonders attraktiv empfunden worden, und das 19. Jahrhundert hätte den Hinweis, etwas sei reine Natur, als Warnung vor einer möglichen Gefahr bewertet. Auch viele Stammesgesellschaften hätten den Hinweis, dass in diesem Objekt Natur und nur Natur enthalten sei, höchst eigenartig, ja barbarisch gefunden: Wertvoll war für sie gleichbedeutend mit dem Signal, dass etwas durch Kultur bearbeitet, also gerade aus seinem rohen Naturzustand befreit war. So liebten viele Stämme auch nicht den Anblick »natürlicher«, ungeschminkter Menschen – ein zivilisierter Mensch konnte nicht in der Öffentlichkeit erscheinen, ohne zuvor Gesichtsbemalung aufgelegt zu haben.

Dieses Produkt besteht aus Natur oder kommt aus einem besonderen Naturraum

Die Argumentation: »Dieses Produkt besteht nur aus natürlichen Bestandteilen« ist für Nahrungsmittel gar nicht einfach zu führen. Sie ist nur dann überzeugend, wenn es eine »künstliche« Alternative gibt oder wenn Zweifel bestehen, ob Produkte dieser Art nicht vielleicht doch künstliche Bestandteile enthalten. Deshalb wird in der Werbung meist keine explizite Argumentation über die Inhaltsstoffe geführt, sondern die Naturbestandteile werden im Bild in aller Pracht vorgeführt, oder es wird argumentiert, dass sie aus einem ganz besonderen Naturraum kommen.

Es könnte sein, dass Konsumenten in Zukunft etwas weit Rationaleres verlangen werden: Die Kennzeichnungspflicht für gentechnisch manipulierte Produkte wird den Wunsch nach Räumen aufkommen lassen, die traditionelle, »authentische« Natur im Gegensatz zu wissenschaftlich behandelter Natur liefern. Im Augenblick wendet sich die Werbung aber noch nicht diesem Thema zu.

Aus dem Werbspot für »Kerry Gold«

Sehen wir uns einige Werbebeispiele näher an:

Bei Kellogg's Cornflakes handelt es sich um Cerealien, Getreideprodukte, die zum Frühstück gegessen werden. Der Film zeigt eine Familie am Frühstückstisch, die sich gerade die Getreideflocken auf die Teller schüttet. In diesem Augenblick verwandelt sich die Szenerie: Riesige Kornfelder rollen durch den Raum und legen sich auf die Teller: Was man hier isst, ist unmittelbar Natur.

Noch deutlicher führt dies die österreichische Marmeladen- und Saftmarke Darbo vor. Ihr Slogan lautet: »In Darbo naturrein kommt nur Natur rein.« Im Film sieht man zwei Frauen in einem wunderschön eingerichteten Zimmer mit weiten, zum Garten geöffneten Fenstern und an einem liebevoll gedeckten Tisch beim Frühstück. Alles ist still, bis die eine Frau das Marmeladenglas öffnet: Jetzt ertönt ein intensives Vogelgezwitscher, die ganze Luft ist voll von Vogelgesang und Naturlauten. Sie gibt sich die Marmelade auf ihr Brötchen, schließt das Glas, und alles ist still wie zuvor. Darbo enthält also eine gegenüber der normalen Natur gesteigerte, angereicherte und erlebnisintensivere Natur, oder noch überspitzter: Nur in Darbo ist die volle Natur.

Sehr häufig wird der Wert eines Produkts auch damit begründet, dass es aus einem ganz besonderen Naturraum kommt. Ein Beispiel ist Kerry Gold, eine irische Buttermarke, die mit der folgenden Kampagne sehr erfolgreich in Deutschland eingeführt wurde.

Der Film bringt Bilder der irischen Landschaft: grüne Wiesen, sanfte grüne Hügel, Feldwege, ein paar Bäume, ein weites, fruchtbares, frisches Land, in dem Kühe weiden, ein unberührtes und ursprünglich anmutendes Land, in dem die Zeit stehen geblieben scheint. In diesem Land gibt es keine Anzeichen einer industrialisierten Gesellschaft: Gefahren wird mit Pferdefuhrwerken, die wenigen Menschen, die zu sehen sind, leben in kleinen Häusern, und sie tragen einfache, nicht modische oder moderne Kleider. In den nachfolgenden Filmen wurde ein Bauernhof gezeigt, in dem Tiere in traditioneller Art, in unmittelbarer Gemeinschaft mit dem Menschen gehalten werden. Alle Menschen werden in herzlichen und solidarischen Beziehungen gezeigt. Bereits die Bildwelt macht klar: Dieser Raum ist ein besonderer Raum, der nicht von der industrialisierten Welt kontaminiert ist. Er ist auf jeder Ebene natürlich und ursprünglich: auf der Ebene der umgebenden Natur, der Tierhaltung, der Menschen, ihres Lebensstils, ihrer sozialen Organisation in kleinen Gemeinschaften – und spiegelt so eine unserer kollektiven Utopien wider: die Sehnsucht nach Räumen, die vor der Moderne mit ihren Gefährdungen liegen.

Der Text stellt diese Bedeutung noch einmal sicher:

Tief im Westen von Irland leben Mensch und Tier noch so eng zusammen, dass man munkelt, die Tiere hier könnten sogar sprechen …

Blödsinn, wie Tim O'Brien meint.
Nur die Butter spreche für sich – und erzähle von Regen,
Wind und sattem Grün ...
Kerry Gold, Unverbesserlich irisch.

Die Bezeichnung des Produkts als Kerry Gold, das Gold der grünen Insel, unterstreicht diese Botschaft noch einmal: Eine Insel ist ein Raum, der abgeschlossen ist, der nicht mit anderen größeren Räumen in Verbindung steht, der daher alte und besondere Lebensformen bewahren kann (was etwa auch aus der Biologie bekannt ist). Gleichzeitig ist diese grüne Insel Irland. Darauf wird nicht wirklich verwiesen, es kommen auch keine Zeichen vor, die auf Irland als regional und politisch verortbares Land hinweisen – damit wäre ja auch wohl die Bedeutung des Idyllischen und Vorindustriellen ziemlich deutlich gestört. Irland erscheint vielmehr als ein mythischer, zeitloser Inselraum, in dem einfaches, naturnahes Leben noch möglich ist. Gebildete Rezipienten assoziierten zu diesem Irland im Übrigen auch die in den 70er Jahren aufgebaute Bedeutung, die sich etwa in Heinrich Bölls »Irischem Tagebuch« findet. Der Film ist also auch in der Lage, kulturelles Wissen zu mobilisieren.

Kerry Gold ist so ein Produkt, mit dem man sich die Werte dieser Zeit und dieses Raumes kauft: Natur erscheint hier in Verbindung mit einer bestimmten Lebensweise, die man sich als vorindustriell zu denken hat und die einfache Strukturen und Solidaritätsgemeinschaften bewahrt. In kulturellen Stilen gesprochen wäre dies die Darstellung einer egalitären Wertewelt, die das einfache Leben und ein Wirtschaften in kleinen, überschaubaren Gemeinschaften durch naturnahe und einfache Methoden propagiert. Diese Kultur betrachten wir offenbar als besonders geeignet, um wertvolle Lebensmittel herzustellen.

Ganz ähnlich verfährt Jever, das sein Bier eng an ein bestimmtes Land, nämlich Friesland, bindet. Der Slogan macht das Bier geradezu zur Inkarnation dieses Landes: Wie das Land, so das Jever. Auch hier wird ein idealer Raum aufgebaut, ein Naturraum, in dem kein Zeichen von Kultur, Industrialisierung und moderner Welt zu sehen sind: Zu sehen ist eine karge, einsame Landschaft, eine Düne, Sand, Meer, ein weiter Horizont. Dieser Raum wird hier explizit als eine Gegenwelt zu unserer modernen Welt inszeniert.

Der Film wird aus der Perspektive eines Mannes erzählt, der auch im Bild zu sehen ist, offensichtlich ein Manager, ein Angehöriger der Businesswelt oder jedenfalls eine Person, die in der hektischen Leistungsgesellschaft beheimatet ist. Er erzählt, dass er diesen Raum bewusst aufgesucht hat. Hier lebt man nach anderen »Gesetzen«, die Zeit fließt langsam und ruhig und macht es dem Eintretenden möglich, mit der Natur in direkten, unmittelbaren Kontakt zu treten: Der Mann lässt sich über den Hügel hinabrollen, eine in seiner anderen Lebenswelt wohl unvorstellbare Geste.

Natur ist hier also das ganz Andere, die Versicherung, dass es neben der Welt der Leistung, der individualistischen Wertewelt noch eine andere gibt, in der andere Werte herrschen – ein wichtiges kulturelles Ideal, das wir uns mit Jever kaufen. Dieselbe Strategie verwendet die Dachmarkenkampagne für Milka, die Milka in einem Alpenraum zeigt, der von einfachen, bäuerlich lebenden Menschen mit starken menschlichen Bindungen bewohnt wird – ein archaisch ursprünglicher Raum.

Seelenlandschaften und Extremräume

Menschen unseres Kulturkreises neigen dazu, seelische Sachverhalte in räumlichen Bildern auszudrücken. So stellen wir uns die Theorie von Freud im Sinne eines Raummodells vor: »Oben« in unserer Person befindet sich das »Über-Ich«, »unten« befindet sich das »Es«, die »niederen Triebe«, in der Mitte, vermittelnd zwischen diesen beiden Instanzen, das vernünftige Ich. Reale Räume, Landschaften, Orte eignen sich daher auch besonders gut dazu, mit Bedeutung aufgeladen zu werden: Sie werden dann nicht als beliebige Landschaft wahrgenommen, sondern als Zeichen für eine Wertewelt, für eine Stimmung, für Gefühle.

Das Bild des Meeres löst in uns ein bestimmtes Gefühl aus, wir denken an Urgewalten, an Freiheit, Abenteuer, an die lockende Ferne oder an Gefahr. An eine Alpenlandschaft, an die Südsee, an eine liebliche Wiesenlandschaft binden sich andere Vorstellungen. Die Räume, die in der Werbung gezeigt werden, um eine besondere Herkunft des Produkts zu suggerieren, sind daher nicht beliebig gewählt; es sind Räume, die in unserer Kultur bereits mit einer bestimmten Bedeutung aufgeladen sind.

Gern werden z.B. »Extremräume« gewählt, also Räume, die sich ganz oben, »nahe am Himmel« befinden (Alpen/Berge), und Räume, die sich ganz unten befinden, am Meer.

Für den ersten Raum steht exemplarisch die Milka-Welt: eine Alpenwelt mit hohen Bergen, Almen, die eine einfache bäuerliche Welt suggerieren. Milka beschreibt diese Welt in einem Film explizit als »dem Himmel nahe« und rückt sie damit in die Nähe eines sakralen Raums. In diesen Extremräumen berühren sich Kultur und Natur: Sie sind noch bewohnt und belebt, aber nahe an einer Natur, die mächtig, achtungsgebietend und extrem in ihren Kräften ist: extrem wertvoll, aber manchmal auch extrem zerstörerisch – Merkmale, die oft das Sakrale kennzeichnen.

Diese Räume werden entweder ohne jeden menschlichen Bewohner gezeigt, sie stellen dann die ewige, unvergängliche Natur dar, häufiger aber stehen sie für spezifische mensch-liche Lebensformen: ein natürliches, einfaches, archaisches Leben, das nach eigenen Gesetzen verläuft.

Diese Räume sind als Gegenwelt zu der modernen leis-tungsorientierten Welt zu denken; sie werden auch häufig der Großstadt entgegengesetzt, die individualisiert, industrialisiert, kommerzialisiert, materiell orientiert, leistungsorientiert, ratio-nal, hektisch erscheint.

Dieses Raummodell findet sich bereits in den Reisebe-schreibungen des 19. Jahrhunderts: Die Alpenreise vermittelt dem modernen städtischen Menschen das Gefühl der Erha-benheit der Natur. Noch der Heimatfilm der 50er Jahre stützt sich auf diese Vorstellungen, und Werbung stellt immer wie-der diese Räume dar, um eine Vorstellung von Wert und Be-sonderheit zu vermitteln.

Etwas Ähnliches wird, wie wir gesehen haben, durch den Raum der Insel vermittelt. Die Insel ist von der Naturgewalt des Meeres umgeben, sie ist ein abgeschlossener Raum, der alte Lebensformen bewahren kann. Diese Naturvorstellung der unkontaminierten Räume, die nicht mit modernen Le-bensformen in Kontakt gekommen sind, nutzt auch der Tou-rismus: Alle Landschaften, seien sie in der Toskana, in Grie-chenland oder in Frankreich, zeigen diesen Naturraum; niemals ist auf ihnen ein Auto oder eine menschliche Aktivität zu sehen, die technischer als Fischen oder Pflügen ist.

Neben den Extremräumen kennen wir noch eine andere sehr häufig benützte Raumvorstellung: den Locus amoenus. Als »angenehmen Ort« denkt man sich dabei einen über-schaubaren, klimatisch gemäßigten, fruchtbaren und topogra-fisch fein gegliederten Raum: Er umschließt Wiesen, Hügel, Wasser, er ist grün, Blumen, Bäume, Gräser wachsen dort. Dies ist nicht der Raum der Extreme und der Leidenschaften, er ist vielmehr friedlich, ruhig, beruhigend, angenehm. Wir

treffen hier auf eine sehr alte Raumvorstellung, die bis in die
Antike zurückgeht. Manche Verhaltensforscher behaupten,
dass unsere Präferenz für diesen Raumtyp noch weiter zu-
rückreicht: Dies sei die ursprüngliche Landschaft des homo
sapiens, der sein Dasein in den ostafrikanischen Savannen-
landschaften begann. Wir verbinden diesen Raum mit kultivierten Tätigkeiten des Hegens und Pflegens, und er hat für
uns etwas Idyllisches, Romantisches, auch Nostalgisches an
sich.

Diese Raumvorstellung wird in der Werbung oft mit Kosmetik, aber auch mit Nahrungsmitteln verbunden. Die Marke Wiener Zucker wählt dieses Zeichenfeld z.B. für die Verpackung von Gelierzucker, der zum Einkochen von Früchten bestimmt ist. Für Konsumenten stellt er die schönste Packung dieser Zuckersorten dar: Sie ist über und über mit Früchten bestreut und vermittelt assoziativ den Eindruck, ein Produkt aus dieser idyllischen, nostalgischen Welt zu kaufen. Eine Ikone dieses Raumes ist auch das mit Rosen bewachsene Cottagehäuschen, ein Zeichen für ein einfaches, naturnahes, friedliches Leben, für eine lange glückliche Partnerschaft.[9]

Einen Sonderfall dieses Raumtyps stellt der Garten dar. Er liegt nahe am Haus und damit noch näher an dem Pol der Kultur, hier ist Natur noch stärker domestiziert und sorgsam kultiviert. Sie behält jedoch ihre ursprüngliche Reinheit bei, da auch dies kein Raum des Industriellen und der unpersönlichen Bearbeitung ist – die Natur kann hier deshalb besonders segensreiche Wirkungen entfalten.

Thomy wählte einen solchen Raum, um darzustellen, dass die Kräuter für seine Kräutermayonnaise aus einem Klostergarten kommen, in dem sie von Klosterbrüdern besonders sorgsam aufgezogen wurden. Wir sehen hier auch die Verbindung zu einer Raumvorstellung, die wir bei den Restaurants beschrieben haben: das Paradiesgärtlein.

Außereuropäische Großräume, die großen Wälder, die Steppe, der wilde Westen, die berühmten Marlboro-Landschaften mit ihren Konnotationen von Freiheit, Männlichkeit, Archaik werden für Nahrungsmittel selten benützt. Von den außereuropäischen Räumen ist nur ein Raummodell sehr bekannt, und es wird immer dann eingesetzt, wenn es um das Signalisieren von Exotik, Erlebnis, Freiheit, Glück, Entgrenzung geht: die Südsee, Sonne, Strand, Palmen, sanftes Meer.

In diesem Raum geht es nun nicht um die Natur im Sinne eines Gegensatzes zur schädlichen Zivilisation, sondern hier geht es um Genuss, Erleben, Entgrenzung, Befreiung von Normen – um einen Gegensatz zum Alltag und der Arbeitswelt also. Diese Welt verspricht Urlaub: eine Gegenwelt zur Welt der Arbeit und des Alltags, eine Befreiung von Zwängen, die einen neuen Menschen schafft: glücklich, auf seinen Körper konzentriert, nichts tuend, frei. Bezeichnenderweise ist dieser Südseeraum sehr fern, fruchtbar, weit, offen, nahe am Meer, er hat nichts von dem Kargen der Extremräume und nichts von dem Kleinräumigen, Eingefriedeten der angenehmen Nahräume an sich. Er kann daher auch als ein Raum der Leidenschaften gelten, die Weite, Offenheit, Entfernung vom Profanen, aber auch das Heiße und Fruchtbare brauchen.

In der Werbung für den Rum Bacardi wird diese Vorstellung über sehr ästhetische Bildwelten und Musik mit dem Produkt verbunden – mit Bacardi kauft man sich ein Stück dieser Welt. Auch die Werbung für den Kokosriegel Bounty benutzt diese Bildsignale. Der Riegel besteht aus Kokos, das aus der Südsee kommt, aber diese Welt wird in der Werbung mit all den Werten aufgeladen, die wir traditionell damit verbinden. Bounty spricht diese Vorstellung explizit an: Genieß ein Stück vom Paradies.

Alle diese Landschaften sind nun nicht einfach Abbildungen realer Landschaften und Räume, sie sind auch »Seelenlandschaften«: Sie stehen für eine besondere Gestimmtheit und evozieren sie. Das Konzept der Seelenlandschaften geht auf die Goethezeit zurück, die zum ersten Mal eine Übereinstimmung zwischen der Gestimmtheit eines Menschen und der ihn umgebenden Landschaft postulierte. Die Seelenlandschaft dieser Zeit war freilich der Süden, Italien, ein Sehnsuchtsraum, der mit Lebendigkeit, Emotionalität, mit Entgrenzung, auch mit sexueller Freiheit verbunden war – Wertfelder, die wir heute an die Südsee knüpfen.[10]

Dieses Produkt ist durch einen natürlichen
Prozess hergestellt

Ein charakteristisches Beispiel für diese Werbestrategie ist die Kampagne, mit der der Fruchtjogurt der Marke Landliebe eingeführt wurde. Im Film wird die Herstellung des Fruchtjogurts gezeigt. Man sieht die Kuh, von der die Milch stammt, sie heißt Lisa, sie trägt einen Blütenkranz und ist die Freundin eines kleinen Mädchens. Die Früchte, die in den Jogurt kommen, werden von einer jungen Bauersfrau oder Sennerin in einem kleinen Hüttchen auf einem Brettchen geschnitten, in kleinen Portionen in den Jogurt gerührt und dann ins Glas gefüllt – das ist Landliebe.

Landliebe wird also mit »natürlichen«, das heißt, liebevollen, persönlichen, vorindustriellen Produktionsverfahren verbunden, in einer nostalgischen Welt, in der sich kleine Hersteller persönlich um kleine Mengen von Nahrungsmitteln kümmern.

Etwas Ähnliches zeigt der Spot für das österreichische Bier Gösser. Hier sieht man Schnitter, die die Gerste für das Bier mit der Sense schneiden, Brauer, die den Sud in großen Kupferkesseln rühren, die Feier für das fertig gestellte Bier, bei der Männer, Frauen und Kinder um ein Feuer tanzen. Alles wird in der Ästhetik von großen Spielfilmen gezeigt, stimmungsvoll, mit einer großen, bewegenden Musik – eine herrliche Welt, die nichts, aber auch gar nichts mit technischen Herstellungsprozessen zu tun hat.

Es wäre nun recht einfach, alle diese Filme als eine einzige große Lüge zu bezeichnen, die es darauf anlegt, Konsumenten hinters Licht zu führen und ihnen vorzugaukeln, dass Fruchtjogurt von Sennerinnen hergestellt und Gerste für Bier mit der Sense geschnitten wird. Doch wie gesagt, kein Konsument versteht einen solchen Film so, niemand glaubt wirklich, dass das Unternehmen, das Landliebe herstellt, Tausende von Sennerinnen beschäftigt oder Gösser Röster und Schnitter. Man versteht die Filme im Sinne einer »Als-ob-Behauptung«: Landliebe schmeckt so, als ob es von einer Sennerin liebevoll hergestellt und frisch zusammengerührt wurde.

Bemerkenswert ist jedoch die Erfindung und Inszenierung dieser Naturwelten insgesamt: Was sie darstellen, ist der Traum von einer Welt, in der die Verhältnisse der modernen Industriegesellschaft, der individualistischen Marktkultur mit ihrer Wertschätzung von Fortschritt, Leistung, Wettbewerb außer Kraft gesetzt sind. In der Gegenwelt der Werbung wird Nähe und Vergangenheit inszeniert und die Natur nach den Prinzipien der egalitären Kultur bearbeitet – es ist eine mythische Welt, die die Verhältnisse der sozialen Realität ausblendet. Gleichzeitig wird der Konflikt bearbeitet, dass wir Natur wollen, aber alle Werte der Produkt- und Konsumkultur auch.

Gemüse, Milchprodukte und Bier als exemplarische Naturprodukte

Nicht für alle Produkte wird mit Natur argumentiert: Ein neuer Schokoriegel oder ein Fertiggericht werden sich kaum auf diese Argumentation stützen. Für Grundnahrungsmittel, also für nicht weiterverarbeitete Nahrungsmittel wird jedoch oft damit geworben. Dies gilt aber nicht für alle Nahrungsmittel dieses Bereichs, so weder für Zucker noch für Fleisch. Bei den verarbeiteten Nahrungsmitteln macht insbesondere die Werbung für ein Produkt häufig von Naturargumenten Gebrauch: Bier.

Bei allen Nahrungsmitteln, die mit Getreide, Gemüse und Obst zusammenhängen, wird ebenfalls gern mit ihrer Natürlichkeit geworben. Wir haben bereits ausgeführt, dass Gemüse und Obst, also der pflanzliche Bereich der Nahrung, für uns eine ganz besondere Verbindung zu Natur haben: Natur wird für uns prototypisch durch den Bereich des Pflanzlichen und hier vielleicht am deutlichsten durch das, was in der Erde, in der »Muttererde« wächst, repräsentiert. Ebenso gelten Milch und alle Milchprodukte per se als natürlich und damit als gesund.

Dieser hohe Glaube an die Natürlichkeit von Milchprodukten hat im Übrigen auch zur Folge, dass Konsumenten selten hinterfragen, was »Frischdesserts« aus Topfen, Jogurt, Milch denn eigentlich enthalten, ob sie wirklich ausschließlich aus natürlichen Stoffen bestehen. Nur wenige Konsumenten lesen die Hinweise auf der Rückseite oder kümmern sich um die Inhaltsstoffe – das Image der natürlichen Milch ist weit stärker, und man möchte sich in dieser Überzeugung gar nicht weiter stören lassen.

Anders bei »Konserven«, also in Blechdosen haltbar gemachten Nahrungsmitteln: Hier werden Konsumenten nicht müde, die Gefährlichkeit und Unnatürlichkeit dieser Nahrungsmittel zu beklagen, von denen sie annehmen, dass sie durch eine Menge von Konservierungsstoffen haltbar gemacht worden sind – was nachweislich nicht der Fall ist.

Die Beurteilung: »Das ist natürlich« wird bei vorgefertigten Nahrungsmitteln im Übrigen auch durch die Wahrnehmung bestimmter Konsistenzen beeinflusst. Feucht gilt im Allgemeinen als natürlicher als trocken. Trockene Konsistenzen, so wie wir sie bei Beutelsuppe oder Würfeln vor uns haben, erzeugen leicht den Eindruck von etwas Künstlichem, auch wenn dies objektiv keineswegs der Fall sein muss – dennoch nehmen wir sie als tot und zerstört wahr. Lebendigkeit/Natürlichkeit ist für uns also mit dem Feuchten/Flüssigen verbunden – eine sehr alte Vorstellung.

Auch Biere argumentieren, dass ihre Qualität durch besonders natürliche Bestandteile bedingt ist oder dass sie aus einem besonderen Naturraum kommen. Dies wird besonders über das Wasser begründet, das zu ihrer Herstellung verwendet wird: so bei Licher, das einen unberührten See zeigt, oder bei dem Schwarzwälder Bier Krombacher, das sein Bier aus einer besonderen, alten Quelle bezieht und eine Reihe von Maßnahmen zum Schutz dieses Gewässers sponsert.

Bier besitzt tatsächlich eine besondere Nähe zu Heimat, Tradition und Regionalität, nicht selten auch zu Urigkeit und urtümlicher Männlichkeit (wobei die Korrelation dieser Werte interpretierenswert wäre, in Stammesgesellschaften ist Bierbrauen oft Sache der Frauen). Es trägt als Konnotation noch die Erinnerung an lokale Brauereien mit sich, die als Instanzen des Gemeinsinns und des Gemeinwesens, als Zeichen einer spezifischen regionalen Kultur gedeutet werden. Manche Biermarken inszenieren auch heute noch diese Welt, so einige Münchner Brauereien, die Biergespanne fahren lassen, Lokale, die vom Nimbus des Brauwirts leben, oder Privatbrauereien.

An Bier bindet sich auch das Thema der Reinheit, das ein wichtiges Thema in Zusammenhang mit Natur ist. Es gibt Reinheitsgebote für Bier, die im Wesentlichen versichern, dass in diesem Bier nur natürliche Bestandteile sind, wobei mitschwingt, dass diese Bestandteile der unkontaminierten Natur der Heimat entstammen, während andere Biere, die von außen hereinkommen, seltsame, fremde und gefährliche Stoffe enthalten. Vor ihnen muss die Heimat geschützt werden, so wie – in traditionellen Gesellschaften – die Reinheit von Frauen bewahrt werden muss.

Reinheit und Gefährdung

In vielen öffentlichen und privaten Debatten um gesunde und wertvolle Lebensmittel äußern die Menschen heute die Sorge, ob diese Lebensmittel auch »rein« seien, das heißt, ob sie wirklich natürlich und unverfälscht sind oder nicht voller gefährlicher Stoffe stecken, die man nicht bemerkt, die aber einen schweren und bleibenden Schaden anrichten können. Diese Ängste von Konsumenten werden durch Medienberichte über Nahrungsmittelskandale immer wieder neu geschürt und bestätigt: verseuchtes Fleisch, der BSE-Skandal, Salmonellen in Eiern und Hühnerfleisch, Krebs erregende oder gefährliche Stoffe in industriell behandelten Lebensmitteln, verbotene Futterzusätze bei der Tiermast etc.

Verglichen mit dem Zustand von vor etwa 50 Jahren sind unsere Lebensmittel allerdings insgesamt, und zwar vor allem durch Fortschritte in der Hygiene, wesentlich sicherer geworden. Dennoch waren die Ängste der Menschen noch nie so hoch wie heute, und dies ist sicher nicht nur eine Konsequenz der Sensibilisierung durch Medien: Medien würden über den Zustand von Nahrungsmitteln nicht so detailliert berichten, wenn sich niemand dafür interessieren würde.

Ängste in einer Gesellschaft haben meist komplexe Ursachen, sie beziehen sich einmal auf objektive Gefahren, aber sie sind oft nicht allein durch die nachweisbare Gefährlichkeit eines Sachverhalts bedingt. Man wählt vielmehr einen Sachverhalt oder ein Phänomen als besonders gefährlich aus, um wesentlich tiefer liegende Ängste auszudrücken. Eine Erklärung für die weit verbreiteten Nahrungsmittelängste könnte darin liegen, dass wir anhand unserer Nahrungsmittel die Frage abhandeln, wem wir in dieser Gesellschaft trauen können: der Industrie, den Konzernen, den Bauern, dem Staat? Werden sie unsere Nahrungsmittel rein erhalten, oder werden sie sie »vergiften«, mit unsichtbaren Stoffen versetzen, die uns schaden? Aber warum stellen wir diese Frage gerade jetzt? Dies hängt wohl damit zusammen, dass wir, wie ausgeführt, immer mehr Essen außer Haus einnehmen oder von nicht häuslichen Herstellern beziehen – wir konnten uns auf die Gesinnung der »Mutter« als Angehörige unserer häuslichen Gemeinschaft verlassen, aber gilt dies auch für die außerhäuslichen Hersteller?

Die andere Quelle für Angst liegt noch tiefer: Es ist die Angst vor einer Gesinnung, die unser Gemeinwesen bedroht, die Angst vor dem Fremden, vor dem Niederreißen von Grenzen, wodurch unkontrollierbare und gefährliche Stoffe eindringen können. Überspitzt ausgedrückt: Es ist die Angst vor der Zeit, die auf uns zukommt. Wir werden in Zukunft gezwungen sein, Grenzen aufzugeben, die wir lange bewahrt und geschätzt haben, primär unsere nationalstaatlichen Grenzen, als deren Zeichen die Landeswährung und die nationale Ökonomie fungierten. In eine ähnliche Richtung wirken die Globalisierung und die viel beschworenen »Schrecken der Ökonomie«. Sie werden nicht selten als ungezügelte Kräfte eines Killerkapitalismus interpretiert, die sich über alle Grenzen, reale und moralische, hinwegsetzen. Nicht jeder schätzt diese Entwicklung, und nicht jeder sieht sich in diesem Prozess als Gewinner – viele Menschen fürchten, dass sie zu den Verlierern gehören werden, und entwickeln Misstrauen und Ängste aller Art.[11]

Wir treffen hier auf einen nahezu universal verbreiteten Mechanismus: Viele Völker handeln über die Reinheit oder Gefährlichkeit von Nahrungsmitteln Vorstellungen darüber ab, was ihren sozialen Kosmos bedroht, was sie in ihrer Gesellschaft auf keinen Fall zulassen wollen, welche Grenzen sie unbedingt aufrechterhalten wollen, was sie als die richtige moralische Gesinnung definieren. Dies ist das Thema des berühmten Buchs von Mary Douglas »Reinheit und Gefährdung«.[12]

Mary Douglas weist in diesem Buch zunächst darauf hin, dass viele Völker eine Parallele zwischen dem natürlichen Körper und dem sozialen Körper ziehen. Auch wir kennen noch die Metapher, dass in einem Staat wie in einem Organismus alle Teile zusammenarbeiten müssen und – so fügen Hierarchisten hinzu, die diese Metapher sehr lieben – dass dabei jeder schön an seinem Platz bleiben muss; man vergleiche dazu die berühmte römische Parabel von den unteren Schichten als den Gliedern und den oberen als dem Kopf.

Diese Vorstellungen werden in den meisten Fällen an dem Begriff der Grenze festgemacht.

Es gibt Gesellschaften, die relativ offen sind, die wenig Nahrungsmitteltabus kennen, die dem Thema der möglichen Verunreinigung von Menschen, Tieren und Pflanzen einen geringen Raum einräumen, und es gibt Gesellschaften, die ihre Grenzen stark verteidigen: ihre Außengrenzen, aber auch die Grenzen, die sie zwischen den Menschen und Gruppen in ihrer Gesellschaft ziehen.

Sie erlauben z.B. kaum Handel oder verbieten die Heirat mit Angehörigen anderer Völker, sie achten darauf, dass die einzelnen Gruppen und Klassen in ihrer Gesellschaft strikt voneinander getrennt bleiben. Auch die Grenzen des menschlichen Körpers sind rigide definiert. So gelten viele biologische Vorgänge als unrein und gefährlich, insbesondere alles, was mit Blut, Ausscheidungen, Sekreten zu tun hat. Diese Völker besitzen viele Nahrungsmitteltabus; bestimmte Tiere und Pflanzen darf man nicht essen oder in Speisen nicht kombinieren.

Die Regeln, die Tiere als unrein deklarieren, basieren dabei meist auf der Vorstellung, dass diese Tiere Klassifikationen und Grenzziehungen verletzen, die für diese Kultur als unverrückbar gelten. So begründet Mary Douglas den Abscheu der Israeliten vor dem Schwein damit, dass dieses Tier als Anormalität zu gelten hatte. Die Israeliten unterschieden zwischen Tieren mit gespaltenen Klauen, die Gras fressen, und Tieren mit nicht gespaltenen Klauen, die kein Gras fressen. Das Schwein ist nun ein Tier, das gespaltene Klauen hat, aber kein Gras frisst – es verletzt die Grenzen zwischen zwei Arten.

Über die Trennung zwischen rein und unrein werden auch in der indischen, hinduistischen Kultur die einzelnen Klassen voneinander abgehoben, wobei diese Unterschiede im Grad der Reinheit ebenfalls in strikten Nahrungstabus zum Ausdruck kommen. Ein Angehöriger einer reinen Klasse wird sofort unrein, wenn er von einer darunter stehenden Klasse Nahrung annimmt.

Unsere Sorge, dass in Nahrung schädliche Stoffe enthalten sein könnten, lässt sich gut unter dieser Vorstellung von Reinheit und Gefährdung begreifen: Die Grenzen unserer sozialen Welt sind nach außen und im Inneren durchlässig geworden, Fremdes und Gefährliches dringt ein und bedroht die Reinheit unserer Natur.

Wenn wir die Vorwürfe untersuchen, die in der Diskussion um die jeweiligen Nahrungsmittelskandale geäußert wurden, so können wir das noch präzisieren. Sie richten sich gegen eine extrem profitorientierte Gesinnung von Konzernen oder Teilen der Landwirtschaft: Sie mischen unerlaubte Stoffe unter das Tierfutter, sie überschreiten von der Natur vorgegebene Grenzen, so wenn sie Wiederkäuern Fleisch verfüttern, was zu BSE führt, oder wenn sie in gentechnologischen Experimenten Tier- oder Pflanzengattungen verändern, sie verwenden gefährliche künstliche Stoffe, um Nahrungsmittel haltbarer oder wohlschmeckender zu machen. Die Gefahr einer Verunreinigung wird also durch eine falsche, unmoralische Gesinnung verursacht, und der Kern unserer Ängste ist unsere Abhängigkeit von dieser Gesinnung, die sich weltweit durchsetzt.

Damit bestätigt sich noch ein weiterer Befund der Anthropologie. Eine Gesellschaft kann nicht alle Risiken ausschalten, sie muss mit einigen leben, wendet aber anderen ihre ganze Aufmerksamkeit zu und prangert sie an. Dies sind oft die Gefahren, für die man eine Gruppe in der Gesellschaft verantwortlich machen kann – man benützt sie also, um bestimmte Gruppen oder Institutionen anzuklagen. Das heißt natürlich nicht, dass es sich nicht um objektiv gefährliche Stoffe handelt; es bedeutet nur, dass es nicht die objektive Höhe des Risikos ist, die diesen Sachverhalt als Gefahr erscheinen lässt (sonst müssten wir z.B. strikt den Straßenverkehr verbieten, der viele Opfer fordert).

Wie versuchen wir nun, uns gegen diese Gefahren zu schützen? Zum einen rufen wir nach Regelung, Überwachung, Kontrolle durch den Staat, und zum anderen suchen wir nach Institutionen in unserer Nähe, die uns die Gewähr bieten, dass unsere Nahrungsmittel natürlich oder naturnah produziert werden.

In den letzten Jahren wurde eine Unzahl von Zeichen entwickelt, die signalisieren, dass ein bestimmtes Lebensmittel qualitativ hochwertig und »rein« ist. Eine Vielzahl von Nahrungsmitteln trägt Qualitätssiegel und Gütezeichen – und genau dies ist das Problem. Welchen Zeichen können wir wirklich trauen? Damit verschiebt sich das Problem auf die Ebene der Institutionen: Wer kann ein solches Zeichen vergeben?

Wir führten dazu eine Reihe von Untersuchungen durch, in denen wir verschiedene dieser Gütezeichen daraufhin untersuchten, ob man ihnen vertraute oder nicht. Es zeigte sich, dass man einer Instanz umso mehr Vertrauen entgegenbrachte, je mehr man sie mit sozialer Machtfülle verband, je höher sie im Rang stand und je mehr man überzeugt war, dass sie strenge Kontrollen durchführte, dass sie bestrafte und »Sündern« das Zeichen sofort entzog. Über diese Argument versuchen sich derzeit auch Nationalstaaten neu zu profilieren, die politisch längst an Einfluss verlieren. In jedem Land entwickelt die nationale Agrarindustrie gegenwärtig Zeichen, die signalisieren sollen, dass unter diesem Zeichen höchste Reinheit und beste Qualität angeboten wird. Auf den Lebensmittelmessen, die von ganz Europa beschickt werden, treten diese Institutionen und Zeichen in Konkurrenz wie früher die nationalstaatlichen Hoheitszeichen.

Österreich verfolgte dabei schon sehr früh und sehr deutlich die Strategie, Reinheit und Gefährdung anzuspielen und Reinheit mit dem »wir« und Gefährdung mit dem »sie«, mit fremden Lebensmitteln gleichzusetzen, wenn auch natürlich in sehr vorsichtiger Form. Kurz vor dem Zusammenschluss mit der EU, als man damit rechnen konnte, dass viele Lebensmittel aus dem Ausland nach Österreich kommen würden, wurde in Österreich folgender Film geschaltet: Auf einem Berggipfel traf sich eine Gruppe von Bauern und legte feierlich eine Schwur ab, zu dem jeder eine Aussage beitrug: Ich schwöre, dass ich die reine Natur bewahren werde, dass ich keine fremden Stoffe zulassen werde etc. – »bei meiner Ehr« schwuren sie zum Schluss und reichten sich die Hände. Wie gesagt: Unsere Ängste beziehen sich auf einer rationalen Ebene darauf, dass fremde und gefährliche Stoffe die reine Natur verunreinigen, im Grunde aber darauf, dass eine fremde und unmoralische Gesinnung in unsere Welt eindringen und unser Gemeinwesen zerstören könnte.

Lassen Sie uns zum Schluss noch eine andere Gruppe von Stoffen betrachten, die wir ebenfalls zunehmend als gefährlich ansehen und die die Reinheit unserer Nahrungsmittel beeinträchtigen: Viren, Bakterien, Keime. Diese werden höchstens indirekt auf menschliche Verursacher zurückgeführt, sie stammen vielmehr aus unserer Umwelt.

Gegenwärtig werden Hygienereiniger angeboten, die eine sterile, von Keimen gereinigte Umwelt versprechen. Dies scheint beim heutigen Stand der Hygiene eher überflüssig, dennoch sind diese Produkte sehr erfolgreich, und zwar nicht nur als Reiniger für Bad und WC, sondern auch als Geschirrspülmittel bzw. als Mittel, mit dem man die Flächen reinigt, die während der Küchenarbeit mit Fleisch in Berührung gekommen sind. In der Werbung wird dabei meist ein Hantieren mit Hühnerfleisch oder Eiern gezeigt. Natürlich sind bei diesen Lebensmitteln durchaus konkrete Befürchtungen angebracht, wenn man an die immer wieder auftretenden Salmonellenvergiftungen denkt. Dennoch: Dass gerade Hygienereiniger zum jetzigen Zeitpunkt so gefragt sind, könnte wiederum mit den Ängsten zusammenhängen, die wir generell unserer Umwelt gegenüber haben: Sie scheint uns zunehmend bedrohlich und unkontrollierbar, und wir verlangen nach starken Waffen, um sie wieder sicher zu machen. Eine amerikanische Werbung für diese Produkte brachte es auf den Punkt: You can't remove germs, you can only kill them.

Auch die Kosmetikindustrie nimmt sich im Augenblick dieses Themas an: Hier werden die Freien Radikale bekämpft, die uns aus der Umwelt bombardieren.

Natur als der Raum lokaler Produzenten

Bioprodukte finden sich heute in vielen Supermärkten. Im Wesentlichen sind es Grundnahrungsmittel, Milchprodukte, Obst und Gemüse, Brot, in eher geringem Umfang auch Fleisch. In Umfragen geben viele Menschen an, dass sie Bioprodukte schätzen und befürworten; die tatsächliche Verwendung ist demgegenüber aber eher bescheiden.

Viele Menschen können im Übrigen gar nicht definieren, was biologischen Landbau ausmacht und was genau die Vorteile von biologischen gegenüber konventionell angebauten

Nahrungsmitteln sind; sie sind sich jedoch darin einig, dass biologische Nahrungsmittel naturnäher sind, dass sie weniger Schadstoffe enthalten. Sie stellen also Natur in einer besonders reinen Form dar.

Diese Nahrungsmittel werden nun auch von besonderen Herstellern produziert: kleinen Produzenten, die in überschaubaren Räumen wirtschaften und ihre Produkte in der Nähe absetzen. Dies betrachten wir als etwas sehr Wünschenswertes bei Lebensmitteln, wird diesen kleinen Produzenten doch eine wesentlich moralischere Gesinnung unterstellt als Konzernen oder Großbetrieben. Man nimmt an, dass sie in kleinen, funktionierenden Gemeinwesen und in intakten Familien leben, die wenig von der Mentalität der Marktkulturen an sich haben. Hinter dieser Vorstellung steht eines unserer kulturellen Ideale: Wir wünschen uns zum gegenwärtigen Zeitpunkt Produkte, von denen wir wissen, unter welchen Bedingungen sie produziert worden sind. Wir möchten ein Produkt zu seinem Produzenten und zu dem Raum und der Zeit, in der es produziert wurde, zurückverfolgen können.

Klassische Markenartikel sind ahistorische und apersonale Produkte: Bei Rama oder bei Coca-Cola, bei Wasa oder Kellogs denkt man weder an die Bedingungen, unter denen sie hergestellt wurden, noch an die Menschen, die sie produziert haben. Wie viele moderne Produkte sind sie Objekte, die von ihren natürlichen Ursprüngen abgelöst wurden.

Biologische Produkte bieten uns genau das Gegenteil. Ein Teil dieser Produkte wird von Bauern direkt vermarktet: Man kann sie bei ihnen auf dem Bauernhof, auf Bauernmärkten oder in speziellen Bauernläden kaufen, eine Tatsache, die manche Konsumenten sehr schätzen – sie erleben dabei ganz real die Welt, die sie sonst nur aus Werbung kennen. Der Film von Landliebe suggerierte zwar auch, dass Landliebe aus einer derartigen Welt stammt, konnte dies jedoch nur auf der

Ebene der Zeichen behaupten. Bei biologischen Produkten direkt vom Bauern decken sich jedoch Zeichen und Bezeichnetes, sie bieten neben Authentizität also auch einen besonderen Erlebniswert.

Bleiben wir noch einmal bei den regionalen kleinen Räumen, aus denen diese biologischen Produkte stammen, oder besser bei der Welt, die sie repräsentieren. Wir nehmen ja an, dass dort Menschen mit einer bestimmten Gesinnung leben, mit einer bestimmten Lebensart, mit bestimmten Wertsystemen. Diese Wertsysteme stellen für eine Reihe von Kulturphilosophen ein wichtiges kulturelles Ideal dar, dem sie eine breitere Durchsetzung wünschen. Es ist das Ideal des Kommunitarismus, ein altes hierarchistisches und egalitäres Ideal.[13]

Dies ist die Vorstellung einer Gemeinschaft, die in einem kleinen, überschaubaren Raum zusammenlebt, deren Mitglieder sich persönlich kennen, in der wechselseitige Verpflichtungen und Solidaritäten gelten und das Gemeinwohl eine große Rolle spielt – ein Leben, das fern von den Egoismen, der materiellen Gesinnung, der Fortschrittsgläubigkeit der Moderne, das heißt, der individualistischen Kultur verläuft, einer Kultur, die die echten inneren menschlichen Werte bedroht, das gemeinschaftliche Zusammenleben, die Natur. Es ist die heimelige Geborgenheit, das Aufgehobensein in einer Gemeinschaft, das diese Vorstellung so anziehend macht, das Gefühl, hier eine echte moralische Gesinnung anzutreffen.

Dieses Ideal formuliert etwa auch Hillary Clinton in ihrem Buch »It takes a village«, in dem sie beschreibt, dass die Leistungen eines – virtuellen – Dorfes zusammenkommen müssen, um ein Kind gut aufzuziehen. Ausgeblendet wird natürlich der Preis, der für dieses Gefühl zu zahlen ist: die Kontrolle durch die Gemeinschaft, die Rückwärtsgewandtheit.

Solche wünschenswerten Vorstellungen können nun immer auch durch eine Marke vermittelt werden. Marken und Produkte, die glaubhaft machen können, dieser Kultur zu entstammen, haben unsere ganze Sympathie. Man muss sie allerdings glaubwürdig auf einen präzisen regionalen Ursprung und einen kleinen Produzenten zurückführen können.

In Österreich führte der Billa/Merkur-Konzern, der jetzt zu Rewe Deutschland gehört, eine Marke ein, die genau diese Forderungen erfüllte. Sie nennt sich Ja! Natürlich, und unter diesem Markendach werden Grundnahrungsmittel, inzwischen auch verarbeitete Nahrungsmittel angeboten. Billa hat eine größere Gruppe von Biobauern unter Vertrag, die ihnen diese biologischen Lebensmittel liefert. Besonders deutlich wird das Prinzip bei Fleisch vorgeführt. Fleisch gibt es in diesen Supermärkten als abgepacktes Fleisch. Jedes Päckchen trägt den Namen und die Anschrift des Bauern und des Hofes, von dem dieses Stück Fleisch stammt – man könnte ihn also besuchen, wenn man will. Diese Marke bescherte Billa einen deutlichen Imagegewinn: Konsumenten hatten den Eindruck, dass Billa der Anwalt des Konsumenten ist und seine Ansprüche und Kritik an der Industrie ernst nimmt. Es folgte Spar mit Natur pur. Auch in Deutschland hat sich eine Reihe von Marken etabliert. Alle Marken benützen im Übrigen in ihrer Packungsgestaltung die Ästhetik des Natürlichen, Rauen, Einfachen.

Bleibt zu fragen, warum diese Marken und Produkte, denen man hohe Sympathiewerte zuschreibt, dennoch über relativ bescheidene Marktanteile verfügen. Zum einen liegt das daran, dass sie zwangsläufig etwas teurer sind und dass man fürchtet, Einbußen an Geschmack oder Bequemlichkeit hinnehmen zu müssen. Zum anderen aber erleben viele Konsumenten diese Marken und Produkte als Protestzeichen gegen die Industriekultur, was sie in einem gewissen Sinn auch sind. Die Gruppe der Menschen, die unsere Marktkultur tatsächlich ablehnt, ist jedoch relativ klein.

Zum Schluss noch die Schilderung eines kleinen Experiments, das der Frage nachging, ob Menschen eigentlich den Geschmack der »reinen«, der unverfälschten Natur identifizieren können. Ratten wird diese Fähigkeit ja nachgesagt.

Ja! Natürlich versuchte bei der Vorstellung seiner Produkte den Beweis zu führen, dass es die Natur selber war, die biologische Nahrungsmittel anderen vorzog. Geschildert wurden Experimente mit Ratten, bei denen die Tiere zwischen unterschiedlichen Nahrungsmitteln wählen konnten, die einmal aus konventionellem Anbau, einmal aus biologischem Anbau stammten. Was machten die klugen Ratten? Sie bevorzugten die biologisch angebauten Nahrungsmittel.

Dieser Instinkt scheint Menschen verloren gegangen zu sein, wie überhaupt nur wenige Leute den »Geschmack der Natur« identifizieren können oder auch mögen. Wir führten dazu eine Untersuchung durch. Zunächst befragten wir hundert Frauen, was ihre Vorstellungen von einer idealen Milch seien. Geschildert wurde eine ganz naturbelassene Milch, die nicht bearbeitet worden war, eine Milch, die ganz frisch vom Bauernhof kam, die nicht wässrig und »gepantscht« sein sollte wie die normale Supermarktmilch, aber auch nicht fett. Anschließend gaben wir den Frauen drei Gläser mit Milch zu kosten und fragten sie, welches ihrer Meinung nach diese »Milch vom Bauernhof« war, welche Milch also ihrem Ideal entsprach.

Die drei Gläser enthielten:

A: eine ganz normale Milch, so wie man sie in jedem Supermarkt bekommt

B: eine Milch vom Bauernhof, »frisch von der Kuh«, eine »Biomilch«

C: eine Milch aus dem Supermarkt, nur fetter, mit einer höheren Fettstufe als üblich.

Signifikant bevorzugt wurde die Milch C, also die Milch des Supermarkts mit einer höheren Fettstufe. Dies, so erklärte man, sei die echte und natürliche Milch, so schmecke Natur, wenn man sie überhaupt nicht bearbeitet.

Es folgte Milch A, die Normalmilch des Supermarkts. Weit abgeschlagen landete Milch B, die Milch vom Bauernhof. Diese Milch, so erklärte man, sei eine typisch industriell behandelte Milch, sie habe einen fremden und störenden Beigeschmack, der bei einer unbehandelten Milch vom Bauernhof niemals auftreten würde.

Regionalität stellt heute einen wichtigen Wert dar. Die Räume, in denen wir denken und durch die wir zum Teil unsere Identität bezogen haben, werden in Zukunft nicht mehr deckungsgleich mit nationalstaatlichen Räumen sein. Wenn wir unsere Identität aus räumlichen Verankerungen ziehen wollen, so könnten das kleinere Räume als Nationalstaaten sein, eben Regionen. Sie müssten es aber nicht sein. Man könnte sich vorstellen, dass wir uns in Zukunft in unseren Identitätsvorstellungen auf einen größeren Raum beziehen, nämlich Europa.

Nun gibt es globale Marken, das heißt, Marken, die das Wertesystem der westlichen Industriestaaten und ihrer individualistischen Kultur transportieren, es gibt interessanterweise aber keine Marken, die europäisches Lebensgefühl, ein genuin europäisches Wertesystem vermitteln. Wie könnte ein solches Wertsystem ausgeformt sein? Mit welchem Lebensgefühl könnte es sich verknüpfen?

Wenn wir in der Geschichte zurückschauen, so hat es ein europäisches Lebensgefühl natürlich schon einmal gegeben, allerdings nur für bestimmte soziale Gruppen. Dies war im 19. Jahrhundert der Fall, als Adelige in ganz Europa einen sehr ähnlichen Lebensstil entwickelten: eine ähnliche Art, ihre Alltagskultur auszugestalten, sich zu kleiden, zu wohnen, ihre Kinder zu erziehen, einen bestimmten Geschmack zu kultivieren, zu kochen. Die noch heute bestehende Hegemonie der französischen Küche zeugt davon.

Worauf könnte sich ein gemeinsames Lebensgefühl aller Europäer heute gründen? Sofern so etwas möglich ist, müsste es auch einen Niederschlag in der Alltagskultur finden und hier wiederum im Bereich des Essens. Vielleicht ist es die alte Tischgemeinschaft, die ein solches europäisches Ideal darstellt, die Gemeinschaft von Menschen, die kommunizieren und in differenzierter Weise kochen und essen.

Es wäre zumindest eine schöne Idee.

Cooked Nature: Natur und Gesundheit

Ein langes Leben in strahlender Gesundheit zu führen, gehört zu den universal verbreiteten Wünschen von Menschen. Dinge, die uns versprechen, gesund, jung und schön zu bleiben oder zu werden oder diesbezügliche Gefahren und Schäden abzuwenden, waren zu allen Zeiten und bei fast allen Völkern sehr begehrt.

Was man allerdings in dieser Richtung zu unternehmen habe, was wirklich sicher wirkt, darüber gibt es wie immer dramatische Auffassungsunterschiede, ebenso wie über die Frage, wer auf diesem Gebiet Experte ist und worauf sich sein Expertenwissen gründet. Die staatlichen Gesundheitsbehörden, die Vereinigung der niedergelassenen Ärzte, die Pharmaindustrie, der Kräuterpfarrer, die Gurus der alternativen Medizin, die Schamanen und Medizinmänner der Stammesgesellschaften nehmen hier gleichermaßen Autorität für sich in Anspruch, wenn sie diese auch jeweils anders legitimieren – bei manchen Krankheiten haben sie im Übrigen auch ziemlich ähnliche Heilungserfolge.

Da Gesundheit für den Einzelnen etwas so Wichtiges ist, können Gesundheitsargumente auch leicht dazu benützt werden, um Menschen zu disziplinieren und ihnen eine bestimmte Lebensart vorzuschreiben, die jeweils sozial erwünschtes Verhalten einfordert: mäßig sein, sich abhärten, nicht in Zucker und Fett schwelgen, einen beweglichen und belastbaren Körper entwickeln etc. Früher gehörte dazu auch das Verbot zu onanieren, da man sonst Rückenleiden bekäme, oder die Warnung, Bauern sollten ja nicht Kirschen (aus dem Garten des Grundherrn) essen, da bäuerliche Mägen Kirschen nicht verdauen könnten; nur adelige Mägen wären dazu imstande.

Unsere Gesellschaft wendet dem Thema Gesundheit große Aufmerksamkeit zu, nach manchen Zukunftsforschern wird Gesundheit überhaupt der Leittrend für das 21. Jahrhundert sein. Auf dem Gesundheitsmarkt wird sehr viel Geld umgesetzt. Die Österreichtochter des Schweizer Novartis Konzerns, einer der Spitzenreiter der Pharmabranche, erzielte 1997 einen Umsatzzuwachs von 15 Prozent. »Novartis ist in Österreich mit neun Unternehmen in den Bereichen Gesundheit, Agribusiness und Ernährung tätig. Wachstumsträger ist das Geschäft mit der Gesundheit mit einem Plus von 19 Prozent«, heißt es im Kurier vom 25.2.98. Dies sind Zuwächse, von denen andere Branchen nur träumen können.

Gesundheit ist natürlich nicht mit der richtigen Ernährung gleichzusetzen, aber Ernährungsfragen spielen in allen Diskussionen über Gesundheit eine große Rolle. Sie werden meist von offiziellen Stellen und mit starken Disziplinierungstendenzen geführt: Man solle nur eine bestimmte Kalorienmenge essen, mäßig leben und sich ausgewogen ernähren, mehr Gemüse, Obst, Pflanzliches und weniger Fleisch zu sich nehmen, sich mehr bewegen. Wir wollen diese Diskurse, die jeder kennt, aber selten befolgt, nicht weiter darstellen.

Wir wollen uns vielmehr einer Entwicklung zuwenden, die zunehmend an Bedeutung gewinnt: der Neigung von Menschen, etwas zu kaufen oder zu benützen, von dem sie sich gesundheitliche Verbesserungen erwarten, gleich, ob diese Wirkungen nun von medizinischen Autoritäten bestätigt oder geleugnet werden. Der Glaube an die Wirksamkeit wird vielmehr durch den Glauben an die Natur begründet.

Natur wird in diesem Zusammenhang als ein Schatzhaus betrachtet, das viele segensreiche Stoffe enthält, die es auszunützen gilt. Diesen Stoffen werden magische, geheimnisvolle Qualitäten zugeordnet, und genau dies macht ihren Reiz aus: Sie versprechen oft Wirkungen, die man mit wissenschaftlichen Methoden nicht wirklich nachweisen kann, und signalisieren uns, dass neben dem System der Rationalität, der Modernität, der Leistung noch ein anderes System existiert, das geeignet ist, die Schäden des ersten auszugleichen, ein tröstliches, stärkendes, beruhigendes System.

Firmen haben diese Tendenz sehr früh erkannt und bieten entsprechende Produkte an, sowohl große Markenartikler wie kleinere Hersteller. Die Wirkungen, die diese Produkte versprechen, werden einmal aus mikroskopisch kleinen Elementen der Natur hergeleitet, die als Bekämpfer von bedrohlichen Stoffen aus der Umwelt auftreten oder spezifisch hilfreiche Wirkungen entfalten, oder auf ganzheitliche, nicht erklärbare Wirkungen für Körper und Seele. Versprochen wird im Allgemeinen Schutz und Stärkung.

Betrachten wir zuerst eine Produktgattung, die im letzten Jahr ein großer Markterfolg war: die probiotischen Jogurts. Sie wurden zu Preisen verkauft, die weit über denen normaler Jogurts lagen; am bekanntesten sind LC1 von Nestlé und Actimell von Danone.

Die wenigsten Menschen, die Anhänger dieses Jogurts sind, wissen, ob man Lactobacillus Acidophilus 1 in einem wis-

GESUNDHEIT

Jeden Tag die Nase vorn: Nestlé LC 1

Immer mehr wollen ihn Tag für Tag: den Beitrag zur Stärkung ihrer
natürlichen Abwehrkräfte – Nestlé LC 1.

Auf dem Tagesplan der Deutschen ganz weit oben: Gesundheit. Und Nestlé LC 1. Der Joghurt mit der besonderen Joghurtkultur Lactobacillus acidophilus 1 erfreut sich seit seiner Einführung wachsender Beliebtheit.

Lactobacillus acidophilus 1: der Name einer natürlichen Joghurtkultur, die im Nestlé-Forschungszentrum, Lausanne, isoliert und von Ernährungsexperten vier Jahre lang wissenschaftlich untersucht und klinisch getestet wurde. Sie besitzt erstens eine hohe Resistenz gegenüber der Magensäure und gelangt daher in großer Zahl lebend und aktiv in den Darm. Zweitens

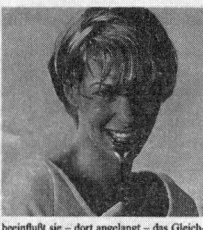

beeinflußt sie – dort angelangt – das Gleichgewicht unserer Darmflora positiv. **Drittens** trägt sie zur Stimulierung der natürlichen Abwehrkräfte bei – Tag für Tag. Und sie hat aus Nestlé LC 1 den beliebtesten probiotischen Joghurt in Deutschland gemacht.

Ein Grund dürfte das Gesundheitsbewußtsein vieler Menschen sein: Die natürlichen Abwehrkräfte rücken dabei oft ins Zentrum des Interesses. Sie schützen den Körper des Menschen rundum. Normalerweise. Aber

die Belastungen des modernen Alltags stellen dieses Schutzsystem immer wieder auf die Probe.

Deshalb sollten wir dieses System täglich wirkungsvoll unterstützen: mit bewußter Ernährung und Nestlé LC 1. Damit dem auch wirklich nichts im Wege steht, präsentiert sich Nestlé LC 1 inzwischen als Joghurt für jede Gelegenheit: pur, vanilla, mit Fruchtinsel oder als praktischer Drink. So werden immer mehr Menschen Tag für Tag zu überzeugten Genießern von Nestlé LC 1.

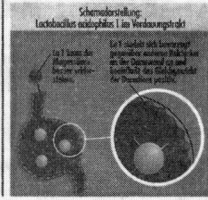

Schemvorstellung:
Lactobacillus acidophilus 1 im Verdauungstrakt

senschaftlichen Sinn die angegebenen Wirkungen zuschreiben kann, sie sind aber überzeugt, dass sie damit etwas ganz Wichtiges für ihre Gesundheit tun. Wie wir in qualitativen Interviews feststellten, entwickeln sie die Vorstellung, dass dieser Jogurt ihren Darm mit einer Schutzschicht auskleidet, die sie widerstandsfähiger gegen schädliche Einflüsse der Außenwelt macht. In ihrem Inneren wird gewissermaßen eine Grenze gebildet, die Eindringlinge von außen nicht überwinden können. Diese Grenze ist von Kämpfern besetzt: Lactobacillus Acidophilus wehrt alle Eindringlinge ab.

Der Text und die zeichenhafte Aufbereitung der Nachrichten inszeniert die Wirkung dieses Jogurts tatsächlich im Sinn eines manichäischen Dramas, in dem Gut gegen Böse steht, und in dem ein Held namens Lactobacillus Acidophilus lebend durch alle Schlünde der Hölle (die Magensäuren) gelangt, um im Darm, der hier als ein zentraler und besonders wichtiger Raum des menschlichen Körpers gedacht wird, seine segensreiche Wirkung zu entfalten: Er stärkt die Abwehrkräfte des menschlichen Körpers, das Immunsystem, das durch die Belastungen des modernen Alltags außer Kraft gesetzt wird. Dies ist eine alte magisch-mystische Vorstellung, die auch wieder von der Auffassung Gebrauch macht, dass Grenzen aufrecht erhalten werden müssen: Das menschliche Immunsystem bewahrt diese Körpergrenzen, es verhindert, dass winzige aggressive Stoffe aus der Umwelt, Keime, Viren etc. in den Körper eindringen.

In der Argumentation der Anzeige werden mehrere unterschiedliche semantische Felder angesprochen: ein wissenschaftlich-medizinisches Vokabular (das Nestlé-Forschungszentrum, Ernährungsexperten, vier Jahre lang klinisch getestet, hohe Resistenz, »einmal täglich«, die grafische Darstellung im Verdauungstrakt), das bereits erwähnte magisch-mystische Naturdenken (natürliche Abwehrkräfte, Schutzsystem, die Grafik, die das Abwehrsystem mit einem Igel gleichsetzt) und schließlich ein kulinarisches, konsumorientiertes (der Jogurt für jede Gelegenheit, pur, Vanilla, mit Fruchtinsel, immer mehr Menschen werden zu überzeugten Genießern). Die Überschrift der Anzeige lautet: »Jeden Tag die Nase vorn.«

Viele Produkte dieses Typs stützen sich auf eine ähnliche Botschaft: Es gibt in der Natur winzig kleine, auf magische Weise wirksame Stoffe; Natur und Wissenschaft haben die Wirksamkeit dieser Stoffe erprobt. Ihre Verwendung stellt für dich keinerlei Problem dar, du musst auf nichts verzichten, es ist lustvoll, sie zu benützen, und macht dich fit für das moderne Leben. Genau besehen kombinieren diese Produkte also alle Wertsysteme, die für uns derzeit wichtig sind: Natur, Wissenschaft, Markt mit seinem Appell an Leistung und Genuss.

LC1 nennt als Funktion die Stärkung des Immunsystems, also der Abwehrkräfte, und die Verteidigung der Körpergrenzen gegen Feinde, die über die Belastungen des modernen Alltags den Menschen bedrohen. Diese Gefährdungen werden in den Werbungen für andere Produkte noch spezifischer benannt: Es ist Stress, dem ungünstige Wirkungen auf Herz und Kreislauf zugeschrieben werden. Damit sind die Gefährdungen angesprochen, die durch den Lebensstil der individualistischen Kultur entstehen, die von ihren Mitgliedern ein Höchstmaß an Leistung und Belastbarkeit verlangt. Eine günstige Wirkung auf Herz und Kreislauf wird z.B. Weißdornpräparaten zugeschrieben, ebenso Knoblauch, Holunder, grünem Tee, die auch zu hohen Blutdruck sowie den Cholesterinspiegel (Cholesterin ist auch einer dieser bösen Gegenspieler) senken sollen. Produkte dieser Art gelangen meist über Frauen in den Haushalt, die sich in ihrer Rolle als Ernährerinnen weiterhin für das emotionale und das gesundheitliche Wohlergehen aller Mitglieder verantwortlich fühlen. Frauen nehmen diese Präparate nicht nur selbst, sondern sorgen auch dafür, dass sie von ihren oft widerstrebenden Männern genommen werden, die sie besonderem Berufsstress, Hektik, Überlastung ausgesetzt sehen.

Ein besonderes Thema ist dabei der Darm, der im Augenblick im Zentrum der allgemeinen Aufmerksamkeit steht. Inzwischen bieten Ärzte, Sanatorien und Gesundheitshotels jedes Jahr neue Kuren an, die sich speziell diesem Organ zuwenden. Besonders bekannt ist die Mayer-Kur; sie besteht faktisch darin, dass man über einen gewissen Zeitraum nur Semmeln und Tee zu sich nimmt.

Die wenigsten Menschen können die medizinische Relevanz dieser Kur beurteilen, dennoch unterziehen sich ihr viele Menschen mit großer Überzeugung und aus dem Motiv heraus, abzunehmen und eine innere Entschlackung und Entgiftung durchzuführen. Interessant sind bei dieser Kur die mitgelieferten Begründungen. Sie ist eine Reinigungs- und Entschlackungskur, sie reinigt den Darm als die Quelle von Verunreinigungen und damit den Menschen von allem Bösen, von allen Sünden, die er durch das moderne Leben und seine individuelle Essgier in sich angesammelt hat. Sie reinigt auch von den »Umweltgiften«, die wir, so die Argumentation, tagtäglich aufzunehmen gezwungen sind, ohne uns dagegen wehren zu können.

Es ist speziell dieser Vorgang, der von Anwendern der Kur immer wieder hervorgehoben und beschrieben wird: Man scheidet diese Gifte durch die Zunge und über die Haut aus. Man kann das als weißlichen Film und über den üblen Geruch bemerken – das Böse scheint sich in vielen Kulturen in dieser Gestalt zu äußern. Die Kur wird gern im Frühjahr durchgeführt, sie hat für viele Menschen den Status eines Reinigungs- und Bußrituals, das es ihnen dann allerdings oft erlaubt, danach wieder so recht von Herzen zu sündigen – das alte Modell von Sünde und Buße also.

Kuren wie diese werden von Hotels zu Höchstpreisen angeboten. Man wird dabei quasi kaserniert, gesundheitlich überwacht und kontrolliert, aber in einem sehr schönen Ambiente; man erhält kleine Verwöhneinheiten in Form von Massagen, Bädern, Wickeln, und vor allem: Man nimmt weiter seine Mahlzeiten ein – an besonders schön gedeckten Tischen, mit herrlichem Blumendekor, mit Kerzen, mit aufmerksamem Servierpersonal. Es gibt nur ein kleines Problem: Mahlzeit für Mahlzeit wird nichts anderes serviert als ausschließlich Brennnesseltee, wenn auch aus Silberkannen, sowie altbackene Brötchen.

Schließlich ist noch der wachsende Markt der Nahrungsmittelergänzungsstoffe zu erwähnen. Diese bieten kleine segensreiche Stoffe der Natur an: Vitamine, Mineralien, Spurenelemente, von denen behauptet wird, dass sie unserer modernen Nahrung fehlen oder dass sie allein oder in Kombination ausgezeichnete gesundheitliche Wirkungen entfalten bzw. die Leistungsfähigkeit steigern.

Auf diesem Gebiet gibt es auch immer wieder Modestoffe: So wurde vor einiger Zeit Melantonin zu Höchstpreisen gehandelt, ein Stoff, der gegen die Störung des Zeitrhythmus entwickelt wurde, der Vielflieger ausgesetzt sind, dem man aber auch eine Verlängerung der Jugendlichkeit zuschrieb. Der Energy Drink Red Bull enthält die Wunderdroge Taurin, von der sich seine Anhänger eine Steigerung ihrer Potenz versprechen (tatsächlich ist es ein Stoff, der in hohen Dosen in der Muttermilch vorkommt und dazu dient, bestimmte Fettverbindungen aufzuspalten).

Schließlich gibt es einen breiten Bereich von Produkten, die versprechen, durch die Kombination von Naturstoffen auf die Psyche zu wirken bzw. Krankheiten zu heilen, die durch seelische Belastungen entstanden sind. Hierher gehört z.B. die esoterische Bachblütentherapie, die verspricht, Schüchtern-

ERFRISCHUNG? WUNDERGETRÄNK?
SCHÖNHEITSELIXIER?
WAS IST KOMBUCHA WIRKLICH?

Wahrscheinlich etwas von allem oder besser: alles in einem. In China ist Kombucha schon seit der Tsin-Dynastie (221 v. Chr.) bekannt. Seine sagenumwobene Wirkung hat ihn dort über die Jahrtausende nahezu in den Rang eines magischen Wundertranks erhoben.

In Hollywood gilt Kombucha seit kurzem unter den Film- und Popgrößen als wirksames Schönheitselixier und natürlicher Jungbrunnen.

Und auch wir bei uns haben diese köstliche Erfrischung mit seiner ganzheitlichen Wirkung entdeckt.

Wie dieses Naturgetränk wirkt, läßt sich – wenn auch nicht ganz – durch seine Zusammensetzung erklären. Kombucha entsteht durch die kontrollierte Fermentation von ausgewählten Kräutertees, Saccharose und mittels einer speziellen Kultur aus Hefe und Milchsäurebakterien.

Wissenschaftliche Erkenntnisse bestätigen den Beitrag, den Kombucha zu Gesundheit, Schönheit und Wohlbefinden leisten kann.

● Kombucha hilft durch seinen Enzymgehalt bei der Aufspaltung von Nahrungsstoffen und kann so die Darmfunktion verbessern.

● Durch seinen Gehalt an wertvollen Lactobazillen (Milchsäurebakterien) kann Kombucha die Erhaltung der Darmflora fördern und die körpereigenen Abwehrkräfte unterstützen.

● Kombucha kann durch seine Hefen zu einer reinen Haut beitragen.

Aber eben nicht nur das – Kombucha schmeckt auch noch unvergleichlich erfrischend. So wird es zum prickelnden Vergnügen, sich täglich etwas Gutes zu tun.

Kombucha sollte man regelmäßig trinken oder einfach dann, wenn es das Wohlbefinden verlangt. Und man fühlt sich rundum wohl und spürt seine Lebenskraft.

Körper und Seele sind in Harmonie.

**KOMBUCHA REINIGT
UND ERFRISCHT
DEINEN KÖRPER, DEINE SEELE.**

heit oder Angst durch die Einnahme von unendlich verdünnten pflanzlichen Essenzen zu heilen.

Die Anzeige für Kombucha (siehe vorige Seite) führt noch einmal alle Mechanismen vor, die Angebote dieser Art so anziehend machen: Kombucha ist gleichermaßen für Körper und Seele, es reinigt, stammt aus einer alten asiatischen Kultur, schmeckt angenehm, macht schön.

Alle diese Angebote stützen sich auf pflanzliche und natürliche Substanzen, sie begründen ihre Wirkung also mit Natur. Dies ist es jedoch nicht allein: Das Wissen um diese Naturstoffe wird in einer bestimmten Kultur lokalisiert und dadurch in seiner Authentizität begründet; es stammt im Allgemeinen aus einer weit entfernten Kultur oder einer historischen Epoche. Um es in der Sprache der derzeit interessantesten Nahrungsmittelangebote auszudrücken: Alle diese Systeme sind »long ago and far away«.

So zitiert die Medizin der Hildegard von Bingen das Mittelalter, die Knoblauchpillen von Ilja Rogoff das Volkswissen der Balkanvölker, in dem Menschen hundert Jahre alt werden; Klosterfrau Melissengeist, das auf ein altes, in einem Nonnenkloster entwickeltes Rezept zurückgeht, beruft sich auf religiöse Traditionen, und das Heilwissen asiatischer Kulturen steckt konzentriert in Tigerbalsam, Kombucha oder tibetanischen Pillen wie Padma 38, von denen 50 Stück 70 DM kosten und die nach einem Rezept des Leibarztes des Dalai Lama von einer Schweizer Firma hergestellt werden.

Allen diesen Angeboten ist gemeinsam, dass sie aus einer vorindustriellen Welt kommen und dass sie einen Stand der Medizin repräsentieren, der vor unserem naturwissenschaftlichen und technisierten Entwicklungsstand liegt. Genau dies könnte auch erklären, warum sie uns im Augenblick so wertvoll erscheinen. Gegenüber einer hoch technisierten modernen Medizin, die unseren Körper in Teilbereiche zerlegt und mit strikter Rationalität behandelt, möchten wir als ganzheitliche Person wahrgenommen werden, und genau dafür steht diese ganz spezifische Sicht von Natur: Natur als das ganz andere System, Natur als mythische Kraft, Natur, so wie wir sie assoziativ mit einem bestimmten Entwicklungsstand unserer und anderer Gesellschaften verbinden – vor oder jenseits des Leistungsprinzips, der Rationalität, segensreich, mitfühlend, ganzheitlich. Mit jedem genannten Produkt kaufen wir uns eine symbolische Repräsentation dieser Welt und dieses Wertsystems. Dennoch sind diese Produkte wahre Repräsentanten unserer Marktkultur: Sie lösen wieder einen Konflikt, und sie ersparen uns viel Mühe. Wenn man die Absicht hat, gesund zu bleiben, vorzubeugen und vorzusorgen, so gibt es dafür viele vernünftige Vorschläge: Fleisch und Fett reduzieren, viel Gemüse, Salat, Obst, Bewegung, nicht rauchen, nicht trinken, wenig Kaffee etc. Was für ein Aufwand, was für eine dauernde Disziplinierung, was für ein Ansinnen: Es bedeutet im Grunde, seine gewohnte Art der Lebensführung aufzugeben. Ist es da nicht um vieles einfacher, so weiterzumachen wie bisher, und dafür ein paar Pillen einzuwerfen, die all das enthalten, was uns fehlt? Marktkulturen fördern diese Haltung, und sie werden nicht müde, uns Lösungen anzubieten, wie wir diese Antinomie versöhnen können: gesund zu bleiben und relativ wenig dafür zu tun.

Anarchie und regredieren:
Wenn ich nur aufhören könnte

Das Snack- und Knabberregal nimmt in großen Verbrauchermärkten viel Raum ein und enthält oft über 200 Produkte: Chips in allen möglichen Geschmacksvarianten, Popcorn, Nüsse, Salzbrezeln, Erdnusslocken, Knabbereien aus verschiedenen Teigen und in verschiedenen Formen, Gummibärchen, Partymischungen etc.

Es ist ein ganz erstaunliches Produktfeld: Welchem Bedürfnis dienen denn alle diese kleinen Häppchen aus Kartoffeln, Mais, Nüssen, Mehl, die oft fett und salzig sind und meist in raschelnden, grell bedruckten Tüten stecken? Wenn wir uns die öffentlichen Appelle zu Mäßigung, Askese, den Ruf nach gesunden Zutaten, nach der Reduktion von Salz und Fett vor Augen halten, so müssten dies schwierig zu verkaufende Produkte sein. Ihre Existenz lässt sich auch kaum damit begründen, dass wir alle ständig Hunger haben, sodass wir sicher sein müssen, immer eine kleine Stärkung durch Kohlenhydrate bereit zu haben.

Die Attraktivität dieser Produkte liegt nun sicher nicht im Bereich des funktionalen Nutzens. Mit ihnen kauft man sich etwas ganz anderes: ein besonderes Esserlebnis, das sich auf den Augenblick des Verzehrs konzentriert, »Spaß beim Essen«, aber auch eine Aufhebung vieler Zwänge, Regelungen und Normen, die wir beim Essen kennen, eine kleine Gegenwelt zu unserer Normalität. Sie gehören damit zu den symbolischen Praktiken und Objekten, die jede Gesellschaft kennt: Ihr Wert liegt in der momentanen Aufhebung der Regeln, die sonst für diese Gesellschaft verpflichtend sind.[14] Knabberprodukte machen uns Spaß, nicht zuletzt dadurch, dass sie uns von sozialem Zwang entlasten: Sie sagen uns, dass wir auch undiszipliniert sein können, gierig, affektgesteuert, dass wir uns kleine Aggressionen erlauben und mitunter frei von sozialen Verpflichtungen und Regeln agieren können.

Erinnern wir uns: Mahlzeiten folgen bestimmten Regeln. Wenn wir Ernährung als bloße Zufuhr von Kalorien definieren würden, wie dies bei Tieren der Fall ist, so würde jeder für sich allein essen, wann immer er Hunger hat und auf etwas

Essbares stößt, und zwar ohne sich an einen Tisch zu setzen, den er zuvor gedeckt hat, ohne Besteck in die Hand zu nehmen, Konversation zu führen, die Speisen auf seinem Teller in bestimmter Form zu kombinieren und die einzelnen Gänge in geordneter Folge zu sich nehmen.

Und was bieten Knabberprodukte? Genau das Gegenteil davon – sie befinden sich so nahe wie möglich an vorkulturellen und nicht geregelten Verhältnissen. Man verzichtet auf jede Art von Esstechnik und Instrument und isst sie mit der Hand aus einer Tüte, wann und wo immer man will. Es gibt keine zugemessenen Portionen: Man grabscht vielmehr aus der Tüte, so viel man will, und zwar vorgeformte kleine, trockene Häppchen, die alle gleich sind. Jeder füttert sich selbst, indem er die Stückchen eines nach dem anderen »einwirft«. Der Verzehr erfordert kein begleitendes Gespräch, er ersetzt manchmal Gespräche.

Knabbersnacks versetzen den Esser also in eine atavistische Situation, in eine Rolle, wie sie ein Individuum einnehmen könnte, das nicht in eine Gemeinschaft eingebunden ist, das nicht von kulturellen Regeln geleitet ist, ein Kind oder ein »Wilder«. Dieses Gefühl wird durch die Geräusche beim Essen weiter unterstützt. Es beginnt schon beim Öffnen der Tüte: Sie knistert, sie raschelt, ein albtraumähnliches Geräusch für zivilisierte Kinobesucher, die nicht müde werden, sich über ihre barbarisch raschelnden Nachbarn zu beklagen. Knabberprodukte müssen aber auch beim Verzehr selbst rascheln, knacken, knistern. Ein gutes Knabberprodukt macht beim Essen ein wahrnehmbares Geräusch – also genau das, was bei einen normalen Essen verboten ist.

Es wirkt aber noch in einem anderen Sinn entlastend: Knabbern erlaubt die Abfuhr von Aggressionen. Erinnern wir uns an die Möglichkeiten, wie wir Nahrung zu uns nehmen können: vom passiven Einsaugen und Einschlappern bis hin zum kräftigen Kauen. Knabberprodukte stehen genau zwischen diesen beiden Polen, man schlappert sie nicht ein, aber man muss auch nicht wirklich kauen, sondern trifft auf einen kleinen Widerstand, der sich leicht brechen lässt – daher die Forderung, dass sie immer knusprig und knackig sein müssen.

Testpersonen beschreiben immer wieder, wie wunderbar dieses Einwerfen, aggressive Hineinbeißen, Durchknacken von Frust und Aggressionen entlastet, »als ob man den ganzen Ärger an der Tüte Kartoffelchips auslässt«, wie es eine Interviewpartnerin ausdrückte.

Und schließlich vielleicht das Wichtigste: Beim Knabbern lässt man sich von der Gier leiten. Die meisten Knabberer wissen: Wenn sie eine Tüte öffnen, so knabbern sie sie auch zu Ende, ganz gleich, was sie sich am Anfang vornehmen, und ganz gleich, wie schlecht ihr Gewissen am Ende ist.

So schilderte eine Befragte in einer Gruppendiskussion mit acht jungen Frauen ihre letzte Erfahrung mit Chips: »Ich weiß, ich sollte sie eigentlich nicht essen, ich achte so auf meine Ernährung und wie viele Kalorien ich zu mir nehme, und dass ich möglichst gesund esse. Aber ich konnte im Geschäft einfach nicht widerstehen. Ich dachte, zu Hause mache ich die Tüte auf und esse drei Stück, das wird ja wohl erlaubt sein. Na ja, und dann habe ich die Tüte aufgemacht, und als ich drei Stück gegessen hatte, konnte ich nicht aufhören, ich habe mir einen Chip nach dem anderen in den Mund gesteckt, in einem immer schnelleren Tempo, obwohl ich schon Durst hatte und mein Bauch immer voller wurde, aber ich habe die ganze Tüte aufgegessen, und zum Schluss habe ich sie noch umgedreht und alle kleinen Brösel mit den Fingern aufgeleckt.«

Sie schaute in die Runde und sagte: »Ich schäme mich«. Jede in der Runde beeilte sich daraufhin, sie zu trösten: »Aber das geht mir ganz genau so, das passiert jedem von uns, wissen Sie, das braucht man von Zeit zu Zeit.« Und es folgten zahlreiche Erzählungen: wie man einmal so viel Gummibärchen gegessen habe, dass sich ein Klumpen im Bauch bildete, wie einem von ganzen Tüten von Erdnüssen schlecht geworden sei, wie man nach einem frustrierenden Tag den ganzen Abend auf dem Sofa mit einer großen Tüte Paprikachips und dem Kommissar Rex zugebracht habe – beides absolute Ausnahmen, aber beides etwas, das man von Zeit zu Zeit haben musste.

Die Werbung für diese Produkte akzentuiert genau dieses Motiv: »Einmal gepoppt – niemals gestoppt«, formuliert es Pringles, das die Unwiderstehlichkeit dieses Produkts mit einem jährlichen Werbeaufwand von 28 Millionen DM in die Köpfe brachte. Eine legendäre österreichische Kampagne für Drageekeksi, ein kleines Knabbergebäck, zeigte über Jahre Personen, die eine Tüte öffneten und dann gezwungen waren, sie aufzuessen, obwohl es die Situation eigentlich verbot, so ein Chirurg beim Operieren, ein Fitnessbegeisterter auf dem Rad etc. »Wenn ich nur aufhören könnte«, seufzten die armen Opfer in die Kamera.

Eine amerikanische Anzeige für ein solches Produkt titelte lapidar: Resistence is useless.

Nun dient Knabbergebäck nicht nur der Befriedigung von individuellen Gelüsten, sondern es stiftet auch Gemeinschaft: bei Popkonzerten oder Fußballspielen, aber auch im häuslichen Bereich, wenn es um Gästebewirtung, kleine Feste und insbesondere das Fernsehen geht. Bei der Fußball-WM 1998 stieg der Snackkonsum in Österreich um 30 Prozent. Viele Konsumenten besitzen zu Hause eine »Naschlade«, das heißt, einen Ort, oft eben die Lade eines Küchenschranks oder eine Schachtel, die vor dem Zugriff von Kindern geschützt ist und in der sie kleine Süßigkeiten und Knabbergebäck horten, um sie bei einem Naschanfall selbst aufzuessen oder Gästen anzubieten. Der Absatz von Knabbergebäck folgt dabei einem er-

Resistance is useless

A biscuit with 63% solid chocolate? No wonder Choco Leibniz tastes a good deal richer.

kennbaren jahreszeitlichen Rhythmus und dem Festkalender: Er ist am höchsten zu Weihnachten und Neujahr, sehr hoch dann wieder zu Ostern, in der Partyzeit im Februar oder bei den Grill- und Gartenfesten im Juli und August. Er steigt regelmäßig vor dem Wochenende an, wo man die Naschlade wohl gefüllt vorfinden möchte. Auch Kinder und Jugendliche kennen diese Einrichtung, und Knabbergebäcke sind oft die ersten Produkte, die sie selbstständig aussuchen, zu Partys mitbringen und ihren Gästen anbieten. Sie werden dabei in viele Konsummechanismen eingeführt: Man muss als Kind sehr genau wissen, welche Marke und welches Produkt gerade in ist, was man also mitbringen muss und was keinesfalls.

Knabbersnacks stellen also ein Produkt dar, das mir einerseits narzistischen Genuss verschafft, mich aber andererseits auch an die Gemeinschaft der Gruppe anschließt. Bei Partys erfüllt Knabbergebäck eine wichtige Funktion: Es erlaubt, peinliche Gesprächspausen zu überbrücken, man hat immer etwas in der Hand und kann seine Verlegenheit durch Kauen überspielen.

Der große Reiz, den der Verzehr von Knabbergebäck beim Fernsehen ausübt, könnte im Übrigen darin liegen, dass man synchron Essstückchen und Informationsstückchen aufnimmt, chunks, wie man das in der Sprache der Informationsverarbeitung formulieren würde.[15] Befragte schildern immer wieder eine entspannende Fernsehsituation unter diesem Bild: Man wirft sich Brocken nach Brocken der Fernsehserie ein, die, wenn sie gut gemacht ist, Bilder und Episoden ebenso chunkartig aufbereitet, und gleichzeitig Brocken nach Brocken aus der Knabbertüte.

Wenden wir uns zum Schluss noch den verschiedenen Sorten und Arten von Knabbergebäck zu. Viel mehr als über die Zutaten, aus denen sie hergestellt werden, unterscheiden sie sich in der Wahrnehmung der Konsumenten durch die Konsistenzen und die verschiedenen Esserlebnisse, die sie bieten. Wir finden eine breite Skala: an einem Ende ganz zarte, luftige Produkte, die überhaupt keine Beißanstrengung erfordern, so z.B. Pombären, und am anderen Ende Produkte, die man richtig kauen und beißen muss, so Nüsse. Die Ersteren lassen kaum noch etwas von dem natürlichen Bestandteil erahnen, aus dem sie hergestellt werden, da dieser durch bestimmte Herstellungsverfahren mit Luft aufgeblasen wird; sie schmecken kaum nach etwas Spezifischem und haben meist die Form von Tieren oder Gegenständen, man kann Mengen davon essen. Dies macht auch ihren besonderen Reiz aus, »es ist, als ob man Luft isst«. Die anderen sind »reine Natur« und präsentieren sich in ihrer natürlichen Form, nahrhafte Nüsse etwa.

Die erste Produktgattung appelliert vorzugsweise an Kinder oder an Erwachsene, die damit ihrem Kinder-Ich etwas

Gutes tun wollen, die zweite ist ein Erwachsenenprodukt (»Studentenfutter«), sie darf auf Partytellern von Erwachsenen nicht fehlen. Dazwischen befinden sich die Knusperprodukte, im Wesentlichen Chips oder Salzletten, also besonders geformtes Laugengebäck.

Eine der bekanntesten Marken sind die Gummibärchen von Haribo. Streng genommen ist dies kein Knabbergebäck, da es auch geschleckt wird und süß ist.

Dennoch befriedigen Gummibärchen dasselbe Bedürfnis wie die kleinen Knabbergebäcke, man isst sie ähnlich giergeleitet und nur um des Esserlebnisses willen. Sie leben ferner von ihrer besonderen Form, dem kleinen Bären.

Haribo Goldbären sind auch ein charakteristisches Beispiel für eine sehr starke Marke: Sie sind das Original, und es ist schwer möglich, einen Fan von Haribo Goldbären davon zu überzeugen, dass ein ähnliches Produkt genauso schmeckt – er wird trotzdem auf Haribo Goldbären bestehen. (So wie man einem kleinen Mädchen nicht erklären kann, dass es nicht die Barbiepuppe sein muss, dass eine imitierte Marke doch denselben Zweck erfüllt)

Wie alle starken Marken inszeniert Haribo eine Konzeption des Wünschenswerten, etwas, das uns besonders reizvoll erscheint und gefühlsmäßig anspricht. Dies ist offensichtlich weder etwas ethisch Wertvolles noch Rationales, noch Nützliches: Kulturkritiker könnten mit Recht fragen, warum wir denn in aller Welt jährlich Tausende DM für Produkte wie Haribo Goldbären ausgeben. Rational ist das in der Tat nicht: Wir brauchen vielleicht Haribo Goldbären nicht, aber wir haben sie gern – das Herz hat seine Gründe, die der Verstand nicht kennt. Im Grunde inszeniert Haribo nichts anderes als die Werte, die der gesamten Produktgattung zugrunde liegen: das Regredieren, das Anarchische, die Gier, aber dennoch das Feinbleiben: Haribo kann man auch sehr zivilisiert essen. Der

Erfolg von Haribo lässt sich auch darauf zurückführen, dass es dieser Marke gelungen ist, ihre Bedeutung ganz exzellent in Zeichen zu übersetzen. Diese Zeichen lagern sich rund um das Thema Kind. Kind nicht in einem biologischen Sinn verstanden, sondern als Mentalitätsstatus: Haribo spricht das Kind, das Kinder-Ich an, das in vielen von uns liegt. Dies sagt bereits der Slogan: »Haribo macht Kinder froh und Erwachsene ebenso«, und dieselbe Botschaft vermittelt auch die Person, die derzeit für Haribo wirbt: Thomas Gottschalk, der wie ein großes Kinder-Ich ausschaut und uns augenzwinkernd versichert, dass wir mit diesen kleinen Geschöpfen so brutal zynisch und menschenfresserisch umgehen können, wie wir wollen. So, wenn er sie in einem Werbefilm anschaut und sagt: »Lauft doch weg! Nicht? Ihr hattet eure faire Chance!«

Der wichtigste Teil der Botschaft aber ist die Form: Wir essen keine Zuckerwasserkügelchen, sondern menschenähnlich oder zumindest belebt ausschauende Objekte, kleine Bären eben. Auf jeden Fall sind es Objekte, die kleiner sind als auch der kleinste Esser und die in einem ganz spielerischen und heiteren Sinn Allmachtsfantasien ansprechen – sie stehen uns als Geschöpfe zur Verfügung. Man braucht eben etwas Kleines, das »man fressen kann«.

Ein idealer Zustand der Gesellschaft würde ein solches Bedürfnis vielleicht überflüssig machen, aber wir fühlen uns ganz wohl dabei, dass wir so eine nette Möglichkeit haben, es zu befriedigen.

Tradition: der Mythos der Wiederkehr

In England wurde 1992 eine Untersuchung durchgeführt, in der Menschen gebeten wurden, die fünf Dinge ihres persönlichen Besitzes zu nennen, an denen sie am meisten hingen, und diese Wahl zu begründen.[16]

An der Spitze dieser Listen standen Dinge, die die Forscher »sentimentale Gegenstände« nannten: Geschenke, Fotografien, Schmuckstücke, Möbel, bei Männern auch technische Geräte wie eine schöne Musikanlage. Die Begründungen waren ziemlich gleich: Man hing an dem Gegenstand, weil man ihn zu einem wichtigen Zeitpunkt im Leben erworben hatte, weil man ihn mit einer lieben Person verband, weil er an eine bestimmte Zeit im Leben erinnerte, weil er von den Eltern oder den Kindern stammte – nahezu alle Gegenstände erinnerten an einen Zeitpunkt, eine Person oder einen Ort der Vergangenheit. Dinge können also als Erinnerungsspeicher dienen, sie können in ganz spezifischer Weise die Vergangenheit beschwören, sie können einem versichern, dass es Kontinuität gibt – dann unterhält man zu ihnen tatsächlich eine sehr emotionale Beziehung. Es wird uns daher nicht erstaunen, dass sich auch Werbung an dieses Bedürfnis wendet, dass sie Produkte mit einer Bedeutung ausstattet, die sie als Garanten einer guten Vergangenheit erscheinen lässt.

Dies ist bei Nahrungsmitteln sogar eine sehr wichtige Strategie. Gerade Nahrungsmittel und Speisen sind sehr geeignet, persönliche Erinnerungen und Vergangenheit zu beschwören, zu versichern, dass es Kontinuität im Leben gibt: So hat es bei uns zu Hause immer am Sonntag gerochen, das ist die Essigmarke, die meine Mutter immer verwendet hat, diesen Geburtstagskuchen habe ich immer gebacken, als die Kinder klein waren, das ist der Salat, den mein Mann schon ganz zu Beginn unserer Ehe so gern gehabt hat. Entgegen ihren Versicherungen, dass sie Abwechslung lieben und gern etwas Neues ausprobieren, wählen die meisten Menschen aus einem eher kleinen Repertoire von Speisen, die sie wieder und wieder kochen. Dies lässt sich besonders für das gemeinsame Familienessen feststellen: Häufig werden die Speisen aus einer Gruppe von fünf bis sieben Speisen gewählt, die sich immer wiederholen.

Der Philosoph Mircea Eliade hat dieses Beschwören der Vergangenheit, diese Versicherung, dass das Wesentliche gleich bleibt, den Mythos der Wiederkehr genannt.[17] In vielen Kulturen finden sich Rituale, die ein mythisches Ereignis von Rang beschwören, ein Ereignis, das wesentlich für die Gesellschaft ist. Es kann im Zuge des Rituals wiederholt werden, ist damit Gegenwart und entfaltet die religiöse Kraft, die notwendig für die Gesellschaft ist. Unsere Vorstellung vom heiligen Abendmahl, in dem der Opfertod Christi wiederholt wird, und zwar so, dass er im Zuge des Rituals Gegenwart wird, ist ein Beispiel dafür.

Natürlich haben die Produkte und Werbungen, die wir besprechen wollen, nicht den Rang dieser Rituale, aber sie folgen diesem Schema: Sie beschwören etwas, das einen idealen Zustand der Vergangenheit kennzeichnet, und im Zuge ihres Verzehrs wird diese Vergangenheit Gegenwart.

Es ist also die Vergangenheit, die wir in bestimmten Zusammenhängen als Garant für Qualität heranziehen, und es gibt Produkte, die wir schätzen, weil sie so bleiben, wie sie immer waren: »Best things in life never change«, hat es die Marke Heinz einmal ausgedrückt.

Um dies zu signalisieren, verwendet die Werbung im Wesentlichen zwei Strategien: Das Produkt entstammt einem Raum, der von den Werten der Vergangenheit geprägt ist, es bewahrt Tradition. Oder: Das Produkt spielt in den Beziehungen von Menschen eine besondere Rolle, es verknüpft Menschen in einer Geschlechterfolge, es steht für die Kontinuität und Stabilität von menschlichen Beziehungen – es bindet also Menschen in ein festes Raum-Zeit-Kontinuum ein.

Dallmayr Kaffee ist ein Beispiel für die erste Strategie. Im Werbefilm fährt die Kamera auf das reale Dallmayr-Geschäft zu, das sich im Zentrum von München befindet. Der Innenraum des Geschäfts ist mit schönen alten Objekten eingerichtet, großen Kaffeebehältern, an denen gerade die glänzenden Kupferknöpfe noch geputzt werden, kleinen massiven Schaufeln für die Bohnen, händischen Waagen, Verkaufstheken aus schwerem, glänzendem Holz, Blumen. Die Verkäuferinnen tragen Schürzchen und Häubchen, eine ältere richtet einer jüngeren sorgfältig ihre Schürze. Langsam wird der Kaffee abgewogen, in Tüten gefüllt, er wird der Kundin mit einem Lächeln überreicht. Das Licht ist weich, gedämpft, alle Bewegungen sind langsam. Es wird nicht gesprochen, durch den ganzen Film geht eine stimmungsvolle Musik.

Es ist dies eine Welt mit den Merkmalen leise, wertvoll, sorgfältig, liebevoll, behutsam, traditionsbestimmt, persönlich, weit entfernt von der Atmosphäre von Supermärkten. Überdies ist es eine authentische Welt: Dieses Geschäft existiert wirklich in München, und es besitzt wirklich diese Einrichtung. Über die Abbildung eines konkreten Geschäfts hinaus wird hier aber ein kulturelles Ideal vermittelt. Mit dieser Marke kauft man sich ein Stückchen dieser Welt.

Ein Beispiel für die zweite Strategie sind die Filme für Werthers Echte oder Storck Riesen. Die Kampagne zeigt immer einen Großvater und seinen Enkel. Der Großvater gibt seinem Enkel ein Bonbon, eben Werthers Echte, und erzählt dazu, dass er Werthers Echte seit seiner Kindheit kennt. Damals wurde ihm dieses Bonbon von seinem Großvater gegeben, und er erinnert sich noch genau an die Situation: an den Geschmack des Bonbons und an die Liebe seines Großvaters. Jetzt ist er Großvater, und er gibt dieses Bonbon seinem kleinen Enkel – weil er ein ganz besonderes Kind ist, gebührt ihm ein ganz besonderes Bonbon.

Oder Storck Riesen: Wir sehen das Bild eines kleinen Ladens (ein Typ von Geschäft, den es in der Realität kaum noch gibt, jedes Jahr verschwinden mehr von diesen Tante-Emma-Läden). Die Verkäuferin erzählt: »Ich erinnere mich genau an den kleinen Heinz. Schon bevor er in die Schule ging, kam er immer in den Laden und sagte: ›Drei Storck Riesen, Frau Müller, zwei in die Tüte und einen in die Hand.‹« Während sie erzählt, kommt der kleine Heinz in ihr Geschäft. Er ist jetzt groß, etwa 25 Jahre alt. Er strahlt sie an, sie strahlt ihn an, man spürt die lange und freundliche Verbindung zwischen den beiden Personen. Er sagt: »Drei Storck Riesen, Frau Müller: zwei für die Tüte und einen in die Hand.«

Dieser Typ von Argumentation findet sich in einer ganzen Reihe von Werbungen, so im Augenblick auch bei Kinderschokolade, wo Monika Peitsch von ihrer Mutter erzählt, die ihr und ihren Geschwistern immer Milch in Form von Kinderschokolade gegeben hat, was sie jetzt bei ihren Kindern ebenso handhabt etc. Das Wesentliche an diesen Werbungen ist, dass Produkte eng in das Leben von Menschen eingebunden sind, sie erscheinen als das stabile Objekt, das Generationen aneinander bindet, durch das Liebe und Verantwortung weitergegeben werden. Der Kosmos, der hier vorgeführt wird, ist durch enge menschliche Beziehungen gekennzeichnet, durch Kontinuität, durch gegenseitige Verpflichtungen. Es ist eine kleine überschaubare Welt, in der stabile Verhältnisse herrschen, in der sich die Ereignisse wiederholen – Produkte können als Zeichen für diese Welten fungieren.

Diese Funktion wird in dem nachfolgenden Beispiel noch deutlicher.

Jolly/Twinni/Brickerl sind Eismarken, die seit 1975 im Programm des Unternehmens Eskimo in Österreich sind (Langnese in Deutschland). Innerhalb des Programms von Eskimo stellen sie eine sehr erfolgreiche Produktgruppe dar, ein relativ preiswertes Kindereis. Jolly ist ein Fruchteis, das aus drei Lagen von rotem, gelben und grünem Eis besteht, Brickerl ist ein Schokoladeneis mit einem Schokoladenüberzug, Twinni besteht aus zwei Eisstäbchen, die aneinander geklebt sind: Eines ist gelb (Orangeneis) und eines ist grün (Birneneis).

Das Auffallende an diesen Eisprodukten ist, dass sie seit Jahren gleich geblieben sind, sowohl in ihrem Aussehen, in der Verpackung wie auch im Umsatz; und dies in einer Flut von neuen Produkten und angesichts vieler Trendforschungen, die besagen, dass Kinder und Kids süchtig nach dem Allerneuesten sind und dass man, um erfolgreich zu sein, stets auf der Trendwelle surfen müsse.

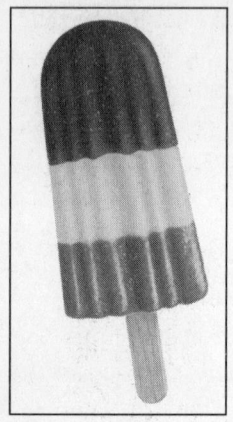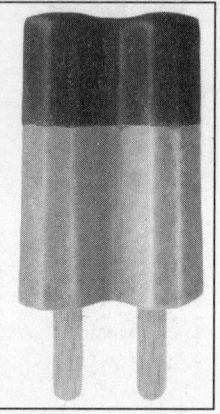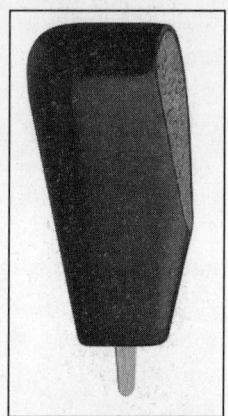

Dies war genau die Frage des Herstellers: Sollte man an Jolly/
Twinni/Brickerl nicht endlich etwas tun? Unser Ergebnis war
ganz klar: Um Himmels willen nicht, es muss Produkte geben,
die so bleiben, wie sie sind. Jolly/Twinni/Brickerl waren aus
dem Leben von Eltern und Kindern nicht wegzudenken, sie
hatten für alle Beteiligten eine ganz spezifische Bedeutung.
Wir führten dazu Gespräche mit Kindern und Müttern, die
kleine Kinder hatten.

Der Eiskonsum spielt in den Beziehungen zwischen Kindern und Eltern oder vielmehr Müttern, da sie meist den
Großteil der alltäglichen Erziehungsarbeit leisten, eine große
Rolle. Ein Eis zu bekommen ist in unserer Gesellschaft immer
noch etwas Besonderes. Anders als in skandinavischen Ländern oder in Amerika, wo Eis den Status eines Nahrungsmittels hat, das immer im Kühlschrank vorrätig ist und nach Bedarf gegessen wird, wird Eis bei uns in einer Vielzahl von
sozialen Funktionen eingesetzt: als Belohnung für gutes Verhalten, für Erfolge, als Zeichen der Zuwendung; als Beste-
chung, wenn die Mutter etwas Besonderes erzielen möchte,
oder um zu disziplinieren (»nur ein kleines/nicht vor dem

Essen/nur eines«), um soziales Verhalten einzuüben (»Teil es mit deinem Bruder/wenn Hansi eines hat, muss Gabi auch eines bekommen«), um besondere Gelegenheiten zu kennzeichnen, um den Gang der Jahreszeiten zu begleiten (»Nicht im Winter/jetzt haben die Eissalons wieder offen/im Bad muss man ein Eis haben«), zur Bewirtung (»Wenn Kinder kommen, haben wir immer ein Eis im Haus«). Mütter können sich einen funktionierenden Haushalt ohne Eis oft gar nicht vorstellen.

Auch für Kinder hat Eis eine besondere Bedeutung. Anhand von Eis lernen sie, selbst einzukaufen, auszuwählen, ihr Taschengeld einzuteilen, sie lernen Disziplin beim Essen (so essen, dass man sich nicht bekleckert), sie lernen es aber auch, eigene Ansprüche der Mutter gegenüber durchzusetzen oder ihre Forderungen herunterzuschrauben. Jolly/Twinni/Brickerl stellen in allen diesen Erörterungen nun einen ganz besonderen Fall dar.

In einer Gruppe mit Müttern, mit denen wir als Erste über diese Fragen sprachen, tauchten zunächst rührende Erzählungen auf, die sich als Erinnerung und Assoziation um diese Marken lagerten. Man erinnerte sich an Situationen als Kind: Im Bad hatte die Mutter immer ein Jolly, Twinni oder Brickerl erlaubt, nach der Schule hatte man eines bekommen, am Sonntag, für eine gute Note oder einfach so, weil einen die Mutter oder der Vater oder die Großeltern belohnen und verwöhnen wollten. Jolly/Twinni/Brickerl, das war Sommer, Kindheit, die schönen Momente, das Glück, die Liebe zwischen Eltern und Kindern, wie sehr das die Erinnerung auch verklären mochte. Genau dies wollte man an seine eigenen Kinder weitergeben, und genau deshalb sollten Jolly, Twinni und Brickerl auch so bleiben, wie sie waren – Zeichen, die dafür standen, dass es Kontinuität gab, Stabilität, dass Liebe in der Geschlechterfolge weitergegeben wurde.

Den drei Eissorten wurden auch ausgeprägte Produktpersönlichkeiten und Wertewelten zugeordnet, je nach Aufbau: Jolly ist farbiges Fruchteis, und seine Welt ist eine fröhliche und farbige Sommerwelt, eine Sonne-, Strand-, Wasserwelt. Brickerl ist Schokoladeneis mit Schokoladenüberzug und bringt gut die Bedeutungen zum Ausdruck, die Schokolade hat: Genuss, etwas Weiches, Weibliches, Rundes. Das Besondere an Twinni ist, dass dieses Eis aus zwei leicht teilbaren Hälften besteht, einer gelben und einer grünen. An diesen Aufbau knüpften sich lebhafte Kindheitserinnerungen, vor allem an Streitigkeiten mit den Geschwistern, wer die gelbe und wer die grüne Hälfte bekommen sollte, da sparsame und pädagogisch vorgehende Eltern für zwei Kinder ein Twinni kauften mit der Aufforderung: Teilt es euch! Eine Frau erzählte: »Von meinem ersten Geld habe ich mir dann ein Twinni gekauft, und ich habe mit größter Befriedigung beide Hälften gegessen, die grüne und die gelbe – war das schön, sich nicht streiten zu müssen.« Sie handhabe diese Teilung bei ihren beiden kleinen Kindern aber genau so, wie dies ihre Eltern getan hatten: Die Kleinen sollten eben lernen, sich zu arrangieren.

Wenn Mütter ihren Kindern Jolly/Twinni/Brickerl kauften, konnten sie sich außerdem selbst eines dieser Produkte gönnen, und dies brachte für sie das Gefühl ihrer eigenen Kindheit zurück. Eine zentrale Funktion von Jolly/Twinni/Brickerl war es also, diesen Mythos der Wiederkehr zu zelebrieren. Warum aber waren Kinder von Jolly, Twinni und Brickerl so begeistert, dass es ihren Müttern gelang, diese drei Produkte in jeder Kindergeneration wieder zu verankern, obwohl sie keineswegs die »allerneuesten Heuler« waren?

Genau deshalb: Auch Kinder lieben schon die Kombination von Stabilität und Innovation, oder besser gesagt, wir führen sie sanft darauf hin. Kinder lieben also die Eisprodukte, die immer neu auf den Markt kommen und die gefährlich und dubios scheinen, sodass sich Erwachsene sträuben, sie zu kaufen: Red Shark, das einen gefährlichen Energy Drink zu enthalten scheint, oder giftgrüne Füße zum Lutschen oder Monster – der Aufschrei von Erwachsenen: »Aber das wirst du doch nicht wollen!«, ihre offensichtliche Missbilligung, die dem Kind das Gefühl gibt: Ich bin ein richtig schlimmes Kind, machen die Attraktivität dieser Produkte aus.

Man will aber nicht immer schlimm sein und sich in unbekannte Welten wagen, man will auch einmal brav sein und nicht kämpfen müssen. Dies hatten die meisten Kinder sehr schnell erkannt: Wenn sie ein Jolly/Twinni/Brickerl verlangten, hatten sie immer Erfolg.

Innovation

Unter den Kräften, die den Markt antreiben, spielt Innovation eine wichtige Rolle. Für die individualistische Marktkultur sind Innovationen etwas Wichtiges und Notwendiges. Sie muss ja sicherstellen, dass all die Gegenstände, die sie produziert, auch wieder aus den Konsumprozessen verschwinden – und dies kann sie bewerkstelligen, indem sie erklärt, das Neue sei prinzipiell besser als das Alte. Auch in den subjektiven Bedürfnissen und Wünschen spielt das Neue eine wichtige Rolle: Bestimmte Gruppen in unserer Gesellschaft lieben das Neue, sie wollen immer das Neueste besitzen.

Ebenso gibt es Produktgattungen, die davon leben, dass Innovationen alte Produkte und Objekte verdrängen. Dies betrifft einerseits alle technischen Produkte wie Autos, Unterhaltungselektronik, Computer, und andererseits viele Dinge, durch die wir unsere Position nach außen hin signalisieren, die »heraldischen Objekte« wie Kleider oder Uhren. Man kann sich wesentlich besser durch Neues als durch das Bewahren von Altem profilieren. In den Werbungen für diese Produkte wird daher immer wieder die Innovation herausgestellt.

Wie ist dies nun auf dem Gebiet der Ernährung? Welche Rolle spielen Innovationen in der Werbung für Nahrungsmittel?

Wenn man Werbungen daraufhin analysiert, so stellt man fest, dass das explizite Ansprechen von Neuerungen, im Sinne von: Jetzt kommt das neue X oder: reizvoll, weil es neu ist, erstaunlich selten ist. Wenn innovative Produkte propagiert werden, Energy Drinks oder neue Gesundheitsprodukte beispielsweise, so wird auf ihre Merkmale oder ihren Nutzen hingewiesen, der Aspekt der Neuheit aber wird kaum akzentuiert. Allenfalls erfolgt dieser Hinweis, wenn neue Sorten oder Varianten entwickelt werden.

Nun ist auch der Nahrungsmittelmarkt auf Neuerungen und Stimulation der Neugier angewiesen. Es scheint allerdings, dass diese Neuerungen in spezifischer Weise vermittelt werden müssen. Innovationen spielen eine andere Rolle als in anderen Märkten: Sie haben hier keineswegs einen Wert per se, sondern müssen in spezifischer Weise legitimiert werden.

Dies hängt unter anderem mit einer Eigentümlichkeit des Systems der Ernährung zusammen. Wir sind schon an mehreren Stellen auf diesen Sachverhalt gestoßen: Beim Essen gibt es keine Revolution. Natürlich ändern sich auch Ernährungssysteme: Wir essen anders als die Menschen des Mittelalters, aber das Ernährungssystem selbst ändert sich sehr langsam. Die Struktur unserer Mahlzeit, unsere Zubereitungsmethoden, die Bedeutung unserer Grundnahrungsmittel und ähnliche Basissachverhalte haben sich über eine lange Zeit erhalten.

Wenn wir betrachten, in welchem Maße technische oder soziale Innovationen seit der Jahrhundertwende unseren Alltag verändert haben, so ist unser Ernährungssystem davon erstaunlich unberührt geblieben. Auch viele Menschen sind in ihren Speisevorlieben weder innovativ noch sonderlich aufgeschlossen, sie essen jahraus, jahrein dasselbe, variieren oft zwischen maximal fünf Gerichten und bereiten dieselben Dinge immer auf die gleiche Art zu; sie scheuen Neuerungen eher, als sie zu suchen.

Lassen Sie uns einen kleinen Abstecher in das Gebiet der Evolution und der Systemtheorien machen. Wenn wir Unternehmen und Produktionsmethoden betrachten, so sieht man, dass Innovationen und Änderungen einen hohen Stellenwert haben: Unternehmen werden laufend umstrukturiert, eine neue Methode des Marketing und der Unternehmensführung löst die andere ab, Wandel, ständige Erneuerung gilt als ein Wert an sich, und da alle Unternehmen nach dieser Maxime verfahren, ist er es auch: Ein Unternehmen kann es sich nicht leisten, zu verharren und stehen zu bleiben – dies stellt automatisch einen Wettbewerbsnachteil dar.

Genauer betrachtet, kann ein System aber nicht effizient arbeiten und sich über längere Zeit stabil erhalten, wenn sich dauernd alles ändert. Es muss vielmehr eine Balance zwischen Gleichbleiben und Änderung bestehen, zwischen Kontinuität und Erneuerung.

Die Evolutionstheorie hat herausgearbeitet, dass diese Balance das fundamentale Gesetz lebender Systeme ist: Leben existiert immer *on the edge of chaos*, das heißt, Leben ist nicht möglich, wenn alle Komponenten eines Systems gleich bleiben, dann ist es nicht mehr fähig, sich an wechselnde Umwelten anzupassen oder sich weiterzuentwickeln. Leben ist aber auch nicht möglich, wenn sich jedes Element nach völlig individuellen Regeln bewegt, wenn also keine erkennbare Ordnung, sondern Chaos herrscht.[18]

Leben bedeutet vielmehr Ordnung, Struktur, und innerhalb dieser Struktur Änderung; Leben findet so zwischen Erstarrung und Chaos statt. In den Termini von Materie gesprochen, wäre es nicht Eis, wo alle Teilchen unbeweglich sind, und nicht Dampf, wo sich jedes Teilchen individuell bewegt.

Ein lebendes System ist also der Prototyp eines adaptiven Systems. Auch wirtschaftliche und soziale Systeme sind adaptive Systeme: Sie müssen Ordnung kennen, aber sie müssen sich auch an Umwelten anpassen können, und dazu darf diese Ordnung nicht starr, sondern sie muss beweglich und variabel sein.[19]

Auch Menschen wünschen sich im Allgemeinen eine Balance zwischen Sicherheit und Stimulation: Es soll nicht alles gleich bleiben, aber es soll sich auch nicht alles laufend ändern.

Menschen und Systeme variieren nun allerdings beträchtlich in den Mischungsverhältnissen von Ordnung und Chaos: Die einen befinden sich näher am Pol der Änderung, der Beweglichkeit, des Chaos, die anderen näher am Pol der Unbeweglichkeit, der Ordnung.

Das Ernährungssystem gehört zum zweiten Typ: Es nimmt Neuerungen zögernd auf, es ändert sich langsam und widerstrebend, es dient weitaus mehr der Funktion, Stabilität zu gewährleisten, Sicherheit zu geben, als dauernde Stimulation zu bieten. Es dient dem Körper, also einem biologischen System, in dem Bewahrung eine große Rolle spielt und Neuerungen nur dann übernommen werden, wenn sie sich wirklich bewährt haben – und es ist eine Sprache.

Auch Sprachen kennen eine feste Struktur, Regeln, die sie bewahren müssen, um Kommunikation zu ermöglichen, aber Sprachen stellen natürlich auch den Spielraum bereit, in dem ich vor dem Hintergrund der Regeln meine individuelle Nachricht konstruieren kann.

Genau dies geschieht in der Küche. Wie Theodor Fontane im »Stechlin« sagt: »Courage ist gut, Ausdauer ist besser«.

ANMERKUNGEN

Teil A

1. Todhunter in Fiddes, N.: Meat, a natural symbol, London, 1991, S. 301
2. Siehe dazu: Miles, S.: Consumerism – as a way of life, London, 1998
3. Douglas, M. and Isherwood, B.: The Word of Goods, London, 1979
   Baudrillard, J.: The Consumer Society, London, 1998
   Bourdieu, P.: Die feinen Unterschiede, Frankfurt a. M., 1984
   Sahlins, M.: Culture and Practical Reason, Chicago, 1976
4. Baudrillard 1998, S. 78
5. Lévi-Strauss, C.: Mythologica I-IV, Frankfurt a. M., 1971 ff.
6. Douglas, M.: Implicit Meaning, London, 1975
   Douglas, M. and Isherwood, B.: The World of Goods, London, 1979
   Douglas, M.: In the Active Voice, London, 1982
   Douglas, M.: Food in the Social Order, New York, 1984
   Douglas, M.: Constructive Drinking, Cambridge, 1987
7. Eco, U.: Einführung in die Semiotik, München, 1972
   Peirce, Ch. S.: Phänomen und Logik der Zeichen, Frankfurt a. M., 1983
   Saussure, F. de: Grundfragen der allgemeinen Sprachwissenschaft, Berlin, 1967
   Sottong, H., und Müller, M.: Zwischen Sender und Empfänger, Berlin, 1998
   Titzmann, M.: Strukturale Textanalyse, München, 1977
   Wunderlich, D.: Grundlagen der Linguistik, Reinbek, 1974
8. Mc Kenzie, J.: »An Integrated Approach – With Special Reference to the Study of Changing Food Habits in the United Kingdom« in: The Food Consumer, hg. v. C. Ritson, L. Gofton and Mc Kenzie, London, 1986, S. 155
9. In einer 1997 bei 2000 Personen in Österreich durchgeführten Repräsentativuntersuchung gaben 48 % der Männer gegenüber 26 % der Frauen an, dass sie sehr gern Fleisch essen, ebenso 35 % der bis 30-jährigen gegenüber 40 % der über 50-jährigen, 40 % der Haushalte mit traditioneller Haushaltsführung gegenüber 30 % der Haushalte mit moderner Haushaltsführung.

10. Fiddes 1991
11. Referat Dr. Nicolai Worm, Universität Innsbruck bei einer Veranstaltung der Agrarmarkt Austria, Salzburg, Juni 1998. Siehe dazu auch: Worm, N.: Diätlos glücklich, Bern und Stuttgart, 1998
12. Leach, E.: Culture and Communication, Cambridge, 1976
13. Heller, E.: Wie Farben wirken, Reinbek, 1989
14. Siehe dazu Karmasin, H.: Produkte als Botschaften, 2. Auflage, Wien, 1998
15. Vgl. dazu die Diskussion in populären Medien über die Scheidung von Hillu und Gerhard Schröder. Nicht wenige Leserbriefe drückten Verständnis über die Trennung aus, da Hillu ihrem Mann, der ein erklärter Fleischliebhaber war, Hirselaibchen und Vollwertkost serviert hatte.
16. Siehe dazu Lupton, D.: The Emotional Self, London, 1998, die in diesem Zusammenhang auch auf Theweleit verweist: Theweleit, K.: Männerfantasien, Reinbek, 1980
17. Farb, P., und Armelagos, G.: Consuming Passions, Boston, 1980, S. 185
18. Siehe dazu:
    Braudel, F.: Sozialgeschichte des 15.–18. Jahrhunderts: Der Alltag, München, 1985
    Corbin, A.: Pesthauch und Blütenduft, Berlin, 1984
    Duby, G.: A History of Private Life. Revelations of the Medieval World, Cambridge, 1988
    Elias, N.: Über den Prozess der Zivilisation, Frankfurt a. M., 1976
19. Dies besagt das bekannte Wort Luthers: Quia ex audite fides non ex visu.
20. Foucault, M.: Überwachen und Strafen, Frankfurt, 1976
21. Siehe dazu Mellor, P.A., und Shilling, C.: Reforming the Body, London, 1997, und Schulze, G.: Erlebnisgesellschaft – Kultursoziologie der Gegenwart, Frankfurt a. M., 1992
22. Elias 1976
23. Lévi-Strauss 1971
24. Dies repräsentiert eher den katholischen Zugang, der Protestantismus sieht die Erfahrung Gottes durch das Wort als gleichberechtigt oder hierarchisch höher. – »Das Essen des Gottes« gehört natürlich auch zu den religiösen Praktiken vieler Stammesgesellschaften. Siehe dazu: Mellor, P. A./Shilling, C. 1997
25. Douglas, M.: »Deciphering a Meal«, in Douglas 1975
26. Siehe dazu Kuper, J.: The Anthropologist's Cookbook, London, 1997, S. 171
27. Siehe dazu die Ausführungen zu den Kulturtypen, Teil B, S. 201
28. Siehe dazu: Tönnies, F.: Gemeinschaft und Gesellschaft, Grundbegriffe der reinen Soziologie, Darmstadt, 1991

29. Douglas, M.: »The Idea of a Home« in: Objects and Objections, Toronto Semiotic Circle, Number 9, 1992

30. Siehe dazu Mars, V.: Ordering Dinner: Victorian Celebratory Domestic in London, University of Leicester, 1997

31. Schmutzer, M., E., A.: Ingenium und Individuum, Wien/New York, 1994

Teil B

1. Goody, J.: Cooking, Cuisine and Class, Cambridge, 1982

2. Cervio, Vincenzo: Trinciante (1520 – 1589)
Le Viandier: 1492
Platina: De honesta voluptate (1492)

3. Carême, A.: (1783 – 1833)
Escoffier, A.: (1847 – 1935)
Brillat-Savarin, J. – A.: Physiologie des Geschmacks, München, 1962 (Paris, 1825)

4. Diese Gastmähler sind in »The Forme of Cury« von 1391 festgehalten – ein Text, der die königliche Haushaltsführung schildert.

5. Ritson, C., Gofton, L., und Mc Kenzie, J.: The Food Consumer, London, 1986

6. Veblen, T.: Theory of the Leisure Class, London, 1899

7. Zitiert aus Montanari, 1993

8. Gennep A. v., Rites des passages, dt. Übergangsriten, Frankfurt a. M., 1987

9. Lotman, J.: Die Struktur literarischer Texte, München, 1972

10. Wir haben die Zeit völlig ihrer Bedeutung entkleidet und sie zu etwas rein Funktionalem, nur Nützlichem gemacht, man braucht aber auch Zeitpunkte, die eine besondere Zeitqualität markieren, dies leisten noch Teile der Alltagskultur. Vgl. Elias, N.: Über die Zeit, Frankfurt am Main, 1984

11. Karmasin, M.: Ethik als Gewinn, Wien, 1996

12. Dieses Konzept geht auf Freud zurück und wurde durch die Transaktionsanalyse popularisiert, die von einem Kinder-Ich, Erwachsenen-Ich und Eltern-Ich ausgeht. Harris, T.A.: Ich bin ok, Du bist ok, Reinbek, 1975

13. Durkheim, E.: Erziehung, Moral und Gesellschaft, (1902), Frankfurt a. M., 1984

14. Beispiele für sakrale kulinarische Ikonen sind das Brot und der Wein bei der christlichen Messe oder die Speisen, die bei dem Sonnenfest der Navajo verzehrt wurden.

15. Schivelbusch, W.: Das Paradies, der Geschmack und die Vernunft, Frankfurt a. M., 1983

16. In manchen Arbeiterhaushalten und einfachen ländlichen Haushalten war es bis vor kurzem üblich, dass Männer, die körperlich schwer arbeiteten, zum Frühstück Bier oder in manchen Gegenden auch Schnaps tranken, um »stark für den Tag« zu sein.

17. Elias, N.: Die höfische Gesellschaft, Frankfurt a. M., 1983

18. Ausstellung »Kaffeeklatsch« in Stuttgart, 1998

19. Es handelt sich hier um einen sozialen Tatbestand von großer Bedeutung: Menschen haben das Bedürfnis, sich unmittelbar als Mitglied irgendeiner menschlichen Gemeinschaft zu fühlen. Vgl. Durkheim, 1984

20. Siehe dazu: Farb und Armelagos, 1980

21. Probyn, E.: Mc-Identities: Food and the Familial Citizen in Theory Culture & Society, Vol. 15, Nr. 2, 1998

22. Duplexis, J.: The new Food. Port Melbourne, Australia, 1994, S. 164

23. Probyn, E.: a.a.O.

24. Karmasin 1998

25. Bei Paaren ist die bevorzugt wahrgenommene Person dabei immer noch der Mann.

26. Ich fasse dazu ein Interview zusammen, das ich mit Herrn Eckel, dem Besitzer des gleichnamigen Restaurants in Wien, geführt habe und das gut die Position des gutbürgerlichen Restaurants klar macht. Das Restaurant befindet sich in einem der schönen grünen Außenbezirke von Wien in der Sieveringer Straße.
»Wir hüten die österreichische Küche, die echte Wiener Küche, die es ›in der Stadt‹ gar nicht mehr gibt – dort wird eigentlich immer mehr asiatisch gekocht, italienisch, jedenfalls eher ausländisch. Bei uns gehen am besten Sulz, Butterschnitzel, Beinfleisch, Tafelspitz; auch Fisch nimmt zu, und zwar am meisten in der Form von paniertem Fisch. Wir bieten prinzipiell kein Schweinefleisch an ... Wir haben viele Stammgäste, zu uns kommt seit vielen Jahren ganz Döbling, viele unserer Gäste kennen sich untereinander.«

27. MOPs sind Konzepte, die aus der Kognitionspsychologie stammen, die bei der Erforschung der Artificial Intelligence wichtige Dienste leistet. Sie stammen von dem Computerwissenschaftler und Kognitionspsychologen Roger Schank, der damit Organsitionsmodelle des menschlichen Gedächnisses charakterisiert. MOPs (Memory Organization Packets) beschreiben die Fähigkeit des menschlichen Gedächtnisses, Inhalte rund um Themen zu organisieren und neue Erfahrungen an diese Themen und Organisationspakete anzuknüpfen. Schank, R.: The Connaisseur's Guide to the Mind, New York, 1991.

28. Als Literaturübersicht zum Gebiet der Cultural Theory:
Douglas, M. und Wildavsky, A.: Risk and Culture: An Essay on the Selection of Technological & Environmental Dangers, Berkeley, 1982
Douglas, M.: Purity and Danger: An Analysis of Concepts of Pollution and Taboo, London; dt.: Reinheit und Gefährdung, Frankfurt a. M., 1985
Douglas, M.: Risk Acceptability According to the Social Sciences, New York, 1986
Douglas, M.: Risk and Blame: Essays in Cultural Theory, London, 1992
Douglas, M.: Ritual, Tabu und Körpersymbolik: Sozialanthropologische Studien in Industriegesellschaft und Stammeskultur, Stuttgart, 1993
Douglas, M. and Hull, D., editors: How Classification Works: Nelson Goodman among the Social Sciences, Edinburgh, 1993
Douglas, M.: »Introduction to Grid/Group Analysis« in: Douglas, M.: Essays in the Sociology of Perception, London, 1982
Douglas, M.: Wie Institutionen denken, Frankfurt a. M., 1991
Karmasin, H./Karmasin, M.: Cultural Theory. Ein neuer Ansatz für Marketing, Management, Kommunikation, Wien, 1997
Schwarz, M.: Thompson, M.: Divided we stand, Redefining Politics, Technology and Social Choice, New York, 1990
Thompson, M., Ellis, R.,Wildavsky, A.: Cultural Theory, Oxford, 1990
29. Siehe dazu die Untersuchungen zu Haushaltsstilen in: Karmasin, H./Karmasin, M.: Cultural Theory, Wien, 1997
30. Adam Smith hat diese Anschauung im 18. Jahrhundert zuerst in seinem Buch »The Wealth of Nations« formuliert.
31. Schmutzer, M., E., A.: Ingenium und Individuum, Wien/New York, 1994

Teil C

1. Dubois, J. et al., Rhétorique Générale, Paris, 1970
2. Siehe dazu: Lupton, 1998
3. Warde, A.: Consumption, Food and Taste, London, 1997
4. Dies ist zwar die bürgerliche Variante dieser Wertvorstellungen, aber diese war es auch, die den öffentlichen Diskurs dieser Zeit leitete – nicht der frivole und verschwenderische Lebensstil der Adeligen, von denen sich die Bürger bewusst absetzten, und nicht der auf das Überleben gerichtete der Unterschichten.

5. Unsere Gesellschaft bevorzugt in vielen Fällen technische Lösungen gegenüber sozialen Lösungen. Siehe dazu: Schmutzer, 1994

6. Mary Douglas weist darauf hin, dass Tabus eine Gemeinschaft da schützen, wo sie am empfindlichsten ist. Vgl. Douglas, 1985

7. So erzählte eine sehr hierarchistisch eingestellte Mutter in einem Interview: »Ich betrachte es als meine Pflicht, dass ich meiner Familie jederzeit etwas zu essen gebe. Wenn mein 20-jähriger Sohn in der Nacht nach Hause kommt, so stehe ich auf und richte ihm etwas Warmes zu essen.«

8. Malinowski, B.: Argonauten des westlichen Pazifik, Frankfurt a. M., 1979

9. Die nach den Romanen von Rosamunde Pilcher gedrehten Fernsehfilme leben davon, wieder und wieder diese Welt zu zeigen.

10. Lindner, M.: Leben in der Krise, Stuttgart, Weimar, 1994

11. Noch nie gab es so viele Katastrophenfilme, Filme, in denen eine von außen kommende Gewalt die Erde bedrohte.

12. Douglas, 1985

13. Siehe dazu: Zygmunt Bauman, in: Culture, Theory and Society, Mai 1996

14. Auch der Karneval ist ein solches Phänomen: Noch heute feiern katholische Gegenden den Faschingsmontag und -dienstag, in dem übliche soziale Klassifikationen aufgehoben sind, Männer- und Frauenrollen umgekehrt werden (Weiberfasching) und die normalen Spielregeln des gesitteten Betragens außer Kraft gesetzt sind. Ähnliches ist aus dem antiken Griechenland bekannt (die Frauenfeste Athens), aus Rom, aus Stammesgesellschaften. Es scheint, dass viele Gesellschaften Mechanismen und Institutionen brauchen, die sie für eine kurze Zeit von dem Druck sozialer Zwänge entlasten.

15. Innerhalb der menschlichen Informationsverarbeitungssysteme bzw. Gedächtnisspeicher werden drei Systeme unterschieden:
   - Das Ultrakurzzeitgedächtnis: Es hält Wahrnehmungsinhalte für wenige Sekunden präsent. Die Systeme, die diesen Speicher bedienen, sind dazu geeignet, große Datenmengen auf einmal zu erfassen und kurz zu speichern. Dann entscheiden Aufmerksamkeitsprozesse, welchen Wahrnehmungen man sich bewusst zuwendet.
   - Das Kurzzeitgedächtnis: Es bearbeitet eine bestimmte Anzahl von Informationen/Wahrnehmungen innerhalb einer Zeiteinheit. Nach dem Kognitionspsychologen Miller sind dies maximal sieben Elemente. Diese Element werden als *chunks* bezeichnet, »Informationsbrocken«, die verschieden komplex konstruiert sein können. Sehr wirkungsvoll ist die Kombination von einem Bild und einem sprachlichen Etikett.
   - Das Langzeitgedächtnis: Es speichert Inhalte dauerhaft und ist nach dem Modell einer Sprache organisiert (Hörmann 1977).

16. Lupton 1992
17. Eliade, M.: Das Mysterium der Wiedergeburt, Frankfurt a. M., 1997
18. Waldrop, M. M.: Complexity, London, 1994
19. Selbst Medienprodukte wie Fernsehserien befolgen dieses Prinzip der sanften Modernisierung. Siehe dazu: Wünsch, M., Decker, J., Krah, H.: Das Wertesystem der Familienserien im Fernsehen: Unabhängige Landesanstalt für das Rundfunkwesen (Themen, Thesen, Theorien 9), Kiel, 1996

LITERATURVERZEICHNIS

Baudrillard, J.: The Consumer Society, London, 1998

Bourdieu, P.: Die feinen Unterschiede, Frankfurt a. M., 1984

Braudel, F.: Sozialgeschichte des 15.–18. Jahrhunderts: Der Alltag, München, 1985

Brillat-Savarin J.-A.: Physiologie des Geschmacks, München, 1962 (Paris 1825)

Corbin, A.: Pesthauch und Blütenduft, Berlin, 1984

DeVault, M. L.: Feeding the family, Chicago and London, 1991

Douglas, M.: Implicit Meaning, London, 1975

Douglas, M., und Isherwood, B.: The World of Goods, London, 1979

Douglas, M., und Wildavsky, A.: Risk and Culture: An Essay on the Selection of Technological & Environmental Dangers, Berkeley, 1982

Douglas, M.: In the active voice, London, 1982

Douglas, M.: »Introduction to Grid/Group Analysis« in: Douglas, M.: Essays in the Sociology of Perception, London, 1982

Douglas, M.: Food in the Social Order, New York, 1984

Douglas, M.: Purity and Danger: An Analysis of Concepts of Pollution and Taboo, London, 1966; dt.: Reinheit und Gefährdung. Eine Studie zu Vorstellungen von Verunreinigung und Tabu, Berlin, 1985

Douglas, M.: Risk Acceptability According to the Social Sciences, New York, 1986

Douglas, M.: Constructive Drinking, Cambridge, 1987

Douglas, M.: Wie Institutionen denken, Frankfurt a. M., 1991

Douglas, M.: Risk and Blame: Essays in Cultural Theory, London, 1992;

Douglas, M.: »The Idea of a Home« in: Objects and Objections, Toronto Semiotic Circle, Number 9, 1992

Douglas, M.: Ritual, Tabu und Körpersymbolik: Sozialanthropologische Studien in Industriegesellschaft und Stammeskultur, Stuttgart, 1993;

Douglas, M. and Hull, D., (ed.): How Classification Works: Nelson Goodman among the Social Sciences, Edinburgh, 1993

Dubois, J. / Edeline, F. / Klinckenberg, J. M. / Minguet, P. / Pire, F. / Trinon, H.: Rhétorique Générale, Paris, 1970

Duby, G.: A History of Private Life. Revelations of the Medieval World, Cambridge, 1988

Duplexis, J.: The new Food. Port Melbourne, Australia, 1994

Durkheim, E.: Erziehung, Moral und Gesellschaft (1902), Frankfurt a. M., 1984

Eco, U.: Einführung in die Semiotik, München, 1972

Eliade, M.: Kosmos und Geschichte, Frankfurt a. M., 1994

Eliade, M.: Das Mysterium der Wiedergeburt, Frankfurt a. M., 1997

Elias, N.: Über den Prozess der Zivilisation, Frankfurt a. M., 1976

Elias, N.: Die höfische Gesellschaft, Frankfurt a. M., 1983

Elias, N.: Über die Zeit, Frankfurt a. M., 1984

Farb, P., und Armelagos, G.: Consuming Passions, Boston, 1980

Fiddes, N.: Meat – a natural symbol, London, 1991

Foucault, M.: Überwachen und Strafen, Frankfurt, 1976

Frisby, D., und Featherstone M. (ed.): Simmel on Culture, London, 1997

Gennep, A.v.: Übergangsriten, Frankfurt a. M., 1987

Goodwin, B.: Der Leopard, der seine Flecken verliert, München, 1997

Goody, J.: Cooking, Cuisine and Class, Cambridge, 1982

Harris, T., A.: Ich bin ok, Du bist ok, Reinbek, 1975

Heller, E.: Wie Farben wirken, Reinbek, 1989

Hörmann, H.: Psychologie der Sprache, Berlin/Heidelberg/New York, 1977

Karmasin, H.: Produkte als Botschaften, 2. Auflage, Wien, 1998

Karmasin, H., und Karmasin, M.: Cultural Theory – ein neuer Ansatz für Kommunikation, Marketing und Management, Wien, 1997

Karmasin, M.: Ethik als Gewinn, Wien, 1996

Kuper, J.: The Anthropologist's Cookbook, London, 1997

Leach, E.: Culture and Communication, Cambridge, 1976

Lévi-Strauss, C.: Mythologica I-IV, Frankfurt a. M., 1971/72/73

Lindner, M.: Leben in der Krise, Stuttgart/Weimar, 1994

Lotman, J.: Die Struktur literarischer Texte, München, 1972

Lupton, D.: The Emotional Self, London, 1992

Maffesoli, M.: The Time of the Tribes, London, 1996

Malinowski, B.: Argonauten des westlichen Pazifik, Frankfurt a. M., 1979

Mars, V.: Ordering Dinner: Victorian Celebratory Domestic Dining in London, Leicester, 1997

Marshall, D.W.: Food Choice and the Consumer, London, 1995

Mc Kenzie, J.: »An Integrated Approach – With Special Reference to the Study of Changing Food Habits in the United Kingdom« in: The Food Consumer, Edited by C. Ritson, L. Gofton and Mc Kenzie, London, 1986, S 155

Mellor, P. A., und Shilling, C.: Reforming the Body, London, 1997

Miles, S.: Consumerism – as a Way of Life, London, 1998

Montanari, M.: Der Hunger und der Überfluss, München, 1993

Mutschelknaus, K.: Katalog zu der Ausstellung Kaffeeklatsch, Württembergisches Landesmuseum, Stuttgart, 1998

Peirce, Ch. S.: Phänomen und Logik der Zeichen, Frankfurt a. M., 1983

Probyn, E.: »Mc-Identities: Food and the Familial Citizen« in: Theory, Culture & Society, Vol. 15, Nr. 2, 1998

Regev, M.: »Rock Aesthetics and Musics of the World« in: Theory, Culture & Society, Vol. 14,. Nr. 3, August, 1997

Ritson, C., Gofton, L., und Mc Kenzie, J.: The Food Consumer, London, 1986

Rudolf von Ems: Der guote Gerhart

Sahlins, M.: Culture and Practical Reason, Chicago, 1976

Sandner, K.: Prozesse der Macht, Heidelberg, 1992

Saussure, F. de: Grundfragen der allgemeinen Sprachwissenschaft, Berlin, 1967

Schank, R.: The Connaisseur's Guide to the Mind, New York, 1991

Schivelbusch, W.: Das Paradies, der Geschmack und die Vernunft, Frankfurt a. M., 1983

Schmutzer, M., E., A.: Ingenium und Individuum, Wien/New York, 1994

Schultz, U.: Speisen, Schlemmen, Fasten – Eine Kulturgeschichte des Essens, Frankfurt a.M., 1993

Schulze, G.: Erlebnisgesellschaft – Kultursoziologie der Gegenwart, Frankfurt a. M., 1992

Schwarz, M.: Thompson, M.: Divided we stand, Redefinig Politics,Technology and Social Choice, New York, 1990

Smith, A.: The Wealth of Nations, Frankfurt a. M., 1990 (Original 1789)

Sottong, H. und Müller, M.: Zwischen Sender und Empfänger, Berlin, 1998

Theweleit, K.: Männerfantasien, Reinbek, 1980

Thompson, M., Ellis, R.,Wildavsky, A.: Cultural Theory, Oxford, 1990

Titzmann, M.: Strukturale Textanalyse, München, 1977

Tönnies, F.: Gemeinschaft und Gesellschaft, Grundbegriffe der reinen Soziologie, Darmstadt, 1991

Veblen, T.: Theory of the Leisure Class, London, 1899

Waldrop, M. M.: Complexity, London, 1994

Warde, A.: Consumption, Food and Taste, London, 1997

Wierlacher, A.: Vom Essen in der deutschen Literatur, Stuttgart, 1987

Wirtshäuser in München um 1900. Ausstellungskatalog, München, 1997

Worm, N.: Diätlos glücklich, Bern/Stuttgart, 1998

Wunderlich, D.: Grundlagen der Linguistik, Reinbek, 1974

Wünsch, M., Decker, J., Krah, H.: Das Wertesystem der Familienserien im Fernsehen: Unabhängige Landesanstalt für das Rundfunkwesen (Themen, Thesen, Theorien 9) Kiel, 1996

Zygmunt Baumann, in Culture, Theory and Society, Mai 1996

DANK

Der Gedanke, ein Buch über das Essen zu schreiben, hat mich über lange Jahre begleitet. Er tauchte immer wieder auf, wenn ich Bücher über die Kulturgeschichte des Essens las – viele von ihnen endeten unmittelbar vor der Gegenwart. Genau diese Zeit erschien mir aber äußerst spannend – warum kochen wir heute so, wie wir kochen?

Wenn man einmal Aufmerksamkeit für dieses Gebiet entwickelt, wenn man das, was uns normal und selbstverständlich erscheint, zu hinterfragen beginnt, eröffnet sich eine faszinierende Welt. Sie formt sich aus Gerüchen, Farben, Geschmackserlebnissen, aus optischen Arrangements, all den Nahrungsmitteln, die wir zu Häppchen oder Süppchen oder Luxusmenüs kombinieren, und sie macht klar, wie viel dieser Umgang mit Speisen über uns selbst aussagt und welch raffinierte Botschaften wir dadurch vermitteln können.

Jede Einladung wurde so zu einer Quelle von neuen Beobachtungen, und auch meine eigenen Kochprojekte konnte ich nicht mehr naiv handhaben – mein sezierender Blick wurde bei jedem belegten Brötchen aktiviert.

Ich danke meiner Familie, die mein kulinarisches Interesse, sei es als Köchin, sei es als Analysierende, wohlwollend, interessiert und immer anregend begleitete, und ich danke ihnen für die dichten Erlebnisse, die wir als Tischgemeinschaft erfahren haben. Mein besonderer Dank geht an meinen Mann für sein Interesse, seine Anregungen und seine Nachsicht mit meinem knappen Zeitbudget.

Ich habe von mehr Menschen Anregungen erfahren, als ich hier aufführen kann: An der Diskussion und Entwicklung meiner Konzepte waren vor allem Mary Douglas und meine Schwester, Marianne Wünsch, beteiligt, Susanne Eversmann vom Verlag Antje Kunstmann hat viel dazu beigetragen, Logik und Stil zu schärfen.

Besonders bedanken möchte ich mich auch bei allen meinen Mitarbeitern und vor allem bei Frau Deutner, die das Manuskript mit ihrer gewohnten Sorgfalt und Präzision überarbeitet hat und mein erster kritischer Leser war.

Christoph Wagner

Fast schon Food

Die Geschichte des schnellen Essens

Es muss nicht immer Kaviar sein ...

Wer glaubt, mit McDonald's hätte die Geburtsstunde des Fastfood geschlagen, der irrt. Das schnelle Essen hat wohl eine ebenso lange Geschichte wie die Feinschmeckerei. War Manna das erste Fastfood? Wurde die Idee des schnellen Essens von Pastetenverkäufern in griechischen Amphietheatern und römischen Arenen, auf Bazaren und Märkten, beim Picknick oder gar in den Teehäusern von Kanton geboren?

Christoph Wagner versucht nicht nur, eine Antwort auf all diese Fragen zu finden, sondern einen kulturhistorischen Faden aufzunehmen, der entgegen der verbreiteten Meinung nicht von Amerika nach Europa führt.

»Auf leicht verdauliche Weise und ohne große Umstände serviert Wagner seine originellen Häppchen [...] – ein Lesevergnügen nicht nur für die verkappten Fans der fettigen Fritte.«

SPIEGEL *special*

ISBN 3-404-60490-3

DIANNE HALES
Warum haben Frauen so kleine Füße?
Wie die moderne Forschung
die neue Weiblichkeit definiert

Die Antwort lautet nicht:
Damit sie näher am Herd stehen können!

Dass Frauen anders sind als Männer, weiß jeder. Physisch, phsychisch –
und überhaupt. Zahlreiche Anekdoten aus dem persönlichen Erfah-
rungsschatz, Mythen, Witze und mehr oder weniger gesicherte »wissenschaftliche Erkenntnisse« zeugen davon. Seit Jahrhunderten beschäftigen
sich Mediziner und Psychologen, Historiker, Soziologen, Schriftsteller
und andere Kapazitäten mit diesem Phänomen, versuchen zu sagen, wie
Frauen sind – und scheitern. Dianne Hales, eine der bekanntesten amerikanischen Gesundheitsjournalistinnen, verabschiedet sich von stereotypen Vorurteilen und bedient sich der neuesten Forschungsergebnisse,
um den weiblichen Körper, die Psyche und die Sozialisation von Frauen
zu erklären.

»*Eine sehr feinsinnige Untersuchung ... aufmerksam beobachtet und überzeugend
dargestellt.*« Time

»*Sowohl sachlich als auch bewegend ... eine seltene Kombination! Ein Meister-
stück ... Ein einzigartiger Beitrag für unser Verständnis der weiblichen Psychologie.*«

Vivian Burt, Vorsitzende des
Women's Life Center, University of California

ISBN 3-404-60494-6

BASTEI
LÜBBE